天一閣書目 天一閣碑目

下

〔清〕范邦甸 等撰
江曦 李婧 點校
杜澤遜 審定

中國歷代書目題跋叢書

天一閣書目卷四之四 集部四

雜著類

類編古賦二十四卷 藍絲闌鈔本。○卷首有小引云：「古賦自宋玉《風賦》至宋南渡前，見於諸賢編類者，幾千餘篇。散見諸集中不下五六百篇。文墨汗漫，學者焉得人人歷覽。今於諸格中，各拔尤者，編成一集，計二百四十篇。後卷續當選擇，隨類入編。至如韓昌黎《明水》等賦，李程《五色》等賦，並係律賦之源，今不復入。」

雪心賦一冊 刊本。○唐章貢卜則巍著，新安謝子期註。

古賦辨體十卷 刊本。○宋祝堯撰。明成化二年錢溥叙云：「宋有祝堯君澤，信之佐溪人。嘗取漢、晉以來古賦，辨其體。復取騷辭、文操、歌行等作，有合於賦體者爲外錄。凡十卷。傳久脫誤，淮陽金君宗潤守信，得原集於君澤家，命工復刻。」

碧溪賦二卷 刊本。○廬陵碧溪歐陽雲著。

叩頭蟲賦一卷 刊本。○雲間張之象玄超著。

賦論一卷 刊本。○明淮漢子顏木撰。嘉靖十八年劉祚刊。并識云：「淮漢子所作《山陵賦》、《孝論》二篇。皇上事天事親之孝，敬神恤民之誠，與夫植本之固、發源之深，愉揚殆盡矣。聖子神孫，萬世帝王之業，端在於是，猗歟休哉。」

浮丘四賦一冊 刊本。○明黎陽盧柟撰。

賦苑聯芳十冊 紅絲闌鈔本。○不著撰人名氏。

范文正公尺牘三卷 刊本。○宋張栻序云：「右文正范公帖，得之文定胡公家，以刻于桂林郡齋。」

范文正公尺牘三卷 刊本。○明進士十六世孫惟一校正序稱：「公集，吳中舊有刻。歲久，浸毀不可讀。茲先刻尺牘，凡三卷。」

赤牘清裁二十八卷 刊本。○明楊慎輯。王世貞序。

古今尺牘聞見拔尤八卷 刊本。○明潘文淵選。嘉靖乙丑潘世治序云：「簡以達意，其來尚矣。余姪文淵自肄業成均，後旁蒐博采，凡有聞于一時巨儒碩輔者，悉選錄之。猶以為未足，又進而閱諸史傳、文集及古今名簡。載更寒暑，始得精彙成若干卷。余披覽之，皆近易而不俚，典故而不晦，多而不煩，古而不澁，庶足以一洗時習之陋而新之。于是即其選輯之實，而名之曰《聞見拔尤》，蓋以其自所聞所見者，選其尤者拔之也。輯成，厥弟文湛校讐以廣之。」

赤牘清裁五卷 藍絲闌鈔本。○明楊慎著。永昌張舍、東巖張絳董序。

范文正公書牘一卷 刊本。○明十六世孫惟一、朱希周、孫承恩、文徵明、顧存仁同校。韓叔陽重刊。

東坡題跋四卷詞牘四卷山谷題跋四卷詞牘四卷 刊本。○明海陽黃嘉惠校。序稱：「蘇、黃二公之風流皆在小品，自王聖俞吏部刻有小品，而止于題跋。陳眉公徵君謂：『二公之最妙在尺牘，在題跋，在小詞，當合之另行。』余因取而并采諸評雋雅者附之。」

橘山四六二十卷 藍絲闌鈔本。○宋李廷忠撰。

重編有宋簪纓四六四冊 藍絲闌鈔本。○不著編書人姓名。卷首有堇峯子識云：「是書得於莆陽鄭氏家藏古版，原編以十干為號。相傳歲久，首尾俱逸，中間錯落亦甚，殊不可類。今姑以其見存者，畧為編次。若其當年諸公姓氏先後之序，四六體裁之別，篇目多寡之數，皆不能辨，而存其舊矣。尚俟覓善本另校之。」

古今四六會編四卷 刊本。○明薛應旂纂。

精選古今四六會編四卷 刊本。○明薛應旂纂。

李梅亭先生四六標準二十卷 藍絲闌鈔本。首卷已殘。

新編四六寶苑四十二卷 紅絲闌鈔本。○明建安祝穆編。

唐宋元名表四卷 刊本。○明李新芳輯并序。

蘇文忠公表啟二卷 刊本。○明東陂[二]居士朱睦㮮選校。

名家表選八卷 刊本。○明陳壇輯,并序云:「四六之體,起於六朝,時則文無非四六者。唐宋以來,始專用其體於詔、誥、表、箋、啟,而博學弘詞科則以之試士。國家設科,去詞賦、聲律,而仍用詔、誥(二)、表,蓋詞賦無用,而詔、誥、表有用也。近士子應試,率多作表取中,然猶嫌其麗而未則,或漫而不工。予謂表莫盛于唐宋。唐表雄渾,然有出入。至于揣摩聲律,剪裁典故,敷陳事情而意明暢,則惟宋表爲然,故宋人往往以四六名家。我朝所録程表,高者不減宋人。其餘渾厚則有之,文采不及也。故表學至于宋人,不可加矣。予校士之暇,取唐宋諸名家,所謂表選,其尤工者鈔之,而尤多于宋。類爲八卷,刻之崇正書院,以與嶺海諸士子共之。」

唐策十卷 刊本。○明正德十二年注燦序云:「舊刻有《唐策》行于世,不知集于誰氏。王司空蕨山先生出以示燦曰:『是集所載策、疏、表、議、狀、論、書、啓,其體雖殊,要之皆爲國家畫奇吐良之遠謀,可讀也』。製之純駁,則在善擇耳。』燦歸而讀之。先生復命其子㻅,㻅亦有得。新其梓以授天下,燦遂以是爲之叙」云。

唐會元精選批點唐宋名賢策論文粹八卷 刊本。○明嘉靖己酉書林桐源胡氏刊。

策學輯畧十二卷 刊本。○明弋陽黃溥編。

程論玉穀一本 刊本。○李吳滋選。

策論膚見 刊本。十餘册。不全。

程墨表選四卷 刊本。○明隆慶丁卯科起，至嘉靖甲子科止。

白氏策林四卷 刊本。○不著撰人名氏。

垣菴長短句一卷 綿紙鈔本。○宋汴人趙師使撰。

稼軒長短句十二卷 刊本。○宋歷城辛棄疾著，李濂批點。

升菴長短句續集三卷玲瓏倡和二卷附刻一卷樂府拾遺一卷 刊本。○明楊愼撰。嘉靖丁酉楊南金序稱：「太史謫居滇南，託興酒邊，陶情詞曲。傳咏滇雲，溢流夷徼。下至宋詞、元曲，文之末耳，亦不減秦七、黃九、東籬、小山。」公詞賦似漢詩，律似唐。昔人吃井水處，皆唱柳詞。今也不喫井水處，亦唱楊詞矣。

詩文評類

文心雕龍十卷 刊本。○梁東莞劉勰撰，明歙人汪一元校。嘉靖庚子新安方元禎序。

文心雕龍十卷 刊本。○梁東莞劉勰撰。萬曆七年雲間張之象序云：「《文心雕龍》十卷，四十九篇，合篇終《序志》一篇，為五十篇，梁通事舍人劉勰彥和所著。勰生而穎慧，七齡夢彩雲若錦，攀而採之。齒在踰立，則嘗夢索源。又夢持丹漆禮器，隨孔子南行。寤而論著古今文體，以成此書。勰作書大旨本末，詳

[一]「陂」原誤爲「坡」，朱睦㮮號東陂居士。

[二]「誥」原誤作「告」，今改。

《序志》及《梁書》列傳。」張之象、秦柱訂正,陸瑞家等校閱。

鍾嶸詩品二卷 刊本。

諸家老杜詩評五卷 烏絲闌鈔本。

○方深道序云:「先兄史君嘗類集《老杜詩史》,仍取唐宋以來名士評公詩者,悉擴其語爲卷帙,號曰《老杜詩評》,以附《詩史》之後,俾覽者有所考證。深道須次之暇,又於後來諸小説中,擇其未經纂録者,自《洪駒父詩話》以下,凡八家,從而益之。因書卷帙,鏤版以傳于世云。」

全唐詩話三卷 刊本。○宋尤袤撰。

明安惟學序云:「唐詩之傳于世者,殆且百家,而李、杜、韓、柳之全集,尤盛行焉。趙宋諸老,又有詩話之作。咸淳間,有若尤文簡者,乃盡唐甲子詩人,各鈎其警語,擷其事實,分爲三卷,名曰《全唐詩話》。而唐人之精力,殆盡于此。惜乎自來無刻本,未獲傳布。侍御河東秦公民望,好文事,而尤工于詩。兹巡按陝右,偶閲此書,如獲至寶。恨屢經筆吏,訛謬相承,亥豕陶陰,漫不可曉。乃躬自校閲,且託强左史晟加磨對焉。録成,圖壽諸梓。西安守劉君綱乞予言,以弁諸端。」

風月堂詩話二卷 刊本。○宋朱弁撰。

韻語陽秋三十卷 藍絲闌鈔本。○宋葛立方撰,并序云:「懶真子既上宜春之印,休于吳興,汎金溪上,讀古今人韻語,披味紬繹,每畢景忘倦。凡詩人句義當否,若論人物行事,高下是非,輒私斷臆處而歸之正。若背理傷道者,皆爲説以示勸戒。書成,號曰《韻語陽秋》。昔晉人褚袞爲皮裏陽秋,言口絶臧否,而心存涇渭。余之爲是集也,其深愧于斯人哉。若孫盛、檀道鸞、鄧粲,各有《晉陽秋》,是皆不畏人禍天刑,率意而

後村詩話十四卷 藍絲闌鈔本。○宋劉克莊著。黃鞏序云：「唐、宋、元以來詩話之可傳者，僅數十家。吾莆先正後村先生《詩話》二卷，列諸《後村集》中。集久不行，故雖鄉之人亦有勿及見者。太僕少卿楊公，始為表章而壽之梓。海內吟壇，咸以先覩為快，況其鄉人也耶。先生二劉諸孫，早傳家學，及從真西山氏遊，造詣益深。考其立朝本末，均非洴澼絖婀娜、從人求富貴者。」

晦菴先生詩話一卷 藍絲闌鈔本。○宋沈儐纂集。

東坡先生詩話一卷 藍絲闌鈔本。○宋沈儐纂集。

詩話六卷 刊本。○一卷宋劉貢父撰，二卷六一居士撰，三卷司馬溫公撰，四卷后山居士撰，五卷東萊呂紫薇撰，六卷竹坡老人撰。

苕溪詩話六十卷 藍絲闌鈔本。○宋胡仔纂集。

詩話總龜前集四十八卷後集五十卷 刊本。○宋阮閱編。明李易序云：「詩昉《關雎》，詩話即裨官野史之類。《漢藝文志》註『稗』為細糠，王者欲知間巷細瑣之言，故立稗官，關係殆亦不小。淮伯王月囧，嗜古學文，其志慕東平、河間，而欲相揖遜于異代者。官暇，迺取阮子《詩話總龜》，延庠生程珖校讐之，命工刊布。徵余言以叙諸首。阮子舊集頗雜，王條而約之，彙次有義，棼結可尋。首聖製等篇，次咏物等目，又次藝術、紀實諸例，終以讖夢、鬼神諸簡。約阮之博，而又不徒事于博，是則可嘉也。」

詩人玉屑二十卷 刊本。○宋魏慶之輯。明嘉靖六年洪都王峯潛仙識云：「魏醇甫有志于詩學，乃縱觀諸家論詩之說，兼收類分爲二十卷，題曰《詩人玉屑》，其用心亦勤矣。往年嘗散失後卒[二]卷，而刻于湖南者，亦止前十卷。天順間，江右[三]僉憲宋宗魯蒐訪而全刻之。未幾，版罹于火。余近屬知詩者校閱一過，剔訛補遺，乃重刻焉。」

嚴滄浪詩話一册 刊本。○宋嚴羽撰。明胡瓊序。

滄浪嚴先生詩談一册 刊本。○莙溪嚴羽著。

名賢叢話詩林廣記十卷 刊本。○宋蔡正孫編。張鼎序。

歸田詩話三卷 刊本。○元錢塘瞿佑著。洪熙乙巳自序稱：「久覊山後，心倦神疲，舊學荒蕪，不復經理，而呻吟佔畢，猶不能輟。平日耳有所聞，目有所見，及簡編之所紀載，師友之所談論，尚歷歷胸臆間，十已忘其五六，誠恐久而併失之也。因筆録之有裨于詩道者，得百有二十條，析爲上中下三卷，目曰《歸田詩話》。」

蓉塘詩話二十卷 刊本。○明仁和姜南著。嘉靖癸卯陸深序稱，其友姜南明叔，方攻進士業，餘力及此書。在京師時，嘗一讀之，卷帙尚多。八峯張君國鎮之令海也，捐俸刻縣齋，頗有銓擇其間。古稱文章止于潤身，而學以經世爲大，是集所録經世之端蓋多矣。書凡二十卷。明叔別號蓉塘，故以名集云。

松石軒詩評二卷 刊本。○明竹林懶仙撰。

升菴詩話四卷 刊本。

○明楊慎撰。嘉靖辛丑程啟充叙云:「升菴戍南荒十有八年,上探墳典,下逮史典,稗官小説暨諸詩賦,百家九流,靡不究心,罔有遺逸。辨譌分舛,自微致遠,以適于道。其事核,其說備,其辭達,其義明,自成一家之言。在滇手所鈔録漢晉六朝各史要語千卷。所著有《丹鉛餘録》、《丹鉛續録》、《韻林原訓》、《蜀秘文志》、《六書索隱》、《古音畧》、《皇明詩鈔》、《南中稿》諸集。此則絜其準于詩者,曰《詩話》云。」

詩學梯航一卷 藍絲闌鈔本。

○明正統十三年周叙序云:「《詩學梯航》者,論作詩法度源流,先職方府君之所藏而考訂焉者也。永樂初,先君由太學正遷親藩紀善。時纂修《永樂大典》,族伯父溪園先生與東吳王汝嘉先生,皆以學官被徵。每朔望,輒過寓邸,相與酌酒賦詩,或至夜分,未嘗不本諸法度。先君曰:『作文咏詩,雖由天分,詎不誣耶?且各以未備,思輯其成,豈非大幸乎?』叙丁艱家居,閱故籍并先君所校録者,讀之已多殘缺。遂再用編定,間以己意補之。在北京時,臨淮大尹渝川彭君緝頤見而愛之,欲取歸刻梓。叙以無他録本,不及付。比來南京,參贊機務。兵部侍郎徐公良玉聞而索觀,且曰:『與其私于一門,曷若公于天下學者乎。』于是余託儒者王庭父書之,侍郎、大尹二君生曰:『試假觀之。』觀畢,曰:『余伯兄汝器,亦嘗著此,第其所作,未加討論,請具稿歸子,合而成之,可乎?』先君唯唯。溪園先生喟然嘆曰:『二家俱以經學專門者也,而兼留心詩學若此。世謂經生難與言詩,詎不誣耶?』」叙方成童,在侍溪園。目曰:『小子識之。』曩時,汝嘉先生曰:『余家有《詩法》一帙,蓋先叔父子霖承先志所修,但未成之書也。』汝嘉先

詩法五卷 刊本。○明三山楊成編。李暘刊。

西江詩法一卷 刊本。○卷首載涵虛子朧仙編，并序云：「余得元儒所作詩法，皆吾西江之聞人也，其理尤有高處。乃與黃聚詩法互相取捨，芟其繁蕪，校其優劣，除《文法》及《詩宗正法》不取外，擇其可以為法者，編為一帙。」

學詩管見一卷 刊本。○明俞遠著并序。

詩家直說一卷 刊本。○明謝榛著。

名家詩家詩法八卷 刊本。○明吳郡黃省曾編次。

詩源撮要一卷 刊本。○四明張懋賢識云：「全編舊名《詩法源流撮要》，此重刊者。蓋以其品題立格，簡明切當，真重寶也。」編出于子美門人吳成、鄒遂、王恭三子，讀者當自知重云。」

詩家一指一卷 刊本。○明懷悅編集。叙云：「禪家有一指之傳，非取義于指，蓋以明夫心之無二也。余偶獲是編，其法以唐律之精粹者，采其關鍵以立則焉。若曰雙拋單拋、內剝外剝、鉤鎖連環、一字貫穿之類，深有得乎詩格之體，可為學者之矩度。今不敢匿，命工繡梓，與四方學者共之。」詩家有一指之喻，亦以詩法之傳，本乎正宗，而貴乎心法之好也。善哉喻乎。

詩法源流三卷 刊本。○明嘉靖傅若川編。仁和邵銳序。

詩學權輿二十卷 刊本。○明黃溥撰。序稱：「即漢、晉、唐、宋諸大家數之，有補于詩道者，博觀約取凡其體裁格律之辨，命意構思之由，用韻運語之法，比事屬對之方，與夫詩家開闔變化之妙，豐約精麤，隱顯之機；雅俗芳穢，向背之分，靡不蒐羅旁引，科分條別，明著于篇。復繼以儒先之評論，諸家之作述。使學者得有所考，以充廣其見聞，得有所式，以不昧其趨向。是則詩雖未易窺其閫室，抑又豈不因之而得其門徑耶？然是編蓋自早歲已嘗著之，以課家塾，名曰《詩學權輿》。每患其疏畧未詳，至是重加纂集，頗為明白。仍其舊名而不改者，良以後先所述，雖有詳畧不同，而其為初學行遠升高之助，初亦未嘗異也。」

梅磵詩話三卷 藍絲闌鈔本。○吳興韋居安著。

拘墟詩談一卷 刊本。○明石亭陳某著。嘉靖壬辰四明陳沂跋。

都玄敬詩話二卷 刊本。○無錫邵寶刊。

詩話一卷 藍絲闌鈔本。○陳實華著。

詩法拾英一卷 刊本。○孫昭纂并序。

百家詩話總龜後集 存卷二十二至卷三十。

西清詩話三卷 刊本。○不著撰人名氏。

文髓九卷 刊本。○宋吉水周應龍選評。裔孫岐鳳刊。洪熙元年永豐曾棨序稱：「同郡吉水周氏有磻

州先生者,諱應龍。宋太學生,擢紹定辛卯進士,繼登博學弘詞科。上書忤宰相,除漳州教授,不赴,還歸于家,閉戶著書。嘗取韓、柳、歐、蘇四家之文,擇其尤精粹者加以批點,辨其體製,示其節目,示其關鍵,而名之曰《文髓》,俾觀者一覽而文章法度瞭然。距今若千年,其裔職方員外郎岐鳳鋟梓以傳,丐余言以冠其首。」明宣德二年翰林侍讀宗人述叙後,兵部員外郎六世孫岐鳳識,前進士邑人浞溪郭正表題。

文斷一卷○明洪武庚申唐之淳著。序曰:「之淳自成童即嗜古今作者之論文,凡隻言片語,意有所屬,鉅細不遺,詳畧具舉,區分臚積以成編。竊惟太上貴德,其次立言,故總論作文法第一。經以載道,史以載事,故評諸經、評諸史次之。大道不明,諸家崛起,純駁混淆,故評諸子次之。肇自先秦,下逮隋氏,作者靡一,故評諸家文次之。李唐之興,文士彬彬,萬目斯舉,故評人文次之。障萎薾之頹波,作有唐之盛典,莫踰韓、柳氏,故評韓文、評柳文次之。殊適同歸,厥有深淺,故評□□□又次之。宋承五季,治教休明,道繼孔孟,文幾漢唐,故評宋人文次之。在宋百家,專門四氏,以紹先覺,以貽後來,故評歐文、曾文、王文、蘇文又次之。由韓至蘇,制作始備,旁通曲暢,各有攸歸,故評韓、柳、歐、曾、王、蘇六家文終焉。合而言之,爲類十有五,爲條五百三十有二,題之曰《文斷》,非以斷文也,若曰古文所嘗決斷者耳。」

文譜八卷 刊本。○明宣德辛亥涵虛子臞仙著,不自署名。序曰:「余以狂惑之資,不能以弘至道。乃大啟羣典,自爲檢閱,其製作之可法者取之,不合于矜式者易之。皆出于一己之公,不經于儒臣之目。乃令童子二三人,日與謄錄。越五日,是譜告成。後之學者,如欲作文,不待奉束修以丐師之授受。觀譜中

之文，則知體矣。凡爲儒者，不可缺焉。」

[一]「卒」疑爲「十」之誤。
[二]「右」字處原空一格，今補。

詞曲類

後村居士詩餘二卷 綿紙鈔本。○宋劉克莊著。

竹齋詩餘一卷 綿紙鈔本。○宋東陽黃機撰。

類編草堂詩餘一卷 刊本。○明武陵顧從敬編次，高陽韓俞臣序校正。嘉靖庚戌東海何良俊序稱：「蓋樂者，由人心生也。方其淳和未散，下有元聲，則凡里巷歌謠之辭，不假繩削而自應宮徵，即成周列國之風皆可被之管弦是也。迨周政迹熄，繼以強秦暴悍，由是詩亡而樂闕。漢興，《郊祀》、《房中》之外，別有饒歌，如《雉子斑》、《朱鷺》、《芳樹》、《臨高臺》等篇。其他蘇、李雖創爲五言，當時非無作者，然不聞領于樂[二]官，則樂與詩分爲二明矣。魏晉以來，曹子建《怨歌行》、《七解》爲晉曲所奏，他如橫吹、相和、平調、清調、清商、楚調諸曲，六朝並用之。陳、隋作者，猶擬樂府歌辭，體物緣情，屬雅雖工，聲律乖矣。唐太宗以文教開國，又玄宗與寧王輩皆審音，海內清宴，歌曲繁興。一時如李太白《清平調》、王維《鬱輪袍》及王昌齡、王之渙諸人，畧占小詞，率爲伎人傳習，可謂極盛。迨天寶末，民多怨思，遂無復貞觀、開元之

舊矣。宋初，因李太白《憶秦娥》、《菩薩蠻》二詞以漸創製。至周待制領大晟府樂，比切聲調，十二律各有篇目。柳屯田加增至二百餘調。一時文士復相擬作，而詩餘爲極盛。然作者既多，中間不無昧于音節如蘇長公者，人猶以鐵綽板唱「大江東去讖之，復何言耶。由是，詩餘復不行。而金元人始爲歌曲。蓋北人之曲，以九宮統之，九宮之外，別有道宮、高平、般涉三調，總一十二調。南人之歌，亦有南九宮。然南歌或多與絲竹不叶，豈所謂土氣偏誠，鍾律不得調平者耶？總而覈之，則詩亡而後有樂府，樂府闕而後有詩餘，詩餘廢而後有歌曲。大抵創自盛朝，廢于叔世。元聲在則爲法省而易諧，人氣乖則用法嚴而難叶，茲蓋其興革之大較也。余家有宋人詩餘六十餘種，求其精絕者，要皆不出此編。

類選箋釋草堂詩餘四卷 刊本。○明顧從敬選，陳繼儒重校。

萬曆甲寅長洲陳元素序云：「先刻《草堂詩餘》，無如雲間顧汝所家藏宋本爲佳。繼坊間有分類註釋本，又有毘陵長湖外史續集本，咸鬻于書肆，而于國朝未遑也。惟註釋本脫落謬誤，至不可句，太末翁元泰見而病之。博求諸刻，愈多愈謬。乃倩余詩餘。兹蓋其家藏宋刻本，比世本多七十餘調，是不可以不傳。」是編乃其家藏宋刻本，比世本多七十餘調，是不可以不傳。仲季將漸以賢科起矣。尊公東川先生博物洽聞，著稱朝列。諸子清修好學，綽有門風。故伯叔並以能書供奉清朝。

桂州詩餘六卷 ○明夏言撰。

吳一鵬序云：「予自歸田，不通朝貴之間者將十年。少傅桂洲公，獨念一日之雅，悉以登仕以來奏議、應制諸集十餘卷見寄。讀之，未嘗不歎公啟沃之忠，籌畫之精，而一時明任校讐之役，又命余蒐輯國朝名人之作，并毘陵續集，盡加註釋，凡三編焉。刻既成，復請余序其事。」

良遭逢之盛也。今年冬,巡按侍御陳君蕙,以公詩餘命吳郡守王侯儀刻焉,俾予序之。今觀一編之中,華而有則,樂而不淫,實詞林之宗匠也。宜侍御君之賢,拳拳刻之也乎。」

類編草堂詩餘四卷 ○不著撰人名氏。武昌府通判張繼綖撰。

草堂詩餘別錄一卷 ○三衢毛行撰。

樵隱詩餘一卷 綿紙鈔本。

草堂詩餘二卷 綿紙鈔本。○不著撰人名氏。

詩餘圖譜三卷 刊本。○高郵張綖撰。

唐宋名賢百家詞九十冊 紅絲闌鈔本。○明吳訥輯并序。

辛稼軒詞十二卷 刊本。○唐[?]歷城辛棄疾著,大梁李濂評,古岡何孟倫校。

宮詞一卷 藍絲闌鈔本。○唐王建撰。

小山詞一卷 鈔本。○宋晏幾道撰。

珠玉詞一卷 綿紙鈔本。○宋晏殊同叔撰。

東坡詞二卷 綿紙鈔本。○宋蘇軾撰。

姑溪詞一卷 綿紙鈔本。○宋李之儀撰。

東堂詞二卷 綿紙鈔本。○宋毛滂撰。

天一閣書目

蠨窟詞一卷 綿紙鈔本。○宋侯寘撰。

草窗詞二卷 綿紙鈔本。○宋周密撰。

石屏詞一卷 綿紙鈔本。○宋天台戴復古撰。

呂聖求詞一卷 綿紙鈔本。○宋檇李呂濱老撰。

竹山詞一卷 綿紙鈔本。○宋義興蔣捷撰。

竹坡老人詞三卷 綿紙鈔本。○宋周紫芝撰。

笑笑詞一卷 綿紙鈔本。○臨江郭應祥著。

逃禪詞一卷 綿紙鈔本。○楊无咎撰。

文溪詞一卷 綿紙鈔本。○李昂英撰。

玉笥山人詞一卷 綿紙鈔本。○王沂孫撰。

苕溪詞一卷 綿紙鈔本。○歸安劉正撰。

杜壽域詞一卷 綿紙鈔本。○杜安世撰。

介庵詞四卷 綿紙鈔本。○趙彥端撰。

貞居詞一卷 綿紙鈔本。○張天雨撰。

注坡詞十二卷 鈔本。○傅幹撰。傅共洪甫序。

五一八

陳允平詞一卷 鈔本。○陳繼周撰。

葵軒詞一卷 鈔本。○夏暘撰。

陽春集一卷 綿紙鈔本。○馮延巳撰。

張子野詞一卷 綿紙鈔本。

秋閒詞一卷 刊本。○國朝王庭撰。

槐堂詞一卷 刊本。○國朝王翃撰。陳子龍序。

頤堂詞一卷○不著撰人名氏。

編選四家宮詞四卷 刊本。○唐王建、蜀花蕊夫人、宋徽宗、宋王珪四家撰。明王魯曾編選并序。

唐宋諸賢絕妙詞選十卷 刊本。○花菴詞客編集。宋淳祐胡德方序云：「古樂府不作，而後長短句出。我朝鉅公勝士，娛戲文章，亦多及此。然散在諸集，未易遍窺。玉林此選，博觀約取，發妙音于衆樂並奏之際，出至珍于萬寶畢陳之中。使人得一編，則可以盡見詞家之奇，厥功不亦茂乎？玉林蚤棄科舉，雅意讀書，間從吟詠自適。閩學受齋游公嘗稱其詩爲『晴空冰柱』。閩師秋房樓公聞其與魏菊莊爲友，並以石泉清士目之。其人知此，其詞選可知矣。」明萬曆四年舒伯明梓

南宋中興以來絕妙詞選十卷 刊本。○宋玉林撰，并識云：「玉林此編，亦姑據家藏文集之所有，朋游聞見之所傳。詞之妙者，固不止此，嗣有所得，當續刊之。若其序次，亦隨得本之先後，非固爲之高下也。其

蛾術詞選四卷 刊本。○元雲間邵復孺著，明新都汪稷校。隆慶壬申四明沈明臣序云：「海上馮先生孺者，生勝國時，卒于洪武間。其才名籍甚，以薦起家，訓導松江府學。復以子註誤戍潁上，久之迨赦還，卒年九十三。志蓋稱其通博敏贍，嫻于文辭，雖陰陽、醫卜、佛老書，靡弗精核。今其集蓋得三種云而不論著。馮先生《彈鋏集》業已傳海上，而又使復孺藏山之言，與馮先生共布揚于天下，稷實先後之也。《蛾術詞選》蓋習勝國語者，《野處集》蓋雜著。其言具在，覽者自探其玄珠，茲復孺攻書法，尤精篆隸。其私印朱文有『邵復孺』，獨冠元人印章，蓋聞之王幼郎云」。子喬氏，乃紹介其徒汪生稷，請予序邵復孺〔四〕集，又重以邦憲朱先生慾恩。余蓋重違兩先生旨云。邵復間體製不同，無非英妙傑特之作，觀者詳之。」萬曆二年中秋既望龍丘桐源舒氏伯明新雕，梁溪寓舍印行。

詞林萬選四卷 刊本。○明桂林任良幹編。

填詞圖譜四卷續集三卷 刊本。○查王望輯。

詞韻二卷 刊本。○仲桓編。

詞樂筌蹄八卷 藍絲闌鈔本。○明蔣華編。周瑛序云：「詞家者流，出於古樂府。樂府語質而意遠。詞至宋，纖麗極矣。今考之，詞蓋皆桑間濮上之音也，吁可以觀世矣。草堂舊所編，以事為主，諸調散入事下。此編以調為主，諸事併入調下。且逐調為之譜，圓者平聲，方者側聲，使學者按譜填詞，自道其意中事，則此其筌蹄也」。凡為調一百七十七，為詞三百五十三，釐為八卷。編錄之者，托蜀府教授蔣華質夫，

考之者，則蜀士徐禰山甫也。」

樂府古題要解二卷 紅絲闌鈔本。

樂府詩集百卷 刊本。○宋郭茂倩編。○唐史臣吳兢撰。至元六年李孝光序云：「太原郭茂倩所輯樂府詩百卷，上采堯舜時歌謠，下迄于唐。而置次起漢郊祀，茂倩欲以爲四詩之續耳。郊祀若《頌》，鐃歌、鼓吹若《雅》，琴曲雜詩若《國風》。以其始漢，故題云《樂府詩》。樂府，教樂之官也，於殷曰瞽宗，周因殷，周官又有大司樂之屬，至漢乃有樂府名。茂倩雜取詩謠不可以皆被之絃歌。且後人所作，弗中于古，率成于侈心，猶錄而不削，其意或有屬也。歲久將勿傳，監察御史濟南彭叔儀父前得其書，手自校讐，正其缺譌。及是，更摉求善本吳粵之間，重爲校訂。使文學童萬元刻諸學官，屬孝光序之。」

小山樂府一册 繭紙鈔本。○不著撰人姓氏。卷首延祐己未春北亭貫雲石序，卷後有劉致時中跋，又有海粟馮子振、曹鑑及至正丁亥不署名人跋。又末小字云右永樂初間書會湯[五]《南呂·一枝花》詞，注云：「係象山人，此在兵部金尚書公席上索賦者」。

中州樂府一册 刊本。○金元好問輯。嘉靖十五年彭汝實序云：「聲韻[七]之流，至于樂府，不知其變凡有幾。漢《房中樂》昉有斯名，周人宮中樂章已奏《關雎》、《鵲巢》矣。李唐而下，其變斯極。按《樂錄》、《技錄》、《樂府遺聲》、《新聲》所載瑟調、楚調、鐃歌、和歌，正附幾五十門。爲魚龍鳥獸，爲車馬征戍，爲佳麗怨思，爲蕃胡都邑、神仙遊俠、時景觴酌，各若干曲。説者謂《兩出塞》、《蜀道難》，音響足比金石，皆樂

天一閣書目

府曲，諸不易作也。沈宋以降，直至宋、金、元世，至有以樂府名家，如吳彥高學士者矣。《中州樂府》一帙，蓋金尚書令史元遺山集也。凡三十六人，總一百二十四首，以其父德明[8]翁終焉。人有小序志之，中間亦有一二憐才者，文亦爾雅，蓋金人小史也。儼山陸先生得是編，示余兌陽山樓曰：『編中譌誤，煩[9]爲校讐，與瑞成謀梓之。』嘉定守貴陽高登遂刻之九峯書院云。」

遺山樂府一卷 綿紙鈔本。○金元好問撰，韓彥州編次。

古樂府十卷 刊本。○元左克明編。序稱：「採掇前人餘意，探求作者異同。按名分類，刪繁舉要。唐人祖述尚多，非敢棄置，蓋世傳者衆，弗賴于斯。是編也，謂之《古樂府》，故獨詳于古焉。《記》曰：『凡樂，樂其所自生。』愚欲世之作者，泝流窮源，而不失其本旨云耳。其爲卷也凡十，而其爲類也八。冠以古歌謠詞者，貴其發乎自然也。終以雜曲者，著其漸流新聲也。嗚呼，樂府之流傳也，尚矣。風化日移，繁音日滋。愚懼乎此聲之不作也，故不自量度，輒爲叙次，推本三代而上，下止陳隋，截然獨以爲宗。」

鐵崖先生古樂府十卷 刊本。○元楊維楨撰，吳復類編。

盛世新聲十二冊 刊本。○明人輯。卷首有引云：「予嘗留意詞曲，暇日逐一檢閱，刪繁去冗。存其膾炙人口者四百餘章，小令五百餘闋，題曰《盛世新聲》，命工鋟梓，以廣其傳。時正德十二年，歲在彊圉赤奮若上元日書。」

朝野新聲太平樂府九卷 刊本。○明楊朝英集。

擬古樂府二卷 刊本。○明濟南李攀龍撰并序。

擬古樂府一卷 刊本。○明皇甫汸撰。

沇東樂府二卷 刊本。○明康海撰。茂苑吳灼錄梓。弟康浩識。

碧山樂府一冊 刊本。○明王九思撰。嘉靖乙卯韓詢序云:「《碧山樂府》,關中王太史公九思所作。序之者,沂東康狀元海也。二公一代人物,故其詞序,海內盛傳。予遊京師及官南浙,索者甚眾,鈔錄勿給,乃托上虞令雨山張君刻之以傳。張君癸丑會魁,博雅君子也,故于此梓之无力云。」

陶情樂府四卷續集一卷 刊本。○明楊慎撰。簡紹芳序。

樂府新編陽春白雪六卷 藍絲闌鈔本。○明楊朝英選集。

古樂苑五十二卷 刊本。卷首有「范汝槐之印」。○西吳梅鼎祚補正,東越呂元昌校閱。

類聚名賢樂府羣玉五卷 綿紙藍絲闌鈔本。

遯菴樂府一卷 綿紙鈔本。○河東段克己撰。

牡丹樂府一卷 藍絲闌鈔本。○不著撰人名氏。

雍熙樂府二十卷 刊本。○不著撰人名氏。

〔一〕「樂」原誤為「學」,據臺北央圖《善本序跋集錄》改。

〔二〕「唱」原誤為「昌」據臺北央圖《善本序跋集錄》改。

〔三〕「唐」當作「宋」。
〔四〕「孺」原誤爲「儒」,今改。
〔五〕「湯」原誤爲「陽」,今改。
〔六〕「齋」原誤爲「叅」,今改。
〔七〕「韻」原誤作「音」,今正。
〔八〕「明」字原脱,今補。
〔九〕「煩」原誤作「類」,今正。

天一閣書目 補遺

史部詔令奏議類

李給事端本策一卷 刊本。○明正德乙亥李蕃撰。孫克嗣鋟。戴鰲整、張叔安序。

史部傳記類

蓳莆集一卷 刊本。○明甬東屠本畯編，并序云：「蓳莆者，堯時瑞[二]草，生於庖厨，不風自扇，後人因之以扇名蓳。蓳之名扇，義昉於此。是用垂陰蔽日，滌暑浮涼，裁以方圓，揮之襟袖。歌轉畫圖，遂逞薦筵之韻。六角寫去，價踊街頭。七寶妝來，香分螢上。豈非情以物宣，扇悲在篋之情。蓳之名扇，義昉於此。是用垂陰蔽日，滌暑浮涼，裁以方圓，揮之襟袖。歌轉畫圖，遂逞薦筵之韻。六角寫去，價踊街頭。七寶妝來，香分螢上。豈非情以物宣，扇因人重者也？余自垂髫之歲，遠希扇枕之風，愛此握中，珍逾席上。爰取吾鄞社中所贈詩蓳，輒恐歲月于邁，磨滅弗傳，其何以奉揚仁風，永爲佩好也？于是區分户別，存歿兼收。自隱逸以至衲子，彙次成編。其外又有王中丞母、陳少卿妻，列爲閨秀。蓋以二公鄞人，爲吾父執，故兩夫人母行也，並得附錄焉。維茲數人，咸能咏歌先王，宣化聖世。故盡其蓳中，畧無取舍。數人之外，亦不旁蒐矣。昔季龍製扇，取義本難。傅咸作歌，等美蓳莆。予則謂是詩可並瑤華，其人故是瑞草，遂以蓳莆命篇。若夫身依魏闕，名著

兩浙名賢錄八卷 刊本。○明東海徐象梅撰，海鹽姚士粦校。與前冊異。

〔二〕「瑞」原誤爲「端」，今改。

史部地理類

岳遊紀行錄一卷重遊南岳紀行錄一卷 刊本。○明湛若水著。

紀遊稿二卷 刊本。○明琅琊王世懋著，平原陸遠校。

遊名山錄四卷 刊本。○明鄞邑陳沂撰。

玉泉詩集七卷 刊本。○明姚廷用編。按：玉泉在今當陽縣南三十里。有陳用智者，愛其山水，燕坐于此。漢漢壽亭侯關公月下現影，願羽翼佛法，勸師住山，即其地也。此蓋裒集事蹟暨景物、藝文，終以時人題咏。當入志書類。

史部政書類

李克齋督撫經畧八卷 刊本。○明嘉靖淮陽兵備道劉景紹編輯并序。揚州推官王楷校刊。歸安茅坤亦有序。

子部儒家類

朱文公小學六卷 刊本。○宋朱子撰。卷端載文公小像并《小學綱領》。《內篇》四卷、《外篇》四卷。首

經學理窟五卷 刊本。○宋張子撰。明嘉靖元年莆陽黃鞏校刊，并識云：「橫渠先生子張子《經學理窟》凡五卷。按：先生《西銘》、《正蒙》皆列學官，若《文集》、《語錄》、諸經說之類，朱文公編次《近思錄》，則故取之矣。獨《理窟》世所罕見，然晁氏《讀書志》有《經學理窟》一卷，張某撰。《黃氏日鈔》亦謂橫渠好古之切，故以《詩》、《書》次《周禮》焉。但晁云一卷，而此則五卷，豈本自一卷，而為後人所分？未可知也。考之《近思錄》，凡取之先生《文集》、《語錄》、諸經說者，乃皆出於《理窟》之意。《理窟》亦其門人彙輯《文集》、《語錄》、諸經說之說而命以是名，殆非先生所自著也。」又弋陽汪偉序云：「橫渠《經學理窟》，或以為先生所自撰。偉按：熙寧九年秋，先生集所立言以為《正蒙》，其平日所俯而讀、仰而思、妙契而疾書者，宜無遺矣。明年，遂捐館舍。所謂《文集》、《語錄》、諸經說等，皆出于門人之所纂集。若《理窟》者，亦分類語錄之類耳。雖然言之精者，固不出于《正蒙》，謂是非先生之蘊，不可也。論學則必期于聖人，言有詳畧，記者之手也。至于進為之方、設施之術，具有節級，鑿鑿可行，非徒託空言者，朱子曰：『天資高則學明道，不然且學二程、橫渠。』良以橫渠用工精切，有可循守，百世而下，誦其言者，若盲者忽覩日月之光，聾者忽聆雷霆之音，惰偷之夫咸有立志，其《正蒙》之階梯與？其間數條，與《遺書》所載不殊。可見先生平昔與程氏兄弟議論之同，而非勤以入也。間取《理窟》，刻於官寺，俾有志之士，知所向往，亦推先生多栽培，思以及天下之篤信，有先生之勇。

子部法家類

日省錄一卷 刊本。○明錫山顧起經撰并自序。意云。〕

折獄龜鑑二卷 刊本。○宋鄭克撰。元虞應龍序。明隆慶四年楊澄覆校。陳柏序。

子部藝術類

琴學心聲六卷 刊本。○國朝三山莊臻鳳蝶菴輯并序。康熙乙巳燕山袁一相、梁知先、洞庭鄧旭、禹航嚴沆序。凡例云：「一、《律原》上下二卷，載《琴學粹言》、《律呂圖說》。一、《紀詠》上下二卷，載歷代琴記、詠賦歌詞。一、《存古》上下二卷，載選集古今諸賢名譜。一、《新音》上下二卷，載自製新曲、贈答詩文。」

子部雜家類

禮緯含文嘉七卷 藍絲闌鈔本。每卷首有「東明外史」圖章。○無編集人姓名。卷首有序云：「僕庸愚也，述嘗爲騃者而編類之，曰《禮緯含文嘉》。非敢曰傳於世，庶幾乎有士有民者見之，則修德省躬。事君事親者覽之，則進忠竭力。是故致中和陰陽，正物理常。吉凶禍福，何由而生。惟天下平治，四海謐寧，同爲太平之民。」

經史通譜二卷 刊本。○明華亭楊豫孫著并序。嘉靖癸丑張世美後序云：「《經史通譜》凡二冊，朋石

楊君之所輯也。《經譜》則譜羣經之授受，而古今道統亦併附之。《史譜》則譜歷代之統系，而春秋列國亦併附。」

經世要畧六卷 刊本。○明豫章萬廷言以忠編輯。弟廷謙以收校梓。

石田隨筆 綿紙鈔本。存卷一、卷二，其三四兩卷無。○明沈周著。凡著書史、立論說及碑誌、篆額欵式、古今廢置、事蹟，隨所見而筆之者也。

除紅譜一卷 刊本。○明洪武元年楊維楨序。

墨娥小錄十四卷 藍絲闌鈔本。○不著撰人名氏。

子部釋家類

蒲室集十五卷 刊本。○豫章釋大訢撰。至元四年虞集序。

子部道家類

神隱二卷 刊本○宋趙鵠撰。

集部別集類

秣陵遊稿一卷 刊本。○明張獻翼撰。江都忻葊校刊。

蒲東珠玉詩一卷 刊本。○四明張楷撰。

野眺樓近草四卷 刊本。○四明張瑤芝著，同里陳錫嘏、李鄴嗣、屠粹忠、胡亦堂、周斯盛、聞性道同選。

孝藩永慕詩一冊　刊本。○明伊藩思親之作，侍者錄之成帙。嘉靖癸卯洛陽辛東山序之。行人溫新、右長史朱福跋後。

安寧溫泉詩一卷　刊本。○明成都楊慎著。序稱：「滇雲地多溫泉，以安寧之碧玉泉爲勝。滇水號黑水，盈尺不見底，而此獨浩鏡百尺，一也。四山壁起，中爲石凹，不煩甃甓，二也。污沍不待摑拭，三也。苔污絕迹，四也。溫涼適宜，四時可浴，五也。能發茗顏，盞酒增味，治庖損薪，六也。佛地八功之水，何以加焉之露，使余樂謫居而忘故里者，非茲泉也？與南原孫公魯泉、董公松崖、張公授簡曰：『是泉爲安寧之勝，可無詩乎？』聊書十韻，爲羣玉之引。」

范德機批選李翰林詩四卷　刊本。○唐李白撰，鄭鼐編。鼐先刻范選杜詩已，讀者便之，因復取范批選李集并鋟諸梓。舊編皆以樂府、歌行編類爲次第，今則以五七言、長短句爲之綱，諸體以次刻焉。寶應元年李陽冰序。　嘉靖壬辰周臣輯語。

入魏稿二卷入浙稿二卷入晉稿二卷入楚稿一卷　刊本。○明王世貞著。

集部總集類

吟窗雜錄五十卷　嘉靖戊申崇文書堂家藏宋版重刊。○宋陳應行編，并序云：「余於暇日編集魏文帝以來，至於渡江以前，凡詩人作爲格式綱領以淑諸人者，上下數千載間所類者，親手校正，聚爲五十卷。臚分鱗次，具有條理，目曰《吟窗雜錄》。」

文苑春秋四卷 刊本。〇明相臺崔銑集。嘉靖戊申門人平原徐芳序稱其師少石公，聖賢之學，高潔之行，與古人並。年甫四十有七而林居，專志著述。爰閲秦、漢、隋、唐、五季、宋、元之文，采錄四卷，滿百篇，名曰《文苑春秋》。守相諸公乃請刊布，捐俸不給，何臨漳尹贊成之。卷首崔銑自序，丁酉河南漳德知府閩中王三省、蠡吾丁律跋後，江夏門生呂調音書，又銑自序。

王文成全書三十八卷 刊本。〇明餘姚王守仁著。新建謝傑刊。隆慶二年華亭徐階[一]序云：「《王文成公全書》三十八卷，其首三卷爲《語錄》，公存時徐子曰仁輯。次二十八卷爲《文錄》、爲《別錄》、爲《外集》、爲《續編》，皆公薨後錢子洪甫輯。最後七卷爲《年譜》，爲《世德紀》，則近時洪甫與汝中王子輯而附焉者也。」隆慶壬申，侍御新建謝君奉命按浙，閱公文，見所謂錄若集各自爲書，懼夫四方之學者，或勿克盡讀也，遂彙而壽諸梓，名曰《全書》，屬階序。謝君名廷傑，字宗聖。其爲政崇節義，育人材，厚風俗，動以公爲師，蓋非徒讀公書者也。」

[一]「階」原誤作「楷」，據《抱經樓藏書志》改。

集部雜著類

新編省解擬題大成論會八卷 〇不著撰人名氏。

集部詩文評類

菊坡叢話二十六卷 刊本。〇明臨川單宇著。成化癸巳黎擴序稱：「同邑友前進士諸暨尹單公，雅好吟咏，

詩林廣記前集十卷後集十卷 刊本。○宋蒙齋蔡正孫粹然編。序稱:「采晉宋以來數大名家,及其餘膾炙人口者,凡幾百篇,鈔之以課兒姪。併集前賢評話,及有所援據摹擬者,亥蒐旁引,而麗於各篇之次。凡出於諸老之所品題者,必在此選。」濟南張鼎有序。

集部詞曲類

中原音韻一卷 刊本。○元周德清輯并序。虞集序。

草堂詩餘二卷 刊本。○係唐宋人詩餘。明孫纓偕、胡汝方、凌伯源彙次成編,總四百八十四首。舒有序。

陽春白雪一卷 鈔本。○趙立之選。

韓侯新詠三卷 刊本。卷首有「天一閣主人」圖章。○嘉靖壬子簡紹芳序云:「蜀左史李芝山致《空侯器譜》於升翁謫所,悅之,遂裁十六韻,命似朝雲者作古調,以被諸管絃。昔沈懷遠被徙廣州,慕空侯,造繞梁樂象之,暨作《南越志》,日命女奴彈於硯側,以贊幽思。翁得此,無乃亦獨思懷抱,充覽頤情之一力乎?妄擬《君不見》一闋,嗣復奉倚充調笑語,用右新聲云。按夾漈《樂畧》:『空侯、師延、靡靡樂也。』又曰:『漢武時侯調所作,施祀郊廟,似瑟而小,用撥彈之,音節坎坎,故曰韓侯。東京光和間更製,體曲而長,二十三絃,豎抱於懷,兩手齊奏,鳳音鸞胵,修軫韓列。』今十四絃者,即翁所謂宣和大晟樂府所改也。稿隸書《新詠》鍥傳,諸皆和之。惟詩筒郵遞,先後登梓,不獲敘爾。」

天一閣書目　范氏著作

奏議四卷　刊本。○明司馬公諱欽著。

古今諺一卷　刊本。○明司馬公諱欽撰。公字安卿，又字堯卿，號東明。

天一閣集三十二卷　刊本。○明四明司馬公諱欽撰。吏部侍郎沈一貫序。

明文臣爵諡一册　鈔本。○明司馬公諱欽撰。手書稿本。

歌謠諺語一卷　鈔本。○明司馬公未定稿本。

使秦吟畧一册　刊本。○國朝甬上范汝楨撰。

烟霞外集一册　刊本。○國朝甬上范汝楨撰。

雁字十咏一卷　刊本。○國朝甬上范汝楨撰。

試秦詩紀一卷　刊本。○國朝潞公諱光文著，溫陵何承都玉水訂，曲安王顯祚湛求參。

七松遊○國朝吏部主政潞公諱光文著，華池門人孫枝蕃訂。

寱憶一卷　刊本。○國朝吏部文選司主事潞公著。有天一閣外史自識。

榮封雙壽錄 刊本。○國朝司訓希聖公諱光燮八十雙壽，入閩門生張巖傳記。

希聖堂講義十卷 刊本。○國朝嘉興府學司訓諱光燮撰。康熙甲子嘉興府知府燕臺劉理序，希聖堂自序，檇李王庭跋後。附希聖公小傳。

潛州唱和集附嚶鳴集喁吟篇○國朝司訓諱光燮友仲和光饒孫宏喆詩也，銓部諱光文訂并序。梁溪張獎嵋及同社諸公校，古吳劉雷恒閱，于有甲序，方為謙題詞。

檇李金明寺放生唱和詩集○國朝司訓諱光燮同檇李錢士際等倡和詩并梓。荆溪史可程、檇李王庭序。

三瑞記○國朝康熙己巳德化邑令四明范正輅撰。序嘉禾云：「德，巖邑也，望歲甚殷。今乃登稼時矣，田間父老始則折一禾兩穗者數莖來告，而余色喜。繼則折一禾三穗者數莖來告，而余色更喜。終則折一禾四穗者一莖來告，而余喜且滋甚。吏之幸也，民之福也。爰命繪圖稱慶，希各惠瑤章，以誌不朽。」序落酥云：「余甘菜根味久矣，三年來命蒼頭治圃藝蔬，聊供七箸。夏六月，西園落酥，一蒂而四實，亦足異也。」序蘭曰：「余俗吏也，既無彭澤柳，亦少河陽花。偶植蕙蘭數本，作幽客觀。蒲月之五，忽有芳蘭葉中透萐，雙葩並蒂，葉短花長，香靄滿室，所謂靈德奇卉，庶其近之。」

天一閣碑目

天一閣書目

天一閣碑目目錄

天一閣碑目序（錢大昕）……五三九 續增附

天一閣碑目……五四一

天一閣碑目序

錢大昕

四明范侍郎天一閣藏書,名重海內久矣。其藏弆碑刻尤富,顧世無知之者。癸卯夏,予遊天台,道出鄞,老友李匯川始爲予言之。亟叩主人啟香厨而出之。浩如烟海,未遑竟讀。今年予復至鄞,適海鹽張芑堂以摹《石鼓文》寓范氏,而侍郎之八世孫葦舟亦耽嗜法書。三人者,晨夕過從,嗜好畧相似。因言天一石刻之富,不減歐、趙,而未有目錄傳諸世,豈非闕事?乃相約撰次之。以時代前後爲次,并記撰書人姓名,俾後來有效。明日。去其重複者,自三代訖宋元,凡七百二十餘通。拂塵祛蠹,手披目覽,幾及十日。碑亦有字畫可喜者,仿歐、趙之例也。予嘗讀《弇州續稿》中答范司馬小簡,有書籍互相借鈔之約。今檢《圉令趙君碑》背面有侍郎手書「鳳洲送」三字,風流好事,令人歆慕不置。顧弇山園書畫,不五十年盡歸它姓。而范氏所藏閱三百年,手澤無恙,此則後嗣之多賢,尤足深羨者矣。明代好金石者,唯都、楊、郭、趙四家,較其目錄皆不及范氏之富。若于司直輩,道聽途説,徒供覆瓿耳。此書出,將與歐、趙、洪、陳並傳,葦舟可謂有功于前人。而考證精審,俾先賢搜羅之苦心不終湮没,則予與芑堂不無助焉。

乾隆五十二年歲在丁未六月十九日,竹汀居士錢大昕序。

天一閣野日乐

天一閣碑目

司馬公八世孫懋敏葦舟編次，男與齡、遐齡校字
嘉定錢大昕竹汀鑒定
海鹽張燕昌芑堂　參訂
同邑水　雲懶生

周

石鼓文

秦

嶧山碑
泰山刻石

漢

五鳳二年刻石

天一閣碑目

天一閣碑目

北海相景君碑并陰 漢安二年。
敦煌長史武斑碑 建和元年。
魯相乙瑛置百石卒史碑 永興元年。
魯相韓勑造孔廟禮器碑 永壽二年。
郎中鄭固碑 延熹元年。
魯相謁孔子廟殘碑
冀州刺史王純碑 延熹四年十二月。
泰山都尉孔宙碑 延熹七年。
西嶽華山碑 延熹八年。
執金吾丞武榮碑
酸棗令劉熊碑
竹邑侯相張壽碑 建寧元年五月。
冀州從事張表碑 建寧元年。
史晨謁孔廟碑 建寧二年。
史晨後碑

金鄉長侯成碑 建寧二年。

淳于長夏承碑 建寧三年。

衛尉卿衡方碑 建寧三年六月。

博陵太守孔彪碑并陰 建寧四年六月。

司隸校尉魯峻碑 熹平二年。

尹宙碑 熹平六年。

溧陽長潘乾校官碑 光和四年十月。

白石神君碑并陰 光和六年。

郃陽令張君頌 中平二年十月。

尉氏令鄭君碑并陰 中平二年。

蕩陰令張君頌 中平三年。

圉令趙君碑 初平元年。

執金吾丞武榮碑 無年月。

魏

受禪碑 黃初元年。

天一閣碑目

公卿上尊號奏

封宗聖侯孔羨碑 黃初元年。

吳

九真太守谷府君碑 鳳皇元年。

禪國山碑 天璽元年。

天發神讖碑 天璽元年。

晉

太公呂望表 太康十年。

蘭亭序 王羲之書，永和九年。

梁

上清真人許長史舊館壇碑 天監十七年，陶弘景正書。

瘞鶴銘 華陽真逸撰。

北魏

孝文皇帝弔殷比干文 太和十八年十一月。

中岳廟碑 太延元年。

北齊

魯郡太守張猛龍碑 正光三年。

中岳嵩陽寺碑銘 天平二年四月。

李仲琁修孔廟碑 興和三年。

太公呂望碑 穆子容撰。正書。武定八年四月。

後周

孔子廟碑 乾明元年。

孝子郭巨墓碑 武平元年正月。

隴東王感孝頌 武平元年。隸書。

南陽寺碑 武平四年六月。八分書。

隋

華嶽頌 天和二年。

豆盧恩碑 八分書。

龍藏寺碑 張公禮撰。開皇六年十二月。

安喜公李使君碑 開皇十七年二月。八分書。

天一閣碑目

唐

榮澤令常醜奴墓志 大業三年八月。

修孔廟碑 大業七年，仲孝俊撰。八分書。

左光禄大夫姚辨墓志銘 虞世基撰，歐陽詢書。大業七年十月。

太宗賜少林寺教 武德四年。

皇甫府君碑 于志寧製，歐陽詢書。

幽州昭仁寺碑 貞觀四年，朱子奢書。

孔子廟堂碑 虞世南撰并書。貞觀四年。

九成宫醴泉銘 貞觀六年，魏徵撰，歐陽詢書。

虞公温彦博碑 岑文本撰，歐陽詢正書。貞觀十一年十月。

褒公段志玄碑 正書。貞觀十六年。

贈比干太師詔并祭文 貞觀十九年，薛純陁書。

晉祠銘 貞觀二十一年，太宗御製并書。

國子祭酒孔穎達碑 于志寧撰正書。貞觀二十六年。

梁公房玄齡碑 褚遂良正書。

天一閣碑目

芮公豆盧寬碑 正書。永徽元年。
大唐三藏聖教序并記 太宗撰序,高宗撰記,褚遂良正書。永徽四年十二月。
汾陰公薛收碑 于志寧撰。永徽六年。
衛公李靖碑 許敬宗撰,王知敬正書。顯慶三年。
尚書張後允碑 正書。顯慶三年三月。
紀功頌 顯慶四年,高宗御製并書。
蘭陵長公主碑 正書。顯慶四年十月。
崔敦禮碑 于志寧撰,于立政正書。
張阿難碑 正書。
姜遐碑 姪郯公晞撰并書。正書。
許洛仁碑 正書。龍朔二年十一月。
道因法師碑 龍朔三年十月十日,李儼撰,歐陽通書。
少林寺碑 麟德元年,郭知及書。
贈太師孔宣公碑 乾封元年崔行功撰,孫師範書。
燕公于志寧碑 令狐德棻撰,子立政正書。乾封元年十一月。

天一閣碑目

碧落碑 咸亨元年。篆書。

懷仁集右軍書聖教序 咸亨三年。

金剛經 咸亨 年。

孝敬皇帝叡德記 上元二年，高宗御撰并書。

薛公阿史那忠碑 正書。上元二年。

明徵君碑 高宗御撰，高正臣書。上元三年四月。

修孔子廟詔表 儀鳳二年。八分書。

英公李勣碑 高宗御製并書。儀鳳二年十月。

天后御製詩并序 永淳二年，王知敬書。

中書令馬周碑 許敬宗撰，殷仲容八分書。

申公高士廉塋兆記 許敬宗撰，趙模正書。

散騎常侍褚亮碑 八分書。

昇仙太子碑 聖歷二年，武后撰并書。

明堂令于大猷碑 正書。聖歷三年十一月。

御製夏日游石淙詩并序 薛曜正書。久視元年五月。

天一閣碑目

孝明高皇后碑 長安二年，武三思撰，相正旦書。
秋日宴石淙序 張易之撰。正書。闕年月。
景龍觀鐘銘 睿宗御書。景雲二年九月。
馮本殘碑 □朝隱撰。八分書。先天元年十一月。
姚文獻公碑 李邕撰并書。開元三年，胡皓撰，徐嶠之書。
葉有道碑 李邕撰并書。開元五年。
修孔子廟碑 開元七年十月十五日，李邕撰，張廷珪書。
華嶽精享昭應碑 開元八年，咸廙撰，劉升書。隸書。
雲麾將軍李思訓碑 李邕撰并書。開元八年六月。
興福寺半截碑 開元九年，沙門大雅集，王右軍書。
御史臺精舍碑 開元十一年崔湜撰，梁昇卿書。隸書。
少林寺賜田牒 開元十一年。
池州刺史馮公碑 崔尚撰，郭謙光隸書。開元十一年。
娑羅樹碑 李邕撰并書。開元十一年。
涼國長公主碑 開元十二年，蘇頲撰，明皇御書。隸書。

五四九

天一閣碑目

述聖頌 開元十三年,達奚珣撰序,呂向撰頌并書。

乙速孤行儼碑 劉憲撰,白義睅八分書。開元十三年二月。

紀泰山銘 開元十四年,明皇御撰并書。隸書。

東封朝覲頌 蘇頲撰。開元十四年。

北嶽祠碑 開元十五年,張嘉貞撰并書。

嵩山道安禪師碑 開元十五年,宋儋撰并書。

少林寺碑 開元十六年,裴漼撰并書。

嶽麓寺碑 開元十八年,李邕撰并書。

東林寺碑 開元十九年,李邕撰并書。

大智禪師碑 開元二十四年,嚴挺之撰,史惟則書。隸書。

臨高寺重修葺碑 開元二十五年,常允之撰,弟演之書。

周尉遲迥廟碑 顏真卿撰,蔡有鄰八分書。開元二十六年正月。

鐵像頌 開元二十七年,王端撰,蘇靈芝書。

夢真容碑 開元二十九年六月,蘇靈芝書。

究公之頌 天寶元年,張之宏撰,包文該書。

五五〇

天一閣碑目

雲麾將軍李秀碑 李邕撰并書。天寶元年正月。
慶唐觀金籙齋頌 崔明允撰,史惟則八分書。天寶二年。
嵩陽觀碑 天寶三載,李林甫撰,徐浩書。
金仙長公主碑 徐嶠之撰,明皇行書。
郎國長公主碑 張說撰,明皇八分書。
石臺孝經 天寶四載,明皇御注并書。隸書。皇太子亨奉勅題額。
寶居士神道碑 李邕撰,段清雲行書。天寶六載。
崇仁寺陀羅尼石幢 張少悌行書。天寶七載五月。
多寶塔感應碑 天寶十一載,岑勛撰,顏真卿書。
東方朔畫像贊 天寶十三載,夏侯湛撰,顏真卿書。
柘城令李公德政頌 天寶十三載,封利建撰,魏崇仁書。
顏魯公西嶽題名 乾元元年。
華嶽祈雨記 乾元二年,張惟一書。隸書。
贈工部尚書臧懷恪碑 顏真卿撰并書。廣德元年。
郭氏家廟記 廣德二年,顏真卿撰并書。

五五一

天一閣碑目

臨淮王李光弼碑 顏真卿撰，張少悌書。廣德二年十一月。

陽華巖銘 永泰二年，元結撰，瞿令問書。

李公紀功載政頌 永泰二年，元結撰，瞿令問書。

嵩山會善寺戒壇勅牒 行書。大曆二年，王佑撰。王士則書。

李陽冰遷先塋記 大曆二年十一月。

李陽冰三墳記 大曆二年，李季卿撰。篆書。

大證禪師碑銘 王縉撰，徐浩書。大曆四年□月。

李陽冰瘦公德政記 大曆五年。篆書。

李陽冰謙卦碑 篆書。

儲潭廟祈雨感應頌 大曆庚戌，裴諝撰。宋嘉祐癸卯重刻。

大唐中興頌 大曆六年，元結撰。

撫州南城縣麻姑仙壇記 大曆六年，顏真卿撰并書。小字正書。

八關齋會報德記 大曆七年，顏真卿撰并書。

宋廣平神道碑 大曆七年，顏真卿撰并書。

宋廣平碑側記 宋人重刻本。

天一閣碑目

李陽冰書般若臺字 大曆七年。篆書。

文宣王廟新門記 大曆八年，裴孝智撰，裴平書。隸書。

無憂王寺真身塔碑 大曆十三年，張彧撰，楊播書。

容州都督元結碑 大曆□年，顏真卿撰并書。

家廟碑 建中元年，顏真卿撰并書。

景教流行中國碑 僧景淨撰，呂秀巖正書。建中二年太簇月。

三藏不空和尚碑 建中二年，嚴郢撰，徐浩書。

范陽郡新置文宣王廟碑 貞元五年二月，韋稔撰，張澹行書。

姜源公劉廟碑 高郢撰，張誼行書。貞元九年四月。

諸葛忠武侯新廟碑 貞元十一年，沈迥撰，元錫書。

少林寺廚庫記 貞元戊寅，顧少連撰，崔溉書。

軒轅鑄鼎原碑 貞元十七年，王顏撰，袁滋書。篆書。

千福寺楚金禪師碑 貞元二十一年，沙門飛錫撰，吳通徵書。

蜀丞相諸葛武侯祠堂碑 裴度撰，柳公綽正書。元和四年二月。

石壁寺甘露義壇碑 李逢吉撰。正書。元和八年三月。

天一閣碑目

酸棗縣建福寺界場記 元和九年，僧契真書。
內侍李輔光墓誌 雀元略撰。元和十年四月。
嵩嶽中天王廟記 元和十二年，韋行儉撰，楊儆書。
南海神廣利王廟碑 韓愈撰，陳諫正書。元和十五年十月。
太保李良臣碑 李宗閔撰，楊正正書。長慶二年。
邠國公功德頌 楊承和撰并書，正書。長慶二年十二月。
西平郡王李晟碑 大和三年四月，裴度撰，柳公權書。
尉遲汾狀嵩高靈勝詩 大和三年六月。
阿育王寺常住田碑 萬齊融撰，徐嶠之書。大和七年十二月，明州刺史于季友撰，范的重書并篆額。後有刺史于季友、范的贈答詩。
阿育王寺碑後記 大和七年十二月范的書。
鄭澣宿少林寺詩 大和九年。
國子學石經 開成二年。
玄秘塔碑 會昌元年，裴休撰，柳公權書。
河南尹盧貞等題名 會昌五年。
岐山縣周公廟碑 大中二年。

五五四

再建圓覺大師塔銘 大中七年,陳寬撰,崔倬書。

尊勝陀羅尼經 大中八年四月八日壬戌建。後有承奉郎守鄧縣令崔幼昌題名。

侯官縣丞湯君墓誌 大中十二年,林珽撰。

加句尊勝陀羅尼經 咸通十年五月,譙國曹訢書。

碧落碑釋文 咸通十一年,鄭承規書。

修孔廟碑 咸通十一年,賈防書。

李克用北嶽題名 中和五年。

瑯琊郡王王審知德政碑 天祐三年,于兢撰,王倜書。

虢州龍興觀牒

北嶽壇廟碑 鄭子春撰,崔鐶書隸書。

陝州孔子廟碑 田義晊撰并書。

尊勝陀羅尼經 高岑書。

張旭肚痛帖 草書。

後唐

李存進碑 呂夢奇撰,梁邕正書。同光二年。

天一閣碑目

五五五

天一閣碑目

後晉

太嶽奈何將軍碑 天福六年，劉元度撰，魏□□書。

駙馬都尉史匡翰碑 陶穀撰，閻光遠行書。天福八年。

周

衞州刺史郭公屏盜碑 杜韡撰，孫崇望正書。

中書侍郎景範碑 扈載撰正書。

宋

重修令武廟碣 建隆元年應鍾月，毛□撰并書。

修文宣王廟記 建德三年八月，劉從乂撰，馬昭吉書。

重修中嶽廟記 乾德二年八月，駱文蔚撰并書。

千字文 乾德三年十二月，夢英篆書。

千字文序 乾德五年九月，陶穀撰，皇甫儼篆書。

會善寺重修佛殿記 開寶五年閏二月，王著撰，王正己書。

修漢光武廟碑 開寶六年，蘇德祥撰，孫崇望書。

修唐太宗廟碑 開寶六年十月，李瑩撰，孫崇望書。

五五六

天一閣碑目

修嵩山中天王廟碑 開寶六年十二月，盧多遜撰，孫崇望書。

修閩忠懿王廟碑 開寶九年三月，錢昱撰、林操書。

金剛經 太平興國二年十月，趙安仁書。

十善業道經要略 太平興國二年十月，裴休撰，趙安仁書。

夫子廟堂記 壬午六月，夢英書。

長社縣□□廟記 雍熙二年四月，湯□撰，劉繼□書。

新譯聖教序記 端拱元年，太宗御制，雲勝書。

祭先聖文 淳化二年，徐休復撰，彭晨書。

修北嶽安天王廟碑 淳化二年，王禺偁撰，王仲英書。

贈夢英大師詩 咸平元年正月，僧正蒙書。

張仲荀抄高僧傳序 陶穀撰，夢英書。

東京右街等覺禪院記 咸平戊戌季冬，王嗣宗撰，彭太素書。

大相國寺碑 咸平四年十二月，宋白撰，吳郢書。

勅修文宣王廟牒 景德三年二月，王欽若奏。

青帝廣生帝君讚 大中祥符元年十月，真宗御製并書。

五五七

天一閣碑目

文憲王讚　大中祥符元年十一月，御製并書。

王欽若天門石壁詩　大中祥符二年五月。

永興軍文宣王廟大門記　大中祥符二年六月，孫僅撰，冉宗閔書。

封禪朝觀壇頌　大中祥符二年七月，陳堯叟撰，尹熙古書。

僧靜已書偈語碑　大中祥符三年正月。

御製駐蹕鄭州詩　大中祥符五年十月，陳堯叟書。

中嶽中天崇聖帝碑　大中祥符七年，王曾撰，白憲書。

北嶽安天元聖帝碑　大中祥符九年四月，陳彭年撰，邢守元書。

中嶽醮告文　天禧三年九月，御製，劉太初書。

白馬寺中書門下牒　端拱二年五月，河南府帖。景德四年三月，河南府帖。天禧五年正月刻石，僧處才書。

中天崇聖帝廟碑　乾興元年六月，陳知微撰，邢守元書。

滕涉題靈巖寺詩　天聖戊辰七月，僧全欽書。

保平軍節度使魏公神道碑　天聖六年九月，李維撰。

永安縣淨惠羅漢院記　天聖八年四月，張觀撰，李九思書。

永安縣會聖宮碑　景祐元年九月，石中立撰，李孝章書。

五五八

孔廟中書門下劄子 景祐二年十一月。

文宣王廟講堂記 景祐四年七月，成昂撰，孫正己書。

陳堯叟麻制 景祐四年四月一道，景祐五年三月一道。

明州桃源保安院大界相碑 景祐五年十月，月山沙門惟白撰，鄞水講僧如顯書。會稽講僧知白篆額。

敕留魏光林寺記 慶曆乙酉四月，李淑撰，冀上之書。

重修北嶽廟記 皇祐二年正月，韓琦撰并書。

仙鶴觀記 皇祐二年九月，王夷仲撰，孟延亨書。

復唯識院記 皇祐三年，黃□撰，□□元書。

仁宗賜曾公亮詩 至和元年九月，下有公亮跋。

祖聖手植檜詩 嘉祐元年重午，孔舜亮作。

文彥博宿少林寺詩 嘉祐五年四月。

萬安橋記 嘉祐五年，蔡襄撰并書。

張掞留題詩 嘉祐六年七月，僧神俊書。

石林亭詩 嘉祐七年十二月，劉敞諸人作，李邰書。

勅賜常樂院牒 治平元年二月。

天一閣碑目

天一閣碑目

欽奉堂記 治平三年十二月，祖無擇撰，冀上之書。

勅賜空相院牒 治平四年十月。

竹林寺五百羅漢記 熙寧元年十月，釋有挺撰，王道書。

瀧岡阡表 熙寧三年四月，歐陽修撰并書。

虔州重修儲潭廟記 熙寧三年七月，黃慶基記。

錢勰謁文宣王廟題名 熙寧八年五月。

密縣超化寺帖 熙寧八月九日。

孔舜亮留題靈巖寺詩 熙寧九年十月，釋智岸書。

環詠亭种明逸詩題跋 熙寧十年，胡宗回等諸人書。譚述序。

表忠觀碑 元豐元年，蘇軾撰并書。

鮮于侁留題靈巖寺詩 元豐二年正月。

蘇轍題靈巖寺詩 元豐二年正月。

盛陶與靈巖長老書并詩 元豐三年十月。

白龍殿記 元豐五年七月，趙合撰，吳九思書。

新注般若心經 元豐七年天節，沙門妙空注。韓絳立石。

王子文題名 元豐乙丑戊寅月。

蘇東坡海市詩 元豐八年十月。

開封府請靈巖確公主淨因院疏 元豐□年七月，蔡卞書。

顏魯公祠堂碑陰記 元祐三年九月，米黻撰并書。

韓忠獻公祠堂事跡記 元祐三年十月，衡規序，劉燾。

六駿圖 元祐四年端午日，游師雄刻。

馬券 元祐四年，蘇軾撰。後有蘇轍詩，黃庭堅跋。

新鄉縣學記 元祐五年四月，詹文撰，杜常書。

鄆州州學新田記 元祐五年九月，尹遷撰，李伉書。

京兆府學移石經記 元祐五年九月，安宜之書。

宸奎閣碑 元祐六年正月，蘇軾撰并書，元統二年重刻。

通判鄆州劉璞詩 元祐六年二月。

東坡書滿庭芳詞 元祐六年十月，紹聖四年刻。

七佛偈 元祐六年十二月，黃庭堅書。

蔡安持詩 元祐壬申十月。

天一閣碑目

五六一

天一閣碑目

重書孝女曹娥碑 元祐八年正月,蔡卞書。

豐樂亭記 蘇軾書。

東坡書歸去來辭 元延祐乙卯立石。

唐太宗昭陵圖 紹聖元年,游師雄刻。

重修太公廟記 紹聖元年五月,邢澤民撰并書。

蔡安時題靈巖寺詩 紹聖元年六月。

文宣王讚 紹聖二年二月,太祖真宗御製,孔端本立石。

下邑縣移漢愼令碑記 紹聖二年八月。

李太白半月臺詩 紹聖二年八月。

河內縣重修先聖廟記 紹聖二年十二月,李勃、吳愿撰,張洞書。

薛嗣昌題名 紹聖四年,後有明昌五年劉仲游題名。

李文定游靈巖詩 紹聖五年三月,李侃書。

虞城縣古蹟叙

黃山谷歸雲堂三大字

黃山谷書面壁頌

五六二

崇明寺大佛殿功德記 元符庚辰正月，李潛撰并書。

劉器之書杜子美義鶻瘦馬行 元符庚辰仲秋，申彥卿跋。

東坡先生長短句 建中靖國元年。

空相院主海公塔銘 建中靖國元年。

商少師廟碑 建中靖國元年正月，李翰撰，張琪書。

先聖廟記 建中靖國元年五月，朱之純記。

靈巖寺十二景詩 建中靖國元年仲秋，住持仁欽作。

三十六峯賦 建中靖國元年九月，樓异撰，臺潛書。

次韻周元翁游青原寺詩 建中靖國元年十二月，黃庭堅書。

禮部尚書黃公詩 崇寧壬午十二月立石。

陝州新建府學記 崇寧二年十月，張勱撰并書。

黃山谷浯溪詩 崇寧三年三月。

元祐黨籍碑 崇寧三年，慶元戊午重刻。

又 嘉定辛未重刻。

無爲章居士墓表 崇寧乙酉九月初二日，周紳撰，米芾書，陳敦復篆。

天一閣碑目

五六三

天一閣碑目

重修北嶽廟記 崇寧五年二月,韓容撰。

米芾書第一山三字

米元章書佛偈

范致沖桃源洞詩 大觀元年正月。

黃輔國謁林廟題名 大觀丁亥八月。

方城縣黃石山仙公觀大殿記 大觀元年九月,范致虛撰,范致君書。

陳知質等題名 大觀戊子二月。

八行八刑碑 大觀二年四月,臨潁縣本。

又 朱陽縣本。

又 大觀三年八月,滎陽縣本。

超化寺詩 大觀庚寅閏八月,程頴士作。

大觀五禮記 御書。

劉豫游蘇門山詩 政和四年正月。

浮邱公靈泉記 政和四年五月,張挺撰,張當世書。

希元觀妙先生碑 政和五年,鄭昂撰。

少林寺免諸般科役記 政和五年十月。

廣陵先生過唐論 政和七年日南至，吳説書。

升元觀尚書省勅 政和八年六月。

王晚題名 政和八年六月。

范坦題子晉祠詩 宣和改元四月。

錢伯言題名 宣和己亥九月。

題張子房廟詩 宣和二年九月。

長清令白彥惇詩 宣和三年四月。

登封縣免抛科朝旨碑 宣和五年二月。

佛果老人法語 宣和六年十二月中浣，僧克勤書。

王仍超化寺題名 宣和癸卯九月。

杜欽□靈巖行 宣和六年三月。

邢侑詩 靖康改元二月。

四明延慶寺十六羅漢碑 靖康改元，吳正平跋。

西京白馬寺碑 □簡撰，□文賞書。

天一閣碑目

天一閣碑目

七十二賢贊 張齊賢諸人作,明嘉靖中重刻。

寇忠愍公書 隸書。

歐陽公齊州舜泉詩

游定夫詩四幅

王尚絅題名 乙亥八月。

汝州香山大悲菩薩傳 蔣之奇撰,蔡京書。元至大元年重刻。

汝帖

李堯文留題證明龕詩

岳飛送張紫巖北伐詩 紹興五年。

吳憲施財米疏 紹興十年三月。

大用菴銘 紹興十年九月,僧止覺撰,潘良貴書。

張平叔真人歌 紹興十八年歲除日,張仲宇書。

應菴和尚送傑侍者還鄉頌 紹興辛未正月上元日。

妙喜泉銘 紹興丁丑三月,張九成撰并書。

東谷無盡燈碑 紹興二十八年正月。

宏智禪師妙光塔銘 紹興二十九年七月，張孝祥書。賀允中題蓋。

廣靈王廟記 紹興三十年正月，陳雲逵記，陳居仁書。

拱極觀記 紹興九年，觀主雷道之重立。

高宗御書禮部韻略 真草二體書。嘉定十三年，湖州摸刻。後有張綖等題名。

般若會善知識詞記 淳熙二年六月，李泳記。葉知微篆額。

壯節亭記 淳熙三年五月，朱熹撰，黃銖書，隸書。

韶音洞記 淳熙四年十月，張栻□撰。

三高祠記 淳熙六年八月重立，范成大撰。

愚齋詩 淳熙十三年正月。

翁忱題龍虎軒詩 淳熙十三年十月。

佛照禪師添穀度僧公據 淳熙十三年八月。

瀨溪先生拙賦 隸書。淳熙戊申重午日趙師俠跋，正書。

朱文公書邵堯夫詩

朱文公書易有太極帖

晦翁詩四首

天一閣碑目

五六七

天一閣碑目

白鹿洞學規 隸書。明嘉靖十年刻。

張栻書合江亭詩

封善政侯勅 寶慶三年正月十七日牒。

龍虎山尚書省牒四道 慶元三年立石。留用光跋。元至正七年重刻。

又五道 嘉定十二年立石。王端中跋。元至正六年重刻。

又一道 政和八年，亦留用光刊。

上清宮尚書省牒一道 蔡仍記，湯純仁集，歐陽詢書。慶元一年三月留用光刊。

天章寺別山智禪師塔銘 文復之撰，游汶書，史□之題額。嘉定元年庚申歲九月。

光山學記 嘉定五年九月，劉樞撰，郭紹彭書。隸書。

方信孺等題名 嘉定癸酉。篆書。

方信孺等唐多令詞

石堂歌 淳熙辛亥作，嘉定乙亥二月刻。自題元在庵主人。

無上宮主訪蔣暉詩 紹定己丑，蔣暉跋。

司馬文正公祠堂記 紹定三年八月，葉祐之撰，余日書。

廣澤廟顯慶侯新像記 淳祐元年十月，楊珏撰并書。

五六八

天一閣碑目

封善政靈德侯勑 淳祐九年二月一日牒。

蜜岩廟碑 淳祐九年十月，鄭清之撰并書。

施生臺佛名 寶祐二年十一月。

寶幢鮑王行祠碑記 寶祐甲寅，萬逵撰。

開慶己未獎諭勅 開慶元年二月。

平字碑 開慶元年三月吳潛書。

逸老堂記 開慶元年七月，吳潛撰，張即之書。

賀知章畫像并贊 吳潛撰并書。

贛州嘉濟廟記 咸淳七年六月，文天祥記，吳覾書。

崔清獻公要記 篆語。

六經圖

泗州禪院新建泗州殿記 周鍔撰。無年月。據《鄞縣志》當在宋治平間。

四明寶積院記 無年月。

天童宏智老人像并贊 育王、妙喜、宗杲作贊。無年月。

〔一〕「拭」疑當爲「栻」。

五六九

金

重修唐太宗廟碑 天眷元年三月，孫九鼎撰。

重修嵩嶽廟記 皇統五年十一月，隨琳撰，蔡如葵書。

密縣修德觀問道碑 貞元三年十月，劉文饒撰并書。

常樂寺三世佛殿記 正隆四年四月，胡礪撰，翟炳書。

郟修泉池記 大定五年五月，李綸撰，王克書。

新鄉縣孔廟碑 大定八年四月，李詠撰。

迎公大師墓誌 大定十年八月，劉公植撰，程縠書。

河南府白馬寺舍利塔記 大定十五年五月，李中孚撰，男燮書。

御題寺重建唐德宗詩碑記 大定十六年七月，許安仁撰并書。

博州重修廟學記 大定辛丑，王去非撰，王庭筠書。

碑陰記 大定辛丑六月，王遵古撰，王庭筠書。

河內縣柏山村三清院記 大定二十一年三月，張夢錫撰，和希德書。

丹陽子得遇化行吟圖詩 大定辛丑八月，譚處端撰并書。明景泰三年重刻。

重修中嶽廟碑 大定二十二年十月，黃久約撰，郝□書。

天一閣碑目

東嶽廟碑 大定二十二年，楊伯仁撰，黃久約書。

大相國寺碑 大定二十二年仲冬，安仲元撰，田□書。

趙攄趙揚蒙游百泉山詩 大定二十七年六月

陽翟縣主簿李公碑 明昌元年九月，元王瑞撰，梁安書。

珪禪師影堂碑記 明昌乙卯九月，李嗣撰并書。

許州重建孔廟碑 明昌六年五月，白清臣撰，呂授書。

胡礪碑 明昌七年十一月，劉仲淵撰，張砥書。

西嶽灝靈門碑 明昌□年，楊庭秀撰并書。

杏壇二大字 承安戊午，党懷英篆。

王仲通題夷齊墓詩 泰和四年十二月。

郟城縣宣聖廟講堂記 泰和八年冬至日，陳賢佐撰，大公弼書。

賈將軍墓碑 大安元年八月，張文紀撰，陳邦彥書。

漸公大師記錄 大安二年八月，張繼祖撰，李獻卿書。

重修中嶽廟記 大安三年三月，趙亨元撰，楊仲通書。

孟氏家傳祖圖始末記 大安三年十二月，孟潤序。

五七一

天一閣碑目

李策宿蘇門城樓詩 崇慶二年五月。

應奉翰林文字贈濟州刺史公李公碑 貞祐丙子八月，崔禧撰，趙秉文書。

正陽真人碑 興定二年。

重興文憲王廟碑 興定五年正月，游淑撰，商衡書。

雪庭西舍記 興定六年二月，李純甫撰，僧德月書。

面壁庵記 興定六年二月，李純甫撰，僧性英書。

汾陽王廟記 元光二年，趙琢撰，張璹書。

鄭州超化寺帖 正大三年九月，沙門寶淨書。

重修中嶽廟記 正大六年九月，李子樗撰，陳忠書。

鄧州宣聖廟碑 正大七年四月，趙秉文撰并書。

古柏行

黃華老人詩 草書。

元

褒崇祖廟記 大朝己亥春，李世弼記，孔摯書。隸書。

夢游軒記 丙午七月，楊英撰，董裕書。

天一閣碑目

投金龍玉册記 大朝戊申二月,楊英撰,薛元書。
存真仙翁舊隱碑 大朝庚戌。
存真訾仙翁實錄碑 大朝辛亥真元日,李宗善書。
聖旨碑 虎兒年八月。
集仙資福宮碑 大朝丁巳二月,張志本撰,王士安書。
雲陽山壽聖寺記 中統元年八月,通選撰,任革書。
天門銘 中統五年正月,杜仁傑撰,嚴忠範書。
大相國寺聖旨碑 至元三年二月。上一層蒙古字。
重修萬壽宮碑 至元三年三月,王鶚撰,商挺書。
三仙洞詩 至元四年。
陽翟縣鹽縣明格公去思碑 至元五年六月,霍復謙撰。李禎書。
代祀中嶽記 至元五年七月,王沂撰,夾谷志堅書。
天寶宮明真廣德大師道行碑 至元五年十月,胡居仁撰并書。
陳祐琴堂詩 至元六年五月。
重刻大字蘭亭序 宋蔡挺跋,至元辛未,折叔寶跋。

天一閣碑目

王盤游靈源詩 至元十年上巳日，耶律沃跋。
崆峒山廣成宮碑 至元十年九月，成□書。
重修威惠王廟記 至元十一年上巳日，陶師淵撰，高書訓書。
南京大相國寺建園墻記 至元十一年十月，宋衛撰并書。
李公決水修街記 承安三年十月，寇誠記。至元十二年四月，耶律元鼎書。
奉慈院勤蹟碑 至元十三年六月，法洪撰。
洞明子詩 至元丁丑三月行書。
萃美亭記 至元丁丑四月，徐炎撰，吳衍書。隸書。
孚應通利王廟碑 至元十四年十月，論志元撰，李鐸書。
資福禪寺鐘銘 至元十五年，曹說撰。
知府馬公謁林廟記 至元十六年二月，孔治撰。
劉傑等題名 至元十八年二月。
周公廟潤德泉復湧記 至元十九年四月，馮復撰。
重修説經臺記 至元甲申，李道謙撰。
下邑縣尹商君去思碑 至元二十一年十月，李希雋撰，江□書。

天一閣碑目

王博文登單父琴臺詩 至元二十三年二月，劉泰跋，周禎書。
順德府龍興院記 至元二十三年，僧思惟撰并書。
存真宮趙公大師行實碑 至元二十六年下元日，方珏撰，張肅書。
皇孫二太子降香記 至元二十七年三月，釋德利撰，妙全書。
重建風后八陣圖碑 至元二十七年中秋月，唐獨孤及撰，劉道源書。
如堂邵家河純陽觀碑 至元二十七年下元，方珏撰，劉道源書。
古老子 至元辛卯，高翻書。篆書。
慶元路重建學記 至元二十九年，王應麟撰，李思衍書。
高唐郡王釋奠題名記 至元三十年二月，息誠撰。
明月山新印藏經記 至元三十年，沙門德利述。
長社縣創建天寶宮碑 元貞元年孟夏，朱象先撰并書。
樓觀繫牛栢碑記 元貞元年三月，張英撰，程璧書。
祀中嶽記 元貞二年三月，盧摯撰并書。
淇州文廟碑 元貞二年八月，張從撰，賓恪書。
淇州創建周府君祠碑 元貞二年十二月，王惲撰，劉瑟書。

天一閣碑目

二蘇先生墓所記 元貞二年十二月，尚野撰，梁遺書。

重修令武廟記 大德元年七月，胡芳子撰，馬份書。

崔公去思碑 大德元年九月，黃雲撰。

鈞州廟學記 大德元年十月，陳天祥撰，張孔孫書。

劉賡百門山詩 大德丁酉季冬。

許州重修孔子廟記 大德二年二月，盧摯撰，胡居仁書。

重修周公廟記 大德二年三月，王利用撰，竇思永書。

洪濟威惠王廟記 大德三年七月，李謙撰，劉賡書。

單州琴臺記 大德庚子三月，周馳書，商瑋書。

襄城縣廟學記 大德四年六月，陳天祥撰，范濤書。

重修太初宮碑 大德四年九月，王道明撰，高從謙書。

玄元過關圖

宋真宗度關銘 隸書。

四子會真圖

吳筠四子贊 以上俱大德辛丑一虛庚刻。

老子故宅碑 大德六年三月,高凝撰,王道亨書。

夏忠臣關公祠堂記 大德六年五月,熊正德撰,王道亨書。

鄭州知州劉公德政碑 大德六年七月,劉默撰,徐祐書。

延津縣館驛記 大德癸卯仲冬,權執中撰,袁伯謙書。

嘉興路重修儒學記 大德十年七月,牟巘撰,趙孟頫書。

中嶽投龍簡記 大德十年八月,王德淵撰,王道周書。

嵩使君碑 大德十年八月,高建撰,岳正書。

汝州郟縣記 大德十年八月,苑溟撰,劉思孝書。

息州重修廟學記 大德十年冬,張琯撰,趙鼎書。

王昌謁靈源詩 大德十年冬,魏必復書。

加封至聖文宣王詔 大德十一年慶元路。

加封孔子詔 任城縣。

又 蒙古字旁釋。正書。

又 以上俱大德十一年。

中牟縣廟學記 大德十一年,張舜元撰,田茂書。

天一閣碑目

五七七

天一閣碑目

襄城縣學廡記 至大元年二月，劉必大撰，字朮魯翀書。

密縣重修文廟記 至大元年四月，田天澤撰，李果書。

許州劉公民愛碑 至大戊申閏月，字朮魯翀撰，宮師可書。

萬安寺茶牓 至大二年正月，溥光書。

魏必復蘇門山詩 至大二年季春。

新安洞真觀碑 至大二年十月，張仲壽撰并書。

潁考叔祠堂記 至大三年九月，張思敬撰并書。

城隍廟壁記 至大四年閏七月，寧楫撰，劉文煥書。

剙修東嶽泰山廟記 至大四年，張瑄撰，虎都魯別書。

閿鄉縣顯聖廟碑 皇慶改元，郭秉仁撰。

中岳祀香記 皇慶元年六月，呂文佐撰，華謙書。

清河郡伯張公神道碑 皇慶元年九月，潘昂霄撰，劉賡書。

童童南谷詩 皇慶壬子十一日。

吳全節中岳投龍簡詩 皇慶二年五月，謝君與書。

皇太后拈香記 皇慶二年七月，陳復撰，沙門德演書。

五七八

天一閣碑目

岐山縣復祀周公廟記 皇慶二年九月，暢師文撰，男恭書。

呂梁廟碑 皇慶二年十月，趙孟頫撰並書。隸書。

陽翟馮氏先塋碑 延祐元年三月，趙孟頫撰，□訓書。

少林第九代還元禪師道行碑 延祐元年十月，思微撰，義讓書。

少林寺聖旨碑 延祐元年孟冬。

裕公禪師碑 延祐元年十一月，程鉅夫撰，趙孟頫書。

慶元路鄞縣廟學記 延祐三年四月，袁桷撰，薛基書。札剌兒台篆額。

杜道元住持中嶽廟聖旨 延祐三年六月，蒙古字旁譯。正書。

扶溝縣孔廟碑 延祐三年八月，朱融撰並書。

祀中岳記 延祐四年春，周思進書。

佑聖觀捐施題名記 延祐四年正月，胡長孺撰，趙孟頫書。

郿縣城五老堂記 延祐四年四月，宮珪撰，侯浩書。

道藏銘 延祐四年四月，虞集撰並書。

潁考叔廟碑 延祐四年九月，朱融撰並書。

殷太師忠烈公碑 延祐四年十一月，王公孺撰，劉敏中書。

五七九

天一閣碑目

皇太后遣使祀中嶽記 延祐丁巳十一月，李處恭撰，李瓊琚書。

請就公長老住持少林寺疏 皇慶二年。延祐五年六月立石。

張氏官原墓表 延祐五年三月，張思明撰，趙孟頫書。

番君廟碑 延祐六年三月，元明善撰，趙孟頫撰。

龍虎山真風殿記 延祐六年四月，趙孟頫撰并書。

靈嚴寺長明燈記 延祐六年五月，李之紹撰。

天寧寺虛照禪師塔銘 延祐六年八月，陳庭實撰，趙孟頫書。

延慶寺法智大師行業碑 延祐六年，宋趙抃文，趙孟頫書。

長明燈記 延祐庚申三月，揭傒斯撰，趙孟頫書。

興國忠敏公安公神道碑 延祐七年二月，鄭致遠撰，薛廷益書。

學古書院記 延祐七年余月，蕭斠撰，白中書。

加封文宣王記 延祐七年七月，曹元用撰并書。

贈參知政事張公神道碑 延祐七年，趙孟頫書。

趙子昂書歸去來辭

張真人留孫碑 趙孟頫撰并書。

五八〇

天一閣碑目

佑聖觀玄武殿碑 元明善撰,趙孟頫書。

三茅山崇禧萬壽宮碑 至治元年正月,王去疾撰,趙孟頫書。

襄城學記 至治元年正月,字朮魯翀撰,溫廸罕紹基。

柘城守令劉公德政碑 至治二年二月,張道淳撰,脫兒赤顏書。

大瀛海道院記 至治二年二月,吳澄撰,趙孟頫書。

遺山先生詩 至治壬戌二月,大永書。

首山十方寺碑 至治二年閏五月,思微撰,惠寂書。

陝州重修廟學記 至治二年六月,王翃撰,王敬先書。

鞏縣文廟學記 至治二年孟秋,薛友諒撰,劉郁書。

上清宮鐘樓銘 至治壬戌,虞集撰并書穎。隸書。

大名僧錄慶公功行碑 至治二年十一月,薛友諒撰,陳庭實書。

臨汝郡公神道碑 至治三年四月,宋民望撰,姜元佐書。

輝州宣聖廟外門記 泰定二年正月,王公儀撰,王公孺書。

天寶宮創建祖師廟記 泰定丙寅三月,吳澄文撰,程壁書。

許州天寶宮聖旨碑 泰定三年三月。

五八一

天一閣碑目

代祀中嶽記 泰定丙寅八月，吳律撰，李泰書。

河南路重修宣聖廟記 泰定四年八月，胡宗禮撰，任格書。

許州儒學田記 泰定丁卯十一月，宮珪撰，趙遵禮書。

主簿孔公遺愛碑 泰定丁卯十二月，曹師可撰，賈彬書。

鞏縣尹張公神道碑 致和元年，曹元用撰，張珪書。

監縣大禮普化去思碑 致和改元仲夏，趙璉撰，林思明書。

淮瀆祝詞 天曆元年十二月，谷德馨書。

程公表墓碣 天曆二年五月，尚野撰，馬景道書。

張真人碑 天曆二年五月，趙孟頫撰。

東嶽仁聖宮昭德殿碑 天曆三年三月，趙世延撰并書。

重修靈泉觀碑 至順元年仲秋，李居仁撰，李志書。

重修伏犧廟碑 至順元年孟冬，李厚撰，張文英書。

兩蘇先生祠中書禮部符 至順二年三月。

福建廉訪使甘棠碑 至順二年六月，徐東撰，張復書。

加封孔子父母及夫人并官氏制 加封顏曾思孟四子及豫洛二公制 至順二年九月。

五八二

天一閣碑目

加封孔子詔　大德十一年，刻于至順碑上方。

加號大成碑　至順壬申四月，忽欲里赤撰，孫友仁書。

新鄉縣文宣王廟碑　至順三年十一月，蕭璘撰，何守謙書。

襄城縣重修賢廡碑記　至順四年仲秋，劉伯真撰，亦克列台書。

許州呂侯去思銘　元統二年夏，宮珪撰，趙遵禮書。

薛元卿畫像贊　元統甲戌，陳旅撰，趙宜裕書。

加封孔子詔　元統三年刻，邵悅古書。隸書。在三原縣。

孫公道行碑　元統三年九月，鄧文原撰，趙孟頫書。

濟州重修廟學記　元統三年十一月，辛明遠撰并書。

慶元路塗田記　元統三年十一月，虞師道撰，況逵書。

盧氏縣尹張公德政記　元統乙亥楊亨撰，趙惟忠書。

祀中嶽記　至元二年四月，同同撰并書。

光州知州王公去思碑　至元二年八月，孫昭撰，郭彥高書。

追封衛郡公慕公神道題字　至元二年十一月，吳炳書。

致祭闕里題名記　至元三年仲春月，王民望撰并書。

五八三

天一閣碑目

樓太師廟記 至元三年二月，況逵撰，子錡書，隸書。

清河公思忠墓銘 至元三年二月，宋本撰，吳炳書，隸書。

亞聖廟新造記 至元三年六月，鄭質撰，孔克欽書。

元統起信閣施造千佛因緣記 至元三年十二月，宏智撰，陳子肇書。

大司徒邠國公棟公禪師塔銘 至元四年三月，程鉅夫撰，宋弼書。

純陽帝君書跡 至元四年清明日，下有傳得元跋，李庭實書。

四明祖庭世統題名記 至元四年，胡世佐撰并書。

龍虎山靈星門銘 至元四年十月，歐陽玄撰，張超巖書。

默菴記 至元四年歲丁卯立冬日，贊皇趙良弼記集唐顏魯公書。

貢副寺長生供記 至元五年正月，比丘邵元撰。

紫虛元君廣惠碑 至元五年仲春，石壇撰，李德存書。

新撚王佛殿記 至元己卯三月，沙門邵元撰，智舁書。

鄭州劉使君遺愛碑 至元五年三月，元光祖撰，郭郁書。

憲司幕官題名記 至元五年四月，王成章撰并書。

靜江路學記 至元五年四月，梁遺撰，姚紱書。

天一閣碑目

河南府行省增修堂廡記 至元五年四月，吳炳撰并書。

鈞州學復田記 至元五年五月，吳庭實撰，郭秉鈞書。

龍虎山長生庫記 至元五年八月，揭溪斯撰并書。

慶元路儒學新修廟學記 至元六年五月，陳旅書，王安書。

趙文炯拜林廟題名 至元六年九月。

贈河南行省參知政事張公思忠碑 至元六年九月，歐陽玄撰，巙巙書。

少林寺息庵禪師碑 至元元年三月，沙門邵元撰，法然書。

杞縣主簿王公惠愛記 至元元年十二月，吳炳撰，郭郁書。

陽翟縣學記 至正元年十二月，余闕撰，曹德元書。

鹿邑縣尹吳侯遺愛碑 至正二年五月。

滎陽縣重修大覺寺藏經記 至正二年七月，李謙撰，沙門惟妙書。

鄧州重修宣聖廟碑 至正二年七月，王睿撰，楊元書。

狄仁傑奏免民租疏 至正二年中秋日，逯公謹書。

滎陽令潘君治蹟碑 至正三年五月，任栻撰，趙天章書。

崔伯淵少林寺詩 至正癸未九月。

五八五

天一閣碑目

帖謨爾普化謁名公廟詩 至正三年十一月。草書。

慶元路總管王侯去思碑 至正三年十一月，米文明撰。

下邑縣尹薛公去思碑 至正三年季冬，謝本撰，華惟禋書。

趙子昂書道德經第五十二碑 篆書。至正三年季冬，謝本撰，華惟禋書。趙知章書。

虞集書襲常齋銘 隸書。俱至正四年五月，揭傒斯書。

杞縣譙樓記 至正四年八月，楊惠撰，吳炳書。

元教宗傳碑 至正四年八月，虞集撰，趙孟頫書。

亳州知州慕公墓題字 至正四年，陶質書。

司馬光投壺圖 至正乙酉二月，亦思剌瓦性吉重刻。

水調歌頭詞 至正六年四月，兀顏思忠撰并書。

河南路瑞麥頌 至正六年九月，趙允迪撰，李珩書。隸書。

達磨大師碑 至正七年，歐陽玄撰，巙巙書。

天一池記 至正七年五月，揭傒斯撰并書。

重修東嶽廟記 至正丁亥丙午月，歸大駿撰，許景文書。

達磨大師來往寶蹟記 至正七年八月，僧文才撰，行密書。

五八六

孫孤雲先生碑 至正八年正月，虞集撰，危素書。

慶元路儒學重修靈星門記 至正八年四月，鄭奕夫撰，趙孟貫書。

王炳登百門山題名 至正戊午，安子寧題并書。

慶元路鄉飲酒記 至正九年三月，李好文撰，許有壬書。

鄞縣儒學重修記 至元九年，段天祐撰并書，泰不等篆額。

鈞州長春觀碑 至正九年九月，劉信撰，鄭棟書。

少林寺雪庭宗派 至正九年三月。

少林十一代珪公禪師碑 至正九年四月，蔡世貫撰，僧福澄書。

超化寺僧仁公詩 至正己丑仲夏，海演書。

水調歌頭唱和詞 至正十年仲春，李克誠書。

延慶寺重建大殿碑 至正十四年，沙門曇噩撰，普立翰護禮書。

漢孝子蔡順墓表 至正十年十二月，田遠書。

柘城主簿埜仙公德政碑 至正辛卯夏，忽都溥化撰，劉脫穎溥化書。

重修郟縣公廨記 至正十一年九月，曹師可撰，賈彬書。

三蘇先生祠堂記 至正十二年，曹師可撰，賈彬書。

天一閣碑目

天一閣碑目

胙城縣宣聖廟碑 至正十三年中秋日,崔仲矩撰,許有壬書。

許州知州齊侯碑 至正十三年九月,張繼祖撰,蔡頤書。

代祀中嶽記 至正十四年二月,張臨撰,楊誠書。

淇州達魯花赤黑公清德碑 至正十四年十一月,林彝撰并書。

慶元路重修儒學記 至正十六年丙申三月,黃溍撰,月魯不化書。

古山感雨記 至正十六年四月,岳登撰,中嵒書。

縣尹李公去思碑 至正十六年六月,孟居正撰,牛嘉書。

脫脫木兒師正堂漫成詩 至正丁酉夏。

賀秘監祠堂記 至正庚子七月,劉仁本撰,史銓書。

東嶼海和尚塔銘 至正辛丑四月,虞集撰,揭傒斯書。

光公塔銘 至正二十年,危素撰并書。

中書平章祀宣聖廟記 至正二十一年十月,孫䎗撰,完哲書。隸書。

慶元路儒學興修記 至正二十一年十二月,劉仁本撰并書。

帝舜廟碑 至正二十三年四月,劉傑撰并書。隸書。

祭孔子廟碑 至正二十三年七月,趙燾撰。

五八八

加封忠佑廟神之碑 至正二十四年六月，袁士元撰，倪可輔書。

周公廟潤德泉碑 至正二十五年三月，任伯宏撰并書。

鄞縣重修儒學記 至正二十六年二月，程徐撰，楊彝書。

三源縣廟學記 至正癸□，安夢齡撰，唐茂書。

馬跑泉禱雨記 至正□年仲冬，樵山撰，蘇永書。

李翰林酒樓記 沈光撰，楊桓書。篆書。

姚文獻公墓題字 篆書。

姚文獻公墓大字 正書。

姚文忠公墓大字 正書。

正書道德經

祭祀莊田記 王灝撰，忽欲里赤書。

王惲碑

全真開教祕語碑

信陽州田土記

天一閣碑目

五八九

天一閣碑目

無時代

大風歌 古文篆。
董宣傳

續增 附

范樨敏葦舟集録,男與齡、遐齡同校

夏

岣嶁碑

周

吉日癸巳

吳季子墓碑 唐張從申重摹并跋。旁刻元祐三年潤州楊傑請立廟奏,貞元三年滎陽□□字伯豐記,建中元年八月守令盧國遷樹建堂并守丞皇甫汶等題名。

漢

太室石闕銘 八分書。元初五年四月。

啟母石闕銘 篆書。延光二年。

少室神道石闕銘 篆書。

孔君碑 永壽二年。乾隆癸丑重立。

續 增

天一閣碑目

郭有道碑 建寧二年正月乙亥。

又 康熙三十一年介休令王直重摹。

漢循吏故聞熹長韓仁銘 熹平四年十一月。

孔文禮碑

孔宏殘碑

魏

范式碑 青龍三年。乾隆己酉重立。

北齊

石佛六碣 武平二年辛卯歲九月。

梁

金陵攝山棲霞寺碑銘 江總持撰，車霈書。大同二年宋沙門懷則重書，康定元年重鐫。後有明昌二年高德裔記。

唐

李靖告西嶽大王文

武德元年封孔子後褒聖侯詔 下刻乾封元年祭先聖文。

宗聖觀記 歐陽詢撰序并書，陳叔達撰銘。武德九年二月。中統元戊閹茂之歲宮主成宗遠重建。

淤泥禪寺心經 正書。貞觀二十二年正月。

三藏聖教序 太宗御製，王行滿書。顯慶二年。

道因法師碑 李儼撰，歐陽通書。

明徵君碑 高宗御製，高正臣書。上元三年四月。

唐天后御製詩 王知敬書。永淳二年九月廿五日。

中嶽隱居瑯琊王徵君□授銘 弟紹宗甄錄并書。垂拱二年四月。

涼國公契苾府君碑 婁師德撰，殷元祚書。先天元年十二月。

道安禪師碑 景龍二年。

比丘尼法琬法師碑 沙門承遠撰，劉欽旦書。景龍三年五月。

大理司直郭思訓墓志銘 景雲二年。

梓州刺史馮公神道碑 □□撰，□□書。開元元年。

周公祠碑 朝議郎行偃師縣□賈□義撰，□□書。開元二年。

虢縣開國子姚公神道碑 秘書少監博陵□□撰。開元五年。

蘇州常熟縣令孝子太原郭府君墓志銘 孫□撰。開元九年十一月。

奉先寺大盧舍那像龕記 開元十年十二月。

續增

五九三

天一閣碑目

守內侍渤海高府君墓志銘 孫翌撰。開元十一年。

郢國長公主碑 元宗八分書。開元十三年。

偃師棘蒲侯後人墓志銘 開元十四年。隸書。

嵩嶽少林寺碑 裴漼撰并書。開元十六年七月。

隆闡法師碑 懷惲及書。天寶二年。

華陽頌 貞白先生。天寶九載三月二十日紫陽觀主劉行矩等奉造。

少林寺靈運禪師功德塔碑銘 崔琪撰，沙門□□書。天寶九載四月十五日。

中嶽永泰寺碑頌 沙門靖彰撰，潁川處士旬望書。天寶十一載。

心經 徐浩書。天寶十三年。

鄂州刺史盧府君神道碑 李邕撰并書。年月殘闕。

光祿卿王訓墓志銘 前秘書監嗣澤王溰撰。大曆三年巳月。

紫陽觀元靜先生碑 柳識撰，張從申書。李陽冰篆額。大曆七年。

景教流行中國碑頌 僧景净述，呂秀巖書。建中三年。

彭王傅徐浩神道碑 張□撰，□□書。建中三年。

鴻臚少卿張敬詵墓志銘 薛長孺撰。貞元十年。

五九四

宋

黃帝鑄鼎原銘 貞元十年二月。

左拾遺竇叔向神道碑 羊士諤撰，姪易書。元和三年。

龍城石 元和十二年，柳子厚書。

邠國公功德頌 長慶二年，□□書。據《金石文字記》作楊永和書。

寂照和上碑銘 段成式篆，僧元可書。處士顧元篆額。太和二年。

岳林寺塔記 僧君長述并書。大中五載。

唐圭峯定慧禪師傳法碑 裴休撰并書。大中九年十月。

明州奉化縣岳林寺塔銘 李柔。大中十年。

佛頂尊勝陀羅尼經 咸通二年。

謁昇仙太子廟詩 鄭畋撰。乾符四年閏二月。

續增

南岳宣義大師夢英十八體書 丁卯年。

茅山紫陽觀碑銘 徐鉉奉制撰，楊元鼎奉制書。己未十二月一日。

重修兗州文宣王廟碑銘 呂蒙正撰，白崇矩書。太平興國八年十月。

龍門銘 御製。祥符四年三月。

天一閣碑目

宋

棣州刺史西平郡公石守信神道碑銘 楊億撰，尹希古書并篆額。行書。大中祥符四年。

中岳醮告文 天禧三年九月，御製，劉太初書。

西京永安縣新修淨惠羅漢院碑 張觀撰，李九思書。天聖八年四月。

重修昇仙太子大殿碑記 謝絳撰，僧智成書。明道二年六月。

燕堂記 富弼撰，陸經書。正書。明道二年十二月。

范文正公神道碑銘 歐陽修撰，王□書。至和三年二月。

米元章晚年帖

韓子五箴 嘉祐八年，李寂書。篆書。

密州常山雩泉記 熙寧九年四月，蘇軾撰并書。

滿庭芳詞 元祐六年，蘇軾書。

醉翁亭記 歐陽修撰，蘇軾書。元祐六年。

眾樂亭詩

雪浪齋圖銘 紹聖元年四月，蘇軾撰。

筆縣大力山寶月大師碑銘 李洵遠遊篆并書。紹聖三年十二月。

真武經 元符二年，河南宋傳書。正書。

金 元

嵩山崇福宮王郅等題名 捧硯人劉天錫。政和八年。

三蘇先生像贊 景定壬戌九月陳伯大述。後有咸淳壬申李演跋。

薛尚功篆消災護命經

題明月堂詩 莆陽蔡佃撰并書。

元

崑崙山長真譚先生題白骨詩 程發書。大定癸卯甲子月。

遊圭峯草堂寺詩 大安元年二月，普定書，了珍上石。

重修至聖文宣王廟碑 党懷英撰并書。

趙子昂遊天冠山詩

金御史程震墓碑 元好問撰，李微書。

佑聖觀重建玄武殿碑 元明善撰，趙孟頫書并篆額。

福州資福禪寺藏經碑銘 沙門福真撰，趙孟頫書。張祐篆額。大德十一年正月。

吳中龍興寺次韻唐綦母潛留題詩 趙孟頫作。延祐二年八月。

偃師縣重修宣聖廟記 宋禔撰，韓冲書。延祐四年五月。

續 增

天一閣碑目

清河郡公張思忠神道碑 歐陽玄撰，巎巎書。張起岩篆額。至元六年正月。

石鼓文音訓 潘迪撰。至元己卯五月。

倪處士墓表 危素撰，張翥集王右軍書。至正二十年。

中書平章知院中丞祀宣聖廟記 孫翥撰，完哲書。至正二十一年十月。

〔一〕《中國人名大辭典》據施國祁《禮耕堂叢說》謂「治」當爲「冶」字之誤，《元史》誤。

五九八

附錄

目錄

附錄目錄

附錄一 序跋、文選

天一閣藏書記（全祖望）……六〇三
天一閣碑目記（全祖望）……六〇四
天一閣見存書目跋（范彭壽）……六〇五
目覩天一閣書錄緣起（林集虛）……六〇六
序奇書十九種（鄭澻）……六〇七
范氏奇書十九種……六〇九
辨天一閣藏書非豐氏萬卷樓舊物（林集虛）……六一一
重編天一閣藏書目錄序（楊鐵夫）……六一三
鄞范氏天一閣書目內編序（馮貞群）……六一五

天一閣始末記（繆荃孫）……六一八
天一閣藏書顛末考（黃家鼎）……六二〇
茶餘客話（阮葵生）……六二二
定香亭筆談（阮元）……六二二
石經閣金石跋文（馮登府）……六二三
冷廬雜識（陸以湉）……六二五
煙嶼樓筆記（徐時棟）……六二六
夢碧簃石言（顧燮光）……六二六

附錄二 志傳 馮貞羣補注

光緒鄞縣志范欽傳……六二九

附　錄

光緒鄞縣志范光文傳 .... 六三六
光緒鄞縣志范正輅傳 .... 六三七
光緒鄞縣志范邦綏傳 .... 六三九

附録三　舊目考略　馮貞羣編

東明書目（范欽）.. 六四一
四明范氏書目（范欽）.. 六四二
四明范氏天一閣藏書目（范欽）.................................... 六四二
天一閣書目（黄宗羲、范廷輔）.................................... 六四四
天一閣書目（無名氏）.. 六四四
司馬氏書目（無名氏）.. 六四六
浙江省第五次范懋柱家呈送書目（無名氏）.......................... 六四六
四明天一閣藏書目録（無名氏）.................................... 六四七
天一閣書目、補遺、范氏

著作（范邦甸等）.. 六四八
天一閣書目（汪本）.. 六五六
天一閣見存書目（劉喜海）.. 六五六
天一閣見存書目（楊振藩、何松）.................................. 六六〇
天一閣見存書目（薛福成）.. 六六一
目覩天一閣書録、附編（林集虚）.................................. 六六八
重編寧波范氏天一閣圖書
目録（楊鐵夫）.. 六七〇
重整天一閣現存書目（趙萬里）.................................... 六七三
天一閣方志目（馮貞羣）.. 六八二
天一閣藏明代試士録目（馮貞羣）.................................. 六八六
天一閣書目（范欽）.. 六八七
天一閣碑目（全祖望）.. 六八七
天一閣碑目、續增（范懋敏）...................................... 六八八

六〇一

附錄一 序跋、文選

天一閣藏書記

全祖望

南雷黃先生記《天一閣書目》，自數生平所見四庫，落落如實諸掌，予更何以益之。但是閣肇始於明嘉靖間，而閣中之書不自嘉靖始，固城西豐氏萬卷樓舊物也。豐氏爲清敏公之裔，吾鄉南宋四姓之一，而名德以豐爲最。清敏之子安常，監倉揚州，死於金難，高宗錫以恩卹。有俊子雲昭，官廣西經略。雲昭子稌，稌子昌傳，居紹興。其後，至庚六遷，居奉化，庚子茂四遷居定海。茂孫寅初，明建文中官教諭，寅初子慶，睠念先誼子有俊，以講學與象山、慈湖最相善，亦官吏部。而雲昭羣從曰芑、曰菠，皆有名。蓋萬卷樓之儲，實自元祐以來啟之。自吏部以後，遷并以學行爲師表。疇，欲歸葬父於鄞，而歲久，其祖塋無知者，旁皇甬上。或告之曰城西大卿橋以南紫清觀，吉地也。慶乃卜之，遇豐之革，私自喜曰：「符吾姓矣。」是日，適讀元延祐《四明志》曰：「紫清觀者，宋豐尚書故園也。」慶大喜，即呈於官，請贖之。并爲訪觀中舊籍，得其附觀圍地三十餘畝，爲鄰近所據者，盡清出之。遂葬其親，而以其餘治宅。慶喜三百年故居之無羔也，作十詠以志之而。於是，元祐以來之圖書，由甬上而紹

天一閣碑目記

全祖望

《天一閣書目》所載者，衹雕本、寫本耳。予之登是閣者最數，其架之塵封，衫袖所拂拭者多矣。獨有一架，范氏子弟未嘗發視，詢之，乃碑也。是閣之書，明時無人過而問者。康熙初，黃先生太冲始破例登之，於是崑山徐尚書健菴聞而來鈔。其後登斯閣者，萬徵君季野。又其後，則馮處士南耕。而海甯陳詹

興、而奉化、而定海者，復歸甬上。慶官河南布政。慶子耘官教授，耘子熙官學士，即以諫大禮拜杖遺成者也。豐氏自清敏後，代有聞人，故其聚書之多，亦莫與比。迨熙子道生，晚得心疾，潦倒於書淫墨癖之中，喪失其家殆盡。而樓上之書，凡宋槧與寫本，爲門生輩竊去者，幾十之六。其後又遭大火，所存無幾。范侍郎欽素好購書，先時嘗從道生鈔書，且求其作藏書記。至是，以其幸存之餘歸於是閣。又稍從鄞州互鈔，以增益之。雖未能復豐氏之舊，然亦雄視浙東矣。初，道生自以家有儲書，故謬作《河圖》石本、《魯詩》石本、《大學》石本，則以爲清敏得之秘府。謬作朝鮮《尚書》、日本《尚書》，則以爲慶得之譯館。貽笑儒林，欺罔後學，皆此數萬卷書爲之厲也。然則讀書而不善，反不如專己守陋之徒，尚可帖然相安於無事。吾每登是閣，披覽之餘，不禁重有感也。吾聞侍郎二子方析產時，以爲書不可分，乃別出萬金，欲書者受書，否則受金。其次子欣然受金而去。今金已盡，而書尚存，其優劣何如也。閩人林佶嘗見其目，而嫌其不博，不知是豐氏之餘耳。且以吾所聞，林佶之博，亦僅矣。〔臨川李侍郎穆堂云：「吉人蓋曾見其同里連江陳氏書目，故爲此大言。」〕佚，然猶存其十之八。四方好事，時來借鈔。

天一閣見存書目跋

吾范氏自明嘉靖間，先司馬東明府君搆閣藏書，及國朝，先吏部潞公府君復續有所藏，迄今三百餘年

事廣陵纂《賦彙》，亦嘗求之閣中。然皆不及碑，至予，乃淸而出之。其拓本皆散亂，未及裝爲軸，如棼絲之難理。予訂之爲目一通，附於其書目之後。金石之學，別爲一家，古人之嗜之者，謂其殘編斷簡，亦有足以補史氏之闕。故宋之歐、劉、曾、趙、洪、王，著書衮然，而《成都碑目》一府之金石耳，尚登於《宋志》。近則顧先生亭林、朱先生竹垞，尤其最也。年運而往，山顚水涯之碑，半與高岸深谷消沈剥落。幸而完者，或爲市利之徒，礱其石而市之於人，則好事者之收奔，良不可以不亟也。范侍郞之喜金石，蓋亦豐氏之餘風。但豐氏萬卷樓石刻，有爲世間所絶無者。如唐秘書賀公章草《孝經》《千文》是也，而今不可復見，惜矣。侍郞所得雖少遜，然手自題籖，精細詳審，并記其所得之歲月，其風韻如此。且豐氏一習古篆隸之文，即欣然技癢，僞作邯鄲淳輩文字以欺世。及搜碑版，忽得吳道士龍虎山天一池石刻，元揭文安公所鑿一池於其下，環植竹木，然尚未署名也。侍郞則有淸鑒而無妄作，是其勝豐氏者也。閣之初建也，而有記於其陰。大喜，以爲適與是閣鑿池之意相合，因即移以名閣。吾聞亭林先生之出遊也，窮村絶谷，皆求碑碣而觀之。今不煩搜索，坐擁古歡，一而乃聽其日湮月腐於封閉之中，良可惜也。予方放廢湖山，無以消日力，挾筆硏來閣中。檢閲款識，偶有所記，亦足慰孤另焉。而友人錢唐丁敬身，精於金石之學者也，聞而喜，亟令予卒業，乃先爲記以貽之。

范彭壽

附錄

矣。乾隆間，四庫館開，吾范氏進呈之書多至六百餘種，賜書襃美，海內榮之。咸豐辛酉，粵匪踞郡城，閣既殘破，書亦散亡。於時，先府君諱邦綏，咸豐丙辰進士，四川即用知縣。方避地山中，得訊大驚，即間關至江北岸。聞書爲洋人傳教者所得，或賣諸奉化唐墺造紙者之家，急借貲贖回。寇退，又偕宗老多方購求，不遺餘力，而書始稍稍復歸。其有散在他邑不聽贖取者，則賴郡守任邱邊公葆誠移文提贖，還藏閣中。及上元宗公源瀚來守吾郡，乃延慈溪何明經松編次《見存書目》。公餘之暇，登閣觀書，慨然憫遺籍之缺亡，念續購之不易，思整無錫薛公觀察浙東，修學好士，有加無已。錢君就閣校錄，凡再歷寒暑，三易槀而比而編輯之。乃爲訂定體例，斠分部目，而屬諸歸安錢念劬明經。書成。今而後，求閣藏見存書者，可於此得其要矣。昔黃梨洲先生嘗歎藏書久而不散之難，今吾閣中之書，乃洊經喪亂而巍然獨存。復得先後官斯土者，數賢大夫，爲之屢捐廉俸修葺棟宇，編刻目錄，俾吾子孫抱殘守缺，世世永寶。則此見存之目，固吾先人手澤之留遺，抑四明文獻所取徵焉者也。而尤願繼此而購藏，以復觀而傳來葉也。光緒己丑仲夏司馬公十世孫彭壽謹跋。

目覩天一閣書錄緣起

林集虛

范侍郎手編《四明范氏書目》二卷，見焦竑《經籍志》。厥後，祁承爣澹生堂藏《四明范氏天一閣藏書目》四卷二册，案黃虞稷《千頃堂書目》亦載之。黃宗羲《天一閣書目》及范廷輔《重定書目》，凡四種，均未見傳本。今世通行書目有二種：一爲清乾隆朝修《四庫全書》進呈後所編，由阮文達公元刻之；一爲咸、

序奇書十九種 錄《書帶草堂文選》卷一

奇書十九種者，寧郡范公東明家藏書也。戊戌歲，余守母制，讀禮之餘，取是書而編次之。或詰余目相同不錄。凡經數月而方寫定，名曰《目覩天一閣書錄》，凡四卷。其間目上加墨蓋子者，乃閣中舊時目錄，余經目覩故錄而附焉。民國戊辰十一月甬上林集虛心齋氏書於藜照廬。

散佚，余經目覩故錄而附焉。民國戊辰十一月甬上林集虛心齋氏書於藜照廬。限，不及詳視而錄目，亦一大憾事也。是編宗薛氏《見存書目》，如《中州名賢表》、《班馬異同評》等書，與《四庫全書總目》異部別類。但不分類目，從簡易也。惟閣中所存《平定回部得勝圖》十六幅一分，及石刻十三種，既與薛未必無用，如梵本《抱朴子外篇》、明鈔本張小山《北曲聯珠》等書，爲他家藏書鮮見之物。惜乎，余爲時所多，忽促而畢。閣中書廚凡二十有八，廚下各置英石一方，謂能避潮淫也。其所藏書，《圖書集成》外，不過十廚而已。中有一廚，蟲蝕水漬之散葉，薛目所云不復成書者，又非精品，則稍從刪汰。余謂薛目所棄許開閣，以十天爲期。經始七月二十日，登閣檢閱，邀吳師文瑩、范丈寅集、朱君鄴卿協助寫錄。爲日無佑卿、吉卿、鹿其諸君商定。時閣中正柱爲蟲蝕，欲修乏貲，召工顧計需銀百有餘版。集虛欣然任之。曾還，所失無幾。十七年夏，集虛偶與范丈寅集談及重編天一閣書目，蒙其贊同，遂由其紹介，與范氏後人中之書詳攷重編一目，商於范氏。以閣中規例，不許外人披閱，所願未遂。七年，聞書又遭竊，爲范氏追書被竊。當時范氏後人將《見存書目》用紅圈標識，除登科錄、鄉試錄外，所存不過八百種。民國五年，閣同間遭洪楊亂散佚後所編，由薛觀察福成刻之，曰《見存書目》。其所編刻皆有因也。

鄭 溱

曰：「夫聖人所以傳道於後世者，惟其正焉而已矣。奇則近異，異則誣俗，奇則鄰怪，怪則驚人。奚取而閱之爲？」余曰：「否否，古今事理，有正則必有奇。奇者無不正，正者無不奇也。茫茫乎一氣間，於何而有天，於何而有地，於何而有人與物，日月何爲而懸光，山川何爲而列位，風、雨、露、雷何爲而震動洒潤，禽何爲而飛，獸何爲而走，草木何爲而萌芽，人之耳、目、手、足何爲而能聽、能視、能握、能行，習而安焉則皆正，深而探焉則盡奇。書何必存正而棄奇邪？亦在乎讀之者何如耳。夫書之正者，莫如五經。大易言陰陽、九六之變，至深微不可窺較。爻象所繫，更復奧衍，此固宇宙間最奇書也。詩人比興，非《爾雅》則難明，其選辭叶韻，每多殊絕者，則六義未嘗不奇。《尚書》以紀實蹟，而一時都俞吁咈，皆不類後世所言至於商盤、周誥，尤稱詰倔。《儀禮》、《周禮》，著自姬公。然考其章句，大遠乎腐儒老生之所爲。《春秋》載筆似粲然矣，乃其微旨攸存，變更一字，則千百年揣摩之不定。由是觀之，天下所謂正經，何一非奇書哉。以今論夫十九種，若《鼇度》，若《潛虛》，若《京房易》，固八卦之支裔也。輔嗣之《略例》、麻衣之《心法》、郭京之《舉正》，以及關氏、程氏所撰，又以發明乎十翼所未傳，是緯也，而不離乎經矣。薛氏《集語》，捃摭洙泗之遺。昌黎《筆解》，引伸齊魯之論。奇之正而正者也。《竹書紀年》頗有紕謬，而參中亦多。《穆天子傳》則其文樸茂，不減《祈招》，要亦史中錚錚者爾。若郭氏之《翼莊》、蘇氏之註《廣成》，俱能以己意維挽，而所言不忤於聖人。《素履》固道家者流，然五常之指，爲儒者緒餘。最下者，其商鞅之書乎。鑒其刻戾，則務農重本，亦有國所不廢也。故曰書不必存正而棄奇，亦在乎讀之者何如耳。昔揚子

雲好奇，所著《太玄》五千言，覃思鉤索。不知者欲棄以覆瓿，而後世多傳之。方州部家之説，其數起於《洛書》，其理合於《洪範》，八十一首猶之六十四卦也。嘗試譬諸善用兵者，奇正相生，循環無端，以視雕蟲鏨帨，豈不大相逕庭乎？余所爲編次是書，殆亦此志云。」

范氏奇書十九種

乾坤鑿度
周易乾鑿度二卷
元包經傳
元包數總義二卷
潛虛○附《潛虛發微論》一卷。
京氏易傳
周易略例
正易心法
周易舉正三卷
關氏易傳
周易古占法

附錄一 序跋、文選

六〇九

附　錄

孔子集語
論語筆解
竹書紀年
穆天子傳
郭子翼莊
廣成子解
素履子
商子

右列奇書十九種，用《書帶草堂文選》中編次。其外，閣中校刻他書如後。

三墳
虎鈐經　以上兩種見顧修《彙刻書目》。
漢書雋　見阮刻《天一閣書目》卷二之一史部史鈔類。
新語　見阮目卷三之二子部儒家類。
兩同書　見阮目卷三之一雜家類。
熊士選集　見阮目卷四之一別集類。

新序　以上兩種見薛編《天一閣見存書目》卷三子部儒家類。

說苑　見薛目卷三子部兵家類。

孫子集注　見薛目卷三子部兵家類。

阮嗣宗集　見薛目卷四集部別集，云此書刊於江西。

稽古錄　見《鄞亭知見傳本書目》卷四史部二編年類。

歷代法帖釋文　卷是版閣中有之。

太上感應篇註二卷　清惠棟撰。道光戊申范邦熙巾箱刻本。集虛有藏之。

右目錄加墨蓋子者，其版片閣中已無存焉。其他雖殘缺，尚存閣中。此外，如阮刻《天一閣書目》《碑目》薛刻《見存書目》，并范司馬撰《奏議》、《古今諺》、《天一閣集》、子大沖撰《三史紀類臆斷》等版片，亦存閣中。

辨天一閣藏書非豐氏萬卷樓舊物

林集虛

曩讀全謝山先生《天一閣藏書記》，内云：「是閣肇始於明嘉靖間，而閣中之書，不自嘉靖始，固城西豐氏萬卷樓舊物也。」又曰：「豐氏自清敏後，代有聞人，故其聚書之多，亦莫與比。迨熙子道生，晚得心疾，潦倒於書淫墨癖之中，喪失其家殆盡。而樓上之書，凡宋槧與寫本，為門生輩竊去者，幾十之六。其後又遭大火，所存無幾。范侍郎欽素好購書，先時嘗從道生鈔書，且求其作藏書記，至是以其幸存之餘歸於是閣」云云。竊謂范氏藏書果豐氏舊物，則黃太沖撰《天一閣藏書記》在全氏之先，何不言豐氏舊物

重編天一閣藏書目錄序

楊鐵夫

天一閣者，有明范侍郎堯卿藏書之所也。四明藏書，首推城西豐氏。豐為宋清敏公後裔，家有萬卷樓，所藏多宋元名槧。數傳以後，其以焚毀借竊而去者，殆十七八。迨舉而歸諸天一閣時，特子遺耳。侍郎得之，復借抄弇州所藏，而附益焉。且必手寫書籤，記其所得日月，故書之雕本者，皆天啟以前物。其抄本，亦非坊間流通品。至其中撰有清初版本，則其子孫代有增益，非侍郎手澤矣。故當時藏書，雖有數家，而范氏特以古書著。侍郎析產，估書價已值萬金。全歸一子承受，其處書不可謂不善也。易世而後，鎖鑰甚嚴，家規：子孫非合各房不能登樓。不許將書下閣階，不許私領戚友入琅環福地，門禁之嚴，等於

也？余於全氏之言有可疑者二。戊辰秋，余登天一閣，披閱存書。其中不乏舊槧、鈔寫善本，而終未見豐氏之書之確證。全氏既云「城西豐氏萬卷樓舊物」，又云「幸存之餘，歸於是閣」。是豐氏之書既有歸范氏者，則范氏溯厥由來，必有序言。況侍郎所鈔之書果從道生，良多秘笈，何侍郎亦無一言序及？所以可疑者一也。越四載，余得《後漢書》殘帙，係明嘉靖間汪文盛等校刻本。卷首有朱色長方印，鮮明可愛，文曰：「鄞豐氏萬卷樓圖書。」是豐氏之書必有圖書，何天一閣藏書無豐氏圖書？所以可疑者二也。或謂今范氏閣中尚有豐氏之石刻在焉，何云無證？曰此石刻者，碑文也，非書籍也，不得謂閣中之書之確證。余意黃氏不言豐氏舊物，而全氏言之者，其傳聞之訛乎？阮文達繼全氏之說，蓋以訛傳訛也。余第就圖書而言，已無確證。故曰范氏藏書非豐氏舊物。謝山先生如何作也？當不以余言為無稽矣。

中秘。故明清之交，數十年樓下蛛網塵封，幾絕人迹，徒動學者羨慕窺測之勞而已。乾隆中，詔開四庫，求天下遺書。其裔孫曰懋柱者，選書六百二種以進，賞《圖書集成》《平定回部武功圖》以褒之。并題其所進魏了翁《周易要義》、馬總《意林》二書，以示寵異。并其所進餘書歸還之，着織造大臣親詣其家，詳考藏書方法，以爲天禄式，可謂榮矣。然閣書之目，外人終莫測也。其初，黃梨洲先生，以碩望故交，嘗破例詣閣觀覽，擇其古僻者，鈔爲書目。嘉慶間，阮文達撫浙，始刻其目而序之。自是《天一閣書目》，始公布於世。其目辛楣先生之《鄞志》中。崐山借録，轉相流傳，人間始知有《天一閣書目》。而《碑目》則見於錢

凡爲書四千九百九十四種，五萬三千七百九十九卷，《碑目》存七百六十四種，亦大觀矣。自時厥後，遂罹厄運。太平一役，寧波當戰衝，河圖綴袴，論語代薪。是爲一厄。民國建元，亦受波及，捆載以去者，往往諸江北教士之手。事後交涉，始許贖還，然已非完璧。是爲二厄。閣門封閉，在保管者視爲無上之禁嚴，然鑽穴者，利其無人，苟得踰垣毁窗，遂可雍容進退。是爲三厄。且自人愛古器，而掘塚之案日多；人尚古刻，而盜書之術日巧。陳倉棧道，移轉無形，况查驗樓板中，明明有虛葢一穴，可容一人上下者乎？是爲四厄。陵夷至於同光間，薛觀察爲之刻目，目中古刻之存者，已寥如晨星。計書目尚有二千零五十六種，注全者尚一千二百七十種，道路傳言，今之存者，不過十分之一二而已。庚午秋，市政府楊市長子毅，有保存國粹深意，命鐵夫哲顯起風雨亭等往查，爲編目之預備。鐵夫等重違范氏意，以一日竣事，時雖迫促，大體已自瞭如。合諸范氏自行清理所寫目，當不大謬。通計爲書九百六十二種，共七千九百九

附錄

十一冊，比薛目約得二分之一。其中完璧者，尚有三百一十種，比薛目約得四分之一。然全者多屬數冊，至冊數愈多，其存者愈少。有百數十冊，止存一二冊者。故種數似有可觀，而冊數實屬無幾。其中最完善者，爲地志一類，百存九十五分以上。不知地理與他書異，他書宜古，地理宜今，明代志書，以之考古則有餘，以之徵今則不足。因爲不合時宜之品，此外碑帖，一無所存，石刻十餘具，尚無羌。此外《圖書集成》，尚存四千零七十四冊，約得原書之半。《三才廣志》阮目注一千一百八十四卷，二百三十七冊。至薛目時，存一百三十二冊，今則止存四十二冊。殆必有人以漸進之策，謀奪此書者。聞此次緝盜，有供受雇，爲竊此書而來，將來勢不至於全失不止。秦嬴銷兵以止亂，陳涉起而咸陽焚，俄羅斯厲行專制以防變，革黨起而皇位失，皆此理也。夫藏書者便自讀，便子孫讀耳。自讀不過數十年，爲子孫積財，尚不能守，此戔戔奚爲者？況嚴錮深扃，子孫雖欲見而無從，況手披而目誦乎？沒書之性，失書之用，莫此爲甚。爲范氏計，能撥用其祖產，整理殘缺，添補完備，設專員以掌之，以普及侍郎之德澤，永久侍郎之精神，上策也。如揣力不能逮，則輦而贈諸公家，使公家代負整理保管之責，子孫能讀書者，尚得時時赴閱，以期分受融會讀，便子孫讀耳。一時不能讀，必可俟子孫能讀之時，以公管必較私管爲可久，此中策也。先以外人所欲竊之《三才廣志》，付諸石印，藉廣流傳。一可獲取金錢，一可潛銷窺伺，此下策也。若猶是以封鎖爲政策，秘縅爲主義，非果蠹腹，即備盜糧，是爲無策。侍郎有知，當亦以予爲知言也夫！時民國十九年十

鄞范氏天一閣書目内編序

馮貞群

鄞爲文獻之邦，夙多藏書。於宋則東樓樓氏、碧沚史氏、資重樓趙氏、汲古堂王氏，元則清容居袁氏，明則靜思齋袁氏、萬卷樓豐氏。范安卿侍郎承其鄉先之流風，耽心典籍。歷官中外，旁求遺書。府庫舊藏、故家流散，兼收並蓄，載與俱歸。優游林下，垂二十年。搜羅金石，刊布奇書。復向豐道生、王世貞鈔所未備。尤善收經說、方志、典章及先輩詩文集未傳世者，凡七萬餘卷，見《范氏家譜》。遂雄視浙東焉。嘉靖中，於其宅東月湖深處，搆樓六閒，以爲儲藏之所。黃宗羲康熙己未《天一閣藏書記》云：「嘉靖至今，蓋百五十年矣。」以此推之，當建於嘉靖九年。時侍郎年二十五，中舉人後二歲。李鄴嗣《甬上耆舊傳》云：「…司馬公歸里，於宅東起天一閣。」案：侍郎於嘉靖三十九年擢兵部右侍郎，未上遽乞歸。則閣之建，是在嘉靖四十年以後。二說不同，然以後說近是。阮元《天一閣書目序》云：「閣通六閒爲一，而以書廚閒之。」其下乃分六閒，取『天一生水，地六成之』之義。」出鄭玄《易大衍注》，爲揭文安《天一池記》所採用。取揭文安公溪斯《天一池記》以水制火之意，名之曰天一閣云。前後累石爲山，環植竹木，鑿池其下。侍郎手編書目，久佚不傳。明清易代，稍有闕失，猶存其十之八。經籍、明歷朝實錄之半，於斯時流出。此一劫也。侍郎歿後，封閉甚嚴。黃宗羲破例登之，鈔有目錄，今不可見。清高宗開《四庫全書》館，侍郎八世孫懋柱秀才，進呈閣書六百三十八種采入《四庫》。《四庫總目》著錄者九十五種，入存目者三百七十八種。時有鈔竣給還之諭，然爲承辦者擅留。此二劫也。高宗嘉懋柱克守先業，欽賜《古今圖書集成》、《平定回部金川

附　錄

戰圖》，藉傳永久。令工燙其閣樣、書架款式進御。厥後文淵、文源、文溯、文津、文匯、文瀾、文宗七閣之建，命名制度，仿用其式。侍郎藏書遂爲海內所引望矣。傳世簿目以玉簡齋雕本《四明天一閣藏書目錄》二册爲最宿。不題編者名氏，乃嘉慶壬戌六月錄者，分廚編寫，書未備列。明年癸亥，阮文達公元爲浙江學政，登閣觀書，以原目之未善也。手訂體例，遴范氏子弟邦甸等六七人，寫成《書目》十卷。雜出眾手，遺漏良多。委汪教授本校刻行世，范懋敏所次《碑目》附於其末。道光庚子，英吉利據寧波，掠取一統志、輿地書數十種而去。《圖書集成》之缺千五百卷尚在此前，蓋范氏子姓抽出參考，閱畢未歸。此三劫也。劉喜海官浙江布政使，來閣閱書，爲編《見存書目》十二卷。其不見《阮目》者四百種有奇。登科錄、《圖書集成》不預焉。旋罷官去，博考諸家書目，詳爲參校。而阮目之謬，勿能糾正。咸豐辛酉，太平軍下寧波府，游民毀閣後牆垣，潛運范氏藏書，賤售紙户。書爲江北岸洋人傳教者所得，或賣諸奉化唐墺造紙者之家。奉化士子某買得最多，後燬於火。閣中碑帖同時流散。侍郎後人邦綏，知縣偕宗老多方購求，稍稍復歸。其散在他邑不聽贖取者，賴寧波知府邊葆誠移文提贖還藏閣中。此四劫也。光緒戊寅，寧波知府宗源瀚延楊貢生晉藩編寫閣目，未刻去任。寧紹台道薛福成取楊氏稾本讀之，不愜於心。復屬錢貢生學嘉重編《見存書目》六卷，付之梓人。民國三年偷兒薛繼渭入閣盜書，喪失過半。趙萬里曰：「至少有一千種散出，宋元明集最多，明季雜史次之，登科錄、地方志約去二百餘種。」越四年，書又遭竊。爲范氏追還，所失無幾。此五劫也。書友林集虚乃有《目睹書錄》五卷之編，散出之本著十一焉。十九年十月，寧波市市長楊子毅使其秘書楊鐵夫纂《圖書目錄》一册，迫於時日，草草卒業。此舊目之大略也。

六一六

凡遭一劫，於是有編寫書目之舉。主編者率師心自用，隨意取舍，此其蔽也。

鄞縣文獻委員會集資修葺。鄞縣縣長陳寶麟實左右之。復移寧波府學尊經閣於其北，搜集碑碣八十餘方，羅列其旁，繚以垣墉，署曰「明州碑林」，越二十四月告成。貞羣登閣編目，侍郎裔孫盈藻若鵬相助爲理。殘編斷簡，紛如亂絲，拂塵去蠹，聚散爲整。閱時六月，而排比始竟。用赤、白、黃、青色箋題作牙籤，以別四部。中間人事，逮二十六年三月草成目彙二十冊，閣中所藏悉著録之。稟未寫定，遠方友人郵筒往還，屢來敦促。爰先編簡目以應世求。初一曰《劫餘書目》，次二曰《書藏目》，次三曰《范氏家著目》，次四曰《附録》圖象目、版片目、帖石目、明州碑林目、記録、雜録、諭旨、額聯、禁牌、志傳、鈔書約、舊目考略、圖象等屬之。次五曰《補遺》，都凡十卷，謂之內編。散出之本，擬次外編，方欲屬稿，而鄞警報日聞，無心纂述。貞羣伏處危城，校印斯目，荏苒三載，迺克蕆事。

鄞人之聞侍郎風而興起者，若臥雲山房范氏、五柳莊余氏、南軒書屋陸氏、五嶽軒朱氏、博雅堂謝氏、四香居陳氏、寒松齋萬氏、雙韭山房全氏、抱經樓盧氏、煙嶼樓徐氏、六一山房董氏、墨海樓蔡氏，皆事過境遷，散盡萬籤。未有若斯閣，巍然長存於天壤間者。雖范氏之能世守，蓋自高宗詔旨之襃，先後官斯土者，同覆翼之。文獻足徵，豈獨一家一鄉之光也哉。民國二十有九年九月鄞縣文獻委員會委員長慈溪馮貞羣序。

天一閣始末記

繆荃孫

自明中葉以來，海內藏書家，莫不以四明天一閣爲巨擘。黃梨洲表彰之，全謝山爲之記，阮文達公爲之編書目，學士文人，心中均有一天一閣矣。初，范堯卿司馬素好購書，與豐道生善，先在萬卷樓鈔書，且求道生作藏書記。值道生得心疾，樓上之書爲門生輩竊去不少，又遭火患，以其幸存之餘歸於范氏。司馬又稍從弇州互鈔，以增益之，遂雄視浙東焉。閣之初建也，鑿一池於其下，環植竹木，然尚未署名。及搜碑版，忽得吳道士龍虎山天一池石刻，元揭文安公所書，而有記於其陰。大喜，以爲適與是閣鑿池之意相合，因即移以名閣。司馬二子方析産時，以爲書不可分，乃別出萬金，欲書者受書，否則受金。其次子忻然受金而去，今金已盡而書尚存，其優劣爲何如？此閣構於月湖之西、宅之東。牆圍周圍，林木蔭翳，閣前略有池石，與閛閛相遠，寬閒靜閟，不使煙火者入其中。其能久一也。司馬沒後，封閉甚嚴。繼起子孫相約爲例：凡閣廚鎖鑰分房掌之，禁以書下閣梯，非各房子孫齊至不開鎖。子孫無故開門入閣者，罰不與祭三次。私領親友入閣及擅開廚者，罰不與祭一年。擅將書借出者，罰不與祭三年。因而典鬻者，逐不與祭。其例嚴密如此，所以能久二也。黃梨洲後，萬季野徵君、馮南耕處士繼往，崑山徐健庵司寇聞而來鈔。而海寧陳廣陵詹事纂《賦彙》，亦嘗求之閣中。全謝山爲小玲瓏館馬氏亦往鈔之。迨四庫館開，范氏進呈書六百三十八部，爲藏書家之冠。詔建七閣，專人往浙繪閣圖，仿其式以造，亦至顯榮矣。乾隆癸丑阮文達公督浙學，數至閣下，命范氏後人分廚編定《書目》、《碑目》刊行。道光庚子，英人破寧

波，登閣周視，僅取《一統志》及輿地書數種而去。咸豐辛酉，粵匪之亂，閣既殘破，書亦星散。范氏後人四川知縣邦綏避地山中，得訊大驚，即間關至江北岸搜訪。聞書爲洋人傳數者所得，或賣諸奉化唐墺造紙者之家，急借貲贖回。寇退，又偕宗老多方購求，書稍稍復歸。其有散在他邑不聽贖取者，則賴郡守任丘邊公葆諴移文，提贖還藏閣中。後寧波太守江寧宗湘文延慈溪何明經松重編書目，未就去任。光緒己丑，無錫薛觀察福成，復屬歸安錢念劬明經編成四卷，己丑刊行。體例勝於前編，惜書止存十分之二。光緒三十四年，內兄夏閏枝守寧波，余欲登閣觀書。閏枝於八月間，與范氏訂約，至次年始得復登司馬後人二家，須均允，乃得登。舊例也。定期三月十八日。余於十三日自江寧赴之，十五日到鄞，十八日到閣。范氏派二序生衣冠迎太守。一字渭生，一字秋畫。閣下長聯云：「承梅澗柳汀以後清節衣冠世澤永四明司馬，比南雷束皙之奇圖書寶書樓，明嘉靖時題。閣甚庫隘，然樸素堅固，明制宛然。閣上二廚，專收後來之藏」云云。惜范氏子孫不能體文達之意也。泉石高樓仰百尺元龍。」阮文達撰。又有「天一閣書藏」，亦文達筆。梅叔跋云：「天一閣藏原有之書。另辟一藏，專收後來之藏」云云。惜范氏子孫不能體文達之意也。余攜《現存書目》細閱，應抽閱者付之范氏子標每類。例須范氏子孫檢閱。余笑曰：「肯破例耶。」相與一笑。列廚分類，每類止數十本，然皆嘉靖前書，刻本無方體字。鈔本藍格、綿紙，令人不忍釋爛，零篇散帙，鼠囓蟲穿，迥非阮文達公所云：《定香亭筆談》：「余兩登此閣，地甚卑濕，而列匱書乾燥無蠹蝕，大可異。」范氏子見書而不能檢，余告之，乃抽出。再檢再閱，范氏子挽余自抽，蓋目不知書者。

手。囑鈔宋《刑統》、正德《江陰志》而出，聊慰生平素願。然所見殊不逮所聞矣。閩枝歸，謂余曰：「再閱百年，遺書盡入蟲腹，天一閣其泯滅乎。」閩枝赴湖州，本任只鈔得《刑統》，而《江陰志》未來。癸丑，余避難僑滬，忽聞閣書大批出售，余友石銘得宋刻《書經注疏》《歐陽集》六十四卷本。又見明刻，明鈔書五六百本，及明登科錄百十本。意其子孫居然肯賣，後知滬上姦商浼賊往偷，追知覺已去大半。鳴官究治，止定獲到二賊罪名，書仍不能還閣，近日有司之新律也。閣書止存三分，又去其二，並天一閣亦不能保存，可謂文運之厄矣。

日，浙西陸氏皕宋樓、丁氏八千卷樓、姚氏咫進齋、朱氏結一廬均已四散，並天一閣亦不能待入之蟲腹，可謂文運之厄矣。

天一閣藏書顛末考*

黃家鼎

天一閣在郡治月湖之西，與闤闠相遠，舍徑窅曲，牆圍周迴，林木翳然。又西數十步，即范侍郎私宅也。侍郎名欽，字堯卿，前明嘉靖間進士。以少司馬解組歸，乃構是閣。同時有豐考功坊，家多宋槧，侍郎嘗詣借鈔，並句考功為藏書記。張東沙尚書及先輩詩文集未傳世者，亦為侍郎刺取，以是善本冠兩浙。侍郎有二子，方析書亦有文紀其事。又傳嚴分宜鈐山堂所藏籍沒時，亦為侍郎刺取，以是善本冠兩浙。故書得傳。侍郎歿產時，以為書不可分，乃別出萬金，欲書者受書，不則受金。其次子欣然受金而去。故書得仍聚。後，遺命嚴閉。繼乃子孫相約，凡閣廚鎖鑰分年輪值，非子孫齊集不得開鎖登閣，且有書不下閣，不使持煙火者入。其中之禁違者，罰不與祭。有敢典鬻者，永擯逐。此其所以聚而能久也。國初，黃太沖破例

一登，有記載《南雷集》。萬徵君季野、馮處士南耕、錢宮詹竹汀，先後踵接。他如全吉士謝山三登、學使阮文達數登。又崑山徐閣學以修《明史》、海寧陳詹事奉纂《歷代賦彙》，時時遣胥就閣鈔書。封閉之禁，由是大寬。閣通六間爲一，而以書廚間之，其下乃分六間。面鑿一池，廣僅數弓。文達云：「當取天一生水，地六成之之義。」謝山有曰：「將署名時，侍郎搜碑版，得吳道士龍虎山天一池石刻，實出元安書，碑陰有記。侍郎喜，遂以名閣。」又嘗輯刊秘本，《元包數總義》、《乾坤鑿度》等二十種，校勘精善，世竟罕有知之者。迨乾隆中奉旨採書，其裔孫秀才懋柱進書六百二種，邀賜《古今圖書集成》一部，《平定回部得勝圖》十六幅，《平定兩金川戰圖》十二幅。御題其所藏書二種。又簡織造使詣閣，看其房閒制造之法，並書架款式、丈尺呈宸覽，可謂顯榮至矣。閩人林佶嘗見其目，而嫌其不博，不知是固豐氏之餘耳。凡坊閒易得，及時人之集，三式之書皆未及。侍郎初孫左垣，乃鈔補足之。
嘉慶八九年間，阮文達按試來鄞，命范氏後人分廚編寫成目錄十卷。越五年，巡道陳廷杰校而刻之，文達爲之序。其時，書綜四千九百九十四種，五萬三千七百九十卷。其藏弆碑刻，自三代訖宋元，凡七百二十餘通。如《石鼓文》、《秦泰山石刻》，皆北宋搨本，《漢西嶽華山碑》乃未裁割者，碑額兩旁有李贊皇題名二道，碑文空處亦有宋人題名，金石家皆未之見也。乾隆某年，侍郎八世孫懋敏編目一卷，有錢宮詹序曰：「明代好金石者，惟都元敬、楊用修、郭允伯、趙子函四家，較其目錄，皆不及范氏之富。若于司直輩道聽塗説，徒供覆瓿耳。」今之所傳《書目》、《碑目》者，即此本也。道光辛丑，此書出，將與歐、趙、洪、陳並傳焉。

茶餘客話

徐健菴作《葉石君傳》云：「江浙藏書家，有金陵焦氏、四明范氏。錢氏半野之藏甚富，惜厄於火。漪園之沒，亦多散失。惟天一閣尚存。」

江南藏書，毘陵、瑯琊一代文獻。鄞人范司馬欽，字堯卿，號東明，喜購舊本。與鳳洲家藏書目相較，各鈔所未見書，故兩浙藏書，以天一閣爲第一。

定香亭筆談

阮　元

范氏天一閣，自明至今數百年，海內藏書之家，惟此歸然獨存。余兩登此閣。閣不甚大，地頗卑溼，

英吉利擾浙。英兵踞郡城者數月，劫灰橫飛，不及於閣，殆有神物呵護。咸豐辛酉，粵寇陷郡，閣書驟遭土匪搬取。相傳有奉化唐[二]嚚，人以賤值收之，用穢物涑紙。亂定，其後人畢力披尋，返者十或七八，完全者十不二三。近年，無錫薛叔耘觀察浙東，延郡人董明府沛編爲《見存書目》六卷，碎珠殘璧，朗若列眉，范氏賢裔，固得按目訪求。世有好事者，亦可據目代搜於叢殘中，趙璧楚弓，或亦有望。雖然書多不完，惟一卷一帙，均歷浩劫而不能磨滅者，斯閣斯書，洵海內魯靈光也。邦之君子，宜如何珍重而善衛之耶。

阮葵生

*原注：原目作《天一閣抱經樓藏書顚末考並序》，今節去。

[二]「唐」原誤作「棠」，今改。

而書籍乾燥，無蟲蝕，是可異也。閱其書目，龐雜無次序，因手訂體例，遴范氏子弟能文者六七人，分日登樓編成書目。屬知鄞縣事張許給以筆札。閣中舊版書極多，因修案疑手誤錄其序跋及收藏家題識，印記，以資考證焉。

天一閣金石目錄乃錢辛楣宮詹大昕修《鄞縣志》時所編。

天下樂石以岐陽石鼓文爲最古，石鼓文脫本以浙東天一閣所藏松雪齋北宋本爲最古，海鹽張芑堂燕昌曾雙鉤刻石於家。余細審天一閣本，並參以明初諸本，屬芑堂以油素書丹，被之十碣，命海鹽吳厚生刻之。至於刀鑿所施，運以意匠，精神形蹟，渾而愈全，則揚州江墨君德地所爲也。刻既成，置之杭州郡庠明倫堂壁間，使諸生究心史籀古文者有所法焉。

石經閣金石跋文

馮登府

宋趙立之選《陽春白雪》八卷，《外集》一卷，爲趙松雪手寫草書本，舊藏天一閣。鮑廷博曾借繕正書，人間始有傳本。然草書有不可識者，故未刻入《知不足齋叢書》。松雪本後爲仁和吳純所得，此鮑士恭之言也。今《天一閣書目補遺》有此書，非其原本。詞部別有《陽春白雪》，乃元人所選南曲也。

孫淵如《訪碑錄》取鄞縣范氏拓本，自漢至宋元幾二百種，皆天下無雙本也。首列《西嶽華山碑》，爲錢東壁攜去，後歸竹汀詹事。詹事贈儀徵阮公，阮公曾繙刻於揚州。又載宋劉球《隸韻》十卷，八分書石刻，注正書。首有劉球表一道，今秦敦夫刻是書，表

已缺。又《紀原》一卷,亦劉球著,石刻無年月。二書《天一閣書目》、《碑目》俱不載。北宋石鼓文拓本,凡四百有三字,爲吳興沈中藏本。有錢逵以篆書以薛氏釋音附之,後歸松雪趙氏。明中葉爲四明豐氏所得,後歸范氏。是未入燕京時搨本,見《鮚埼亭集》第十。鼓有皇祐四年向傳師跋七十六字,見張燕昌《石鼓文釋》,燕昌曾在閣中,累月摹此文。竹汀詹事亦曾見之,謂爲希世之寶也。今檢石鼓,似前數十年脫本跋與釋文本亦不見,何也?

天一閣《唐模蘭亭》本乃豐道生僞刻,後有印記可驗。《神龍蘭亭》有南渡諸公題字,墨跡藏天籟閣,後付之石,爲竹垞檢討所得。今不知流落誰氏矣。閣本即從此本繙出,而僅留熙寧許將一行。翁覃溪認爲真神龍本,誤矣。近湯氏、洪氏皆有繙本,更自鄶以下矣。又,豐坊自有臨本,嘉靖三案:三當作五。年所刻,今石亦存閣中。

天一閣書見於鮚埼亭內外集題跋。如夏竦《古文篆韻》、吾丘[二]衍《續古篆韻》、山齋易氏《周易總義》、夏氏柯山《尚書解》、王端毅《石渠意見》,皆不見於書目。外如宇文周神功二字石刻,旁勒周文王《括石書》。薛尚功手書《鐘鼎欵識》二十卷,有周密、趙孟頫、楊伯巖、柯九思、張天雨、王行、周伯溫七人鑒賞題字。靈武斡玉倫徒克莊有跋,最後有豐考功坊題。全氏謂:「范氏書帖大半萬卷樓故物,最是本獨不知得之何人。觀坊所題,可見石刻僅有其半,而手書精核更爲可珍。范氏尚有副本,以其副爲贈」云云。此與趙松雪草書《陽春白雪》、劉球《隸韻》石刻、李衛公跋《華山碑》,皆希世之珍,今《碑目》俱無之。

冷廬雜識

陸以湉

寧波范氏天一閣藏書，凡五萬三千餘卷。閣在月湖之西、宅之東。牆圍周迴，林木蓊鬱，與閭閈相遠。明嘉靖中，堯卿少司馬歸田後，搆以藏書。其異本得之豐氏熙坊者爲多。書藏閣之上，通六間爲一，而以書廚間之，其下仍分六間，取「天一生水，地六成之」之義。司馬歿後，子孫各房相約爲例：凡閣廚鎖鑰，分房掌之，禁以書下閣梯，非各房子孫齊至不開鎖。子孫無故開門入閣者，罰不與祭三次。私領親友入閣及擅開廚者，罰不與祭一年。擅以書借出者，罰不與祭三年。典鬻者，永擯逐不與祭。乾隆閒詔建七閣，參用其式，且多寫其書入《四庫》，賜以《圖書集成》。嘉慶閒，阮文達公巡撫浙江，命范氏後人

《天一閣書目》舊有鈔本，《曝書亭藏書目》有之，想即東明司馬所手定，黃梨洲爲作序者也。《碑目》亦舊有之，全謝山有記是也。而今所刊書、碑目序，皆未之及，何也？碑目多歐、趙、洪、黃未見者，其最顯者如漢趙圉令、劉熊、侯成、王純、郭有道諸碑，梁陶真隱《舊館壇碑》，皆與華山相匹。而嘉靖以前之本爲今所無者，亦足珍貴。余屢慫恿芸甫錄成一書，終未果耳。

東明司馬築閣鑿池之初，未有閣名。後得元石刻揭公溪斯書「天一池」三大字並記，適合以水制火之意。擬重勒三大字於池石，未果。今《碑目》僅有池記，三大字終未勒石，亦憾事也。

[一]「丘」字原脫，今補。

編成目録，並金石目録刻之。自明嘉靖迄今三百餘年，遺籍常存，固由於遭遇之盛，抑亦其立法嚴密，克保世澤於勿替。宜名垂不朽，爲海内藏書第一家也。

案華亭王文珪《聽鶯仙館隨筆》所記，本之陸氏，無大異同，今不採入。

煙嶼樓筆記 徐時棟

古今藏書之家，無不厄於兵火。如江元叔、宋宣獻、晁文元、宋緩、周密、前人記之詳矣。王仲言云：「葉少薀藏書於雪川，丁卯與宅俱焚，而李泰發家書亦是歲火。同歲罹劫，亦可怪也。」余自弱冠即好購書，二十餘年，亦將十萬卷。咸豐十一年，遭粵寇，在煙嶼樓者，盡爲人竊掠。其在城西草堂者，尚五六萬卷。同治二年十一月二十九日，草堂焚如，皆灰燼矣。而奉化人有於亂後出數千金買天一閣書，別爲屋藏之，亦以十一月此旬中被火。旁舍無恙，惟書屋獨燬，與吾家先後才數日耳，異哉。

夢碧簃石言 記天一閣碑拓事 顧燮光

鄞縣范氏天一閣藏書爲海内冠，考其《碑目》，僅七百餘通，遠遜歐、趙收藏之富。晚今海内金石家，如繆氏藝風堂、羅氏唐風樓，以及廬江劉氏慧之所藏，碑拓在萬餘種以上。然溯其源流，繆則以劉燕庭、僧六舟所藏爲多，羅則武虛谷、劉則平津館也。至葉鞠裳先生所藏，亦八千餘種，已於丙辰讓歸劉葱石矣。然孤本甚多，如周石鼓文、漢西嶽華山、趙圍令、劉熊、侯成、王純諸碑，皆爲瓌寶。孫氏著《寰宇訪碑録》時，録取幾二百餘種。咸豐兵燹以後，閣碑散失殆盡，趙氏之謙《劉熊碑跋》云：「天一閣所有，自咸豐辛酉賊據郡城，閣中碑版盡爲台州游民取投山澗，爛以造紙。追鄞人亦有聞而急求者，至則

澗水已墨矣。」上列各珍本，惟《華山碑》已歸端忠愍公，餘均不知何往。讀馮氏登府《石經閣金石文字跋》記天一閣各事，及沈氏子惇《天一閣碑目跋》，知物聚則難，而散則易。著録之功曷可已乎？

案：杭徐珂《清稗類鈔》所載范氏藏書，於天一閣六則，多本舊説，别無異聞，故不編入。

又案：《學風》五卷第一期有無名氏《天一閣考略》，《北平圖書館館刊》五卷一號有平湖錢南揚《天一閣之現狀》，《國立北平圖書館館刊》八卷第一號有海寧趙萬里《重整范氏天一閣藏書記略》，《金陵大學中國文化研究所叢刊》本有餘姚陳登原《天一閣藏書考》，末附中山楊鐵夫《編圖書目録記述》，藏書掌故頗詳，以其文繁，今不備録。

附録一　序跋、文選

六二七

附錄二 志傳

光緒鄞縣志范欽傳 子大沖附

馮貞羣補注

范欽字堯卿,號東明。《甬上耆舊傳》:其印章曰「范欽私印」、曰「范氏堯卿」、曰「堯鼎」、曰「甬東范堯卿氏」、曰「范氏安卿」、曰「東明」、曰「東明外史」、曰「東明山人之印」、曰「東明草堂」、曰「天一閣」、曰「天一閣主人」、曰「吾廬」、曰「七十二峯」、曰「壬辰進士」、曰「壬辰子大夫」、曰「古司馬氏」、曰「司馬之章」、曰「司勛大夫」、曰「范氏圖書之記」、曰「四明范氏圖書記」、曰「甬東范氏家藏」、曰「范」、曰「范氏看畫記」、曰「人生一樂」、曰「萬古同心之學」、曰「和鳴國家之盛」、曰「子子孫孫永傳寶之」。《鄞西范氏譜》曰:「范宗尹字覺民,家鄞城,以山西溫縣籍應制科,登進士第。宋建炎中參知政事,拜尚書右僕射兼樞密院事。娶臨安錢氏。子五公麒居鄧城,公麟居鄞,公驥居棗陽,又二子居天台、仙居。公麟字世瑞,贅鄞魏丞相杞女弟,因家焉。十三傳至訢」。張時徹嘉靖《寧波府志·淳德傳》曰:「范訢字誠甫。博極羣書,文尚典雅。貢爲江西德興訓導,以身表率,集諸生於學舍而肄之,課文藝,程勤惰。卒之日,諸生蒲伏扶喪越境乃返。著有《程學管窺》《尚友編》《闇然齋集》。子璧,字伯瑞,以子欽貴,封工部員外郎。居常,篤人倫,好施予,親族多藉以舉火者。」嘉靖十一年進士《嘉靖七年戊子科浙江鄉試錄》曰:「考試官從仕郎工部給事中陸粲序,承德郎兵部武庫清吏司署郎中事主事華鑰後序。中式舉人九十名,第一名姜良翰,第七十名范欽。寧波府學附學生書。」《嘉靖十一年壬辰科會試錄》曰:「考試官中順大夫詹事府少詹事兼翰林院學士張潮序,翰林院侍讀學士奉訓大夫郭維藩後序。中式舉人三百二十名,第一名林大欽,第一百七十

附錄

八名范欽,浙江鄞縣人。「監生書。」《嘉靖十一年壬辰進士登科錄》曰:「讀卷官光祿大夫柱國少傅兼太子太師吏部尚書華蓋殿大學士張孚敬,榮祿大夫太子太保禮部尚書兼武英殿大學士李時等十七人。第一甲林大欽等三名,賜進士及第。第二甲賜進士出身八十名。范欽貫浙江寧波府鄞縣,民籍,國子生,治《書經》。字堯卿,行五十五,年二十七,九月十九日生。曾祖晁。祖訴,訓導。父璧,母王氏。具慶下。兄鏞,弟鈞鐘、鎬、鉅、鏓、銑。娶袁氏。」知隨州,有惠政。王國維跋《隨志》云:「《隨志》二卷,四明范氏天一閣舊藏。明鈔本。無撰人姓名。所紀事起於洪武十三年,訖於嘉靖十一年。書中知州事最後者,為范大夫欽,而此書出於范氏,疑即范侍郎知隨州,日手錄明代故事,編年為書,即以隨之長吏為紀事綱領。全書文字雅馴,又多遺聞,且為數百年僅存舊帙,讀者勿以地志視之。」顏木《送甬東先生擢繕部序》曰:「范子臨我,初考陟焉。屬吏王子偕其老顏木祖焉。子也臨我,律身如幹,持法如錘,詞采如弱。祇嚴莊重,惠厚宣朗,閔旱振貧,摘奸滌弊,民懷吏畏,盜賊屏跡。執此以往,雖天下可也。」陞工部員外郎。曹《志》:嘉靖十一年進士,《同年序齒錄》曰:「范欽觀禮部政,授湖廣隨州知州,陞工部營繕員外郎郎中,陞袁州知府。」時大工頻起,武定侯郭勛為督,勢張甚。《明史・列傳》曰:「郭英平雲南,功封武定侯,食祿二千五百石,予世券。嫡孫良嗣侯,正德初卒。先是,妖人李福達自言能化藥物為金銀,勛與相暱。大禮議起,勛上意,首右張璁,世宗大愛幸之,勛怙寵頗驕恣。獻皇稱宗入太廟,進勛翊國公,加太師。至是,復進方士段朝用云:『以其所化金銀為飲食器,可不死。』帝益以為忠。給事中戚賢劾勛擅作威福,網利虐民。李鳳來等復以為言。下有司勘勛,京師店舍多至千餘區。帝置勿治。會帝給勛勅,與兵部尚書王廷相、遂安伯陳僙同清軍役。勛具,勛不領,言官劾其作威植黨,勛疏辯,有『何必更勢賜勅』語。帝乃大怒,下勛錦衣獄。尋諭鎮撫勿加刑訊。奏上,當勛死罪。帝令法司覆勘,而給事中劉大直復勘,勛亂政十二罪,當勛罪絞,上留中不下。二十一年冬,勛死獄中。帝憐之,責法司淹繫,褫刑部尚書吳山職,侍郎、都御史以下鐫降,有差而免。勛籍沒,僅奪誥券而已。」欽以事忤之。勛譖於帝,下獄

六三〇

杖之闕下，出知袁州。嘉靖癸卯夏五月陳德文《袁州府志序》曰：「少保介溪相公作《袁志》之三十年，間以命德文曰：『嘻，小子其遂增輯之。』德文遜謝不敏。於時，郡侯東明范公詔德文曰：『維兹師命方達，殆不可且也。』迺繕紬簡籍，參襲典章，作增輯《袁州府志》。嘉靖丙午仲春既望光祿大夫柱國少師兼太子太師吏部尚書謹身殿大學士知制誥會典總裁郡人嚴嵩《袁州府志序》曰：「郡前守范侯欽，首任增輯，以陞憲臬去。」雍正《江西通志》引《袁州府志》曰：「范欽字堯卿，鄞縣人。由進士嘉靖十九年任袁州知府，詰奸剔蠧，羣盜屏跡，屬境肅然。又念袁民貧苦賦重，力請於上，得少蠲減，百姓德之。」大學士嚴嵩，其郡人也。嵩子世蕃欲取宣化公宇，欽不可。世蕃怒，欲斥之。嵩曰：「是抗郭武定者，《耆舊傳》以強項自喜。踣之，適高其名。但當籠絡之耳。」遂得寢。稍遷按察副使，備兵九江。范欽《豐道生底柱行跋》云：「往嘉靖丙申間，諸大工嗣興，余以繕部郎筦内外廟宫、屯田，俞郎咨伯筦山陵。會侯勘中官忠泰，裏曾奸私，冒官錢數十萬，皆抑不發。勛遂譖以愆稽被逮，賴肅皇聖明，卒從薄罰，隨出守袁州。貴人子方怙權坐忤，積六年始轉九江，南禺先生贈章所爲作也。第云底柱非擬矣。迄後，竟以繫去。薦歷危陿，獲保首領，非幸而已。」九江多盜，欽令衞所各率本部，分駐水陸，以資策應。盜盡駭散。陞廣西參政，分守桂平，轉福建按察使。《嘉靖三十一年壬子科福建鄉試錄》：「監試官福建等處提刑按察使范欽。」進雲南右布政，陞陝西左使，丁内外艱。《范氏譜》曰：「欽父璧，號西疇，生於成化十六年庚子十一月二十九日，卒於嘉靖三十三年甲寅七月十四日，年七十五。配王氏，封宜人，生於成化十四年戊戌二月二十五日，卒於嘉靖三十二年甲寅七月二十七日，年七十七。」據此，父先母死十四日，縣志誤也。起補河南，《嘉靖三十七年戊午科河南鄉試錄》：「提調官河南等處承宣布政使司左布政使范欽。」陞副都御史，巡撫南、贛、汀、漳諸郡。《范司馬奏議》引欽奉勑諭：「特命爾前去巡撫江西南安、贛州、福建汀州、漳州、廣東南雄、韶州、惠州、潮州各府，及湖廣郴州地方，提督軍務。但有盜賊生發，即便嚴督各該兵備、守、巡并各軍衞有司，設法勦捕。欽此。」《明世宗實錄》曰：「嘉靖三十七年九月戊子，河

附錄

南左布政使范欽，右副都提督南贛。」擒劇寇李文彪，平其寨。案：《明史·吳百朋傳》：「岑岡賊李文彪死，子珍及江月照繼之，益猖獗。」又《明書》云：「嘉靖三十年冬十一月，和平、岑岡賊李文彪稱亂四十二年死。是文彪病死，非爲欽所擒也。」賜金綺曹《志》疏請築城程鄉之濠居村，添設通判一員，以消豫章、閩、粵三省之奸。立二參將於漳、潮、惠、韶間，以備倭。從之。李《志》。

嚴從簡《殊域周咨錄》曰：「嘉靖三十八年二月，倭寇饒平，流入漳州等處。督閩范欽都指揮孫敖會兩廣兵連勦，親率狼兵及千户張春等，二次斬級七十七顆，生擒九名，奪回被虜官民，人口一百八十名，牛馬二百二十餘頭匹。四十三年三月，倭賊屯潮之鳥石，流突泚水都神山溝地方，約三千餘人。都閫范欽會同兩廣軍門吳桂芳、恭順侯吳繼爵，督兵進勦。三月二十六日，總兵俞大猷移營，五鼓發兵。以福兵王詔門、崇父二參將下兵，分三大枝而進。午時，逼賊寨，賊率精鋭出寨擺定，分兵來衝。福兵先與相持，半頃未決，俞大猷督後，急遣人斬哨長首級二顆，偏行宣示於福兵，奮勇先登。王門二參將狼兵繼之，吶喊直奔賊中。大戰良久，一鼓破之。」又擒大盜馮天爵，陞兵部右侍郎。《浙江通志》。

談遷《國權》曰：「嘉靖三十九年八月戊午，提督南贛范欽陞兵部右侍郎。」見政府益恣橫，或有所波累，未上遽乞歸。李《志》。《實錄》曰：「嘉靖三十九年十月壬子，南京御史王宗徐等劾奏，新陞兵部侍郎范欽撫南贛時，黷貨縱賊，貽患地方，得旨回籍聽勘。」與諸弟友愛。聞《志》。《范氏譜》曰：「壁子三，伯鏞、仲欽、季鈞。」余有丁《正所范公墓誌銘》曰：「公諱鏞，字文卿，別號正所。父璧，以子司馬公欽貴，封繕部員外郎。公比長，代繕部。公持家秉，於諸昆弟則攻辛茹荼，晝夜蒿目，與諸傭保操作以起家。時慫憑其弟司馬公力學，司馬公得一意宦學，爲時名卿者，公力也。子六人，長大澈。」李鄴嗣《甬上耆舊傳》曰：「范大澈字子宣，年二十餘，從司馬至長安，以太學生補鴻臚寺序班。使琉球、遼東、朝鮮、車里、木邦、緬甸、大句、安南，凡七奉璽書，進秩二品，性酷嗜鈔書，每見人有寫本未傳，必苦借之。在長安邸中，所養書傭日鈔，多至二三十人，接几而食。尤愛法書、名畫、怪雅畢集，得秦漢以來圖書至四

六三三

五千有奇，自爲印譜。初，司馬公歸里，於宅東起天一閣，藏書極浙東之盛。子宣數從借觀，司馬不時應，子宣拂然。益遍搜海內異書祕本，不惜重值，購之充其家。凡得一種，知爲天一閣所未有，輒具酒茗，迎司馬至其家。以所得書置几上，司馬取閱之，默然而去。其嗜奇相尚若此。」《范氏譜》曰：「鈞字禹卿，號和軒，恩廕耆舊冠帶。鏞字武卿，號海南，欽叔父琚子。縣庠生，嘉靖丁酉舉人，直隸寧國知縣。」鉅字大卿，號中明，欽叔祖諲之孫。嘉靖乙丑恩貢，常熟縣學訓導，從祀鄉賢祠。」范上林《城西范氏宗譜序》曰：「吾宗自宋世瑞公居明州西門，是爲始遷祖。十四傳而少司馬東明公、寧國令海南公、常熟教諭中明公，以從昆弟稱『三鳳』族始大。」欽叔父、瑤少子。萬曆乙未進士，四川布政司參政。建祖祠，案：范氏公祠在鄞西郊莫家漕，奉宋丞相范宗尹以下十一世。范氏專祠在前莫家漕，奉遷鄞始祖范公麟以下十二世。范公祠在鄞城月湖碧沚，奉明侍郎范欽以下十四世。相傳司馬美鬚髯，塑像於中，至今神氣如生。」《四明談助》曰：「當時出售據云『碧沚園豐氏宅，今與范侍郎爲業，南禺筆』。此券猶存天一閣。」案：此券今佚。 尤善收說經諸書及先輩詩文集未傳世者。浙東藏書家以天一閣爲第一，有功文獻甚大。全祖望《天一閣藏書記》曰：「天一閣肇造於明嘉靖間，而閣中之書不自嘉靖始，固城西豐氏萬卷樓舊物也。豐道生晚得心疾，樓上之書爲門生輩竊去，又遭大火，所存無幾。范侍郎欽，素好購書。先時嘗從道生鈔書，且求其作藏書記。至是，以其幸存之餘歸於是閣。又稍從互鈔，以增益之。雖未能復豐氏之舊，然亦雄視浙東焉。」王世貞《答范司馬書》曰：「所諭欲彼此各出書目，互補其闕失，甚盛心也。家舊無藏書，自不佞之嗜之，頗有所儲蓄，二藏外亦不下三萬卷。而戊辰後，薄宦南北，旋置旋失，未暇經理。今春搆一書樓於弇山園庋之。長夏小閒，當如命也。聞古碑及鈔本毋踰於鄴架者，若家所有宋槧及書畫名蹟，庶足供遊目耳。」全祖望《天一閣碑目記》曰：「天一閣獨有一架，范氏子弟未嘗發視，詢之，乃碑也。予乃清而出之。其拓本皆散亂，未及裝爲軸，予訂之爲目一通，附於其書目之後。閣之初建，列爲四部。

附 錄

也,鑿一池於其下,環植竹木,然尚未署名也。及搜碑版,忽得吳道士龍虎山天一池石刻,元揭文安公所書,而有記於其陰。大喜,以爲適與是閣鑿池之意相合,因即移以名閣。」案:「閣中藏書有諸家印記者,曰『欽文之璽』、曰『廣運之寶』、曰『禮部官書』、曰『南京禮部公書之記』、曰『尚寶少卿袁氏忠徹印』、曰『忠徹』、曰『顔氏家訓』、曰『借大典籍,皆須愛護,凡有闕壞,就爲補治,此亦士大夫百行之一也。或有狼籍几案,分散部帙,童幼婢妾所汙,風雨蟲鼠所毀,實爲累德。四明袁氏靜思齋藏誌』、曰『德輝』、曰『董氏萬卷堂』、曰『四明瑞室』、曰『萬玉樓』、曰『哦翠山房』、曰『朱氏萬卷堂』、曰『涵養齋』、曰『清白傳家』、曰『茶夢庵』、曰『姑蘇方山吳岬』、曰『吳岬書籍』、曰『陸宗華』、曰『項氏子仲』、曰『少華』、曰『裕谷』、曰『王君實家藏印』、曰『錦衣殿直備員』、曰『春泉居士』、曰『古三王氏』、曰『括蒼王氏君實家藏書畫之印』、曰『吳元恭印』、曰『沈與文印』、曰『姑餘山人』、曰『張承明家藏書畫印』、曰『天中靜香』、曰『李沛之印』、曰『吳郡西崦朱淑英書畫印』、曰『西崦』、曰『山窩林界』、曰『曹許衣冠』、曰『天中靜香』、曰『赤城山人』、曰『東陂外史』、曰『蔣澒之印』、曰『羲皇上人之印』、曰『篁庵氏』、曰『芥園』、曰『同胞四進士人家』、曰『楊氏家藏』、曰『一泉居士馬氏印』、曰『祖銘』、曰『法名玄金』、曰『忠』、曰『中山人』」。時張時徹光緒《鄞縣志》曰:「張時徹字維靜,號東沙。嘉靖二年進士,累官南京兵部尚書。」《甬上耆舊傳》曰:「先生既不爲世用,乃益精思著撰,爲詩古文詞及他説林家言,凡數十卷。輯洪建以來大家名文爲《文範》,別爲《文苑》。撰《郡誌》、《續四明風雅》。既以標格自持,益好士,數寵薦後輩。諸君凡經其門後,俱爲名士大夫。家有別墅在東皋,曰『茂嶼草堂』,在西皋曰『武陵莊』。時引上客,共觴詠其間。」屠大山光緒《鄞縣志》曰:屠大山字國望,號竹墟。嘉靖二年進士,累官南京兵部右侍郎。繫詔獄,勒歸田里。家居二十餘年,清約如寒士。下揵却掃,不過他客一,不問人間事。隆慶初復官。子本畯。亦里居,與欽投、閑嘯詠,主一時文柄,人稱東海三司馬。欽居月湖深處,康熙《鄞縣誌》曰:「縣治西南預備倉右巷,兵部侍郎范欽所居。」舍徑窅曲,林木翳然,不知在城市中。卒年八十三。

《耆舊傳》。《范氏譜》曰:「欽生於正德元年丙寅九月十九日,卒於萬曆十三年乙酉九月二十八日,年八十。娶袁氏,封宜人。側室徐

氏。合葬三十二都茅山。御賜祭葬，崇祀名宦鄉賢祠。」案：《范氏譜》欽年八十而終，縣志作年八十三，誤也。光緒《鄞縣志》曰：「欽撰《明文臣爵諡》一冊，《革朝遺忠錄奏議》四卷，《四明范氏書目》二卷，《撫掌錄古今諺》一卷，《歌謠諺語》一卷，《天一閣集》三十二卷，《藝文類鈔》二卷，《熊士選集》二卷，《漢書雋》一卷。其書半葉八行，行二十字，《王謡彭衙集》，歸田後校刻《元包經傳》五卷，《元包數總義》一卷，半葉八行，行十六字，《乾坤鑿度》一卷，《周易古占法》二卷，《周易略例》一卷，《周易舉正》三卷，《京氏易傳》三卷，《關氏易傳》一卷，《麻衣正易心法》一卷，《穆天子傳》六卷，《孔子集語》二卷，《論語筆解》二卷，《翼莊》一卷，《廣成子解》一卷，《三墳》一卷，《商子》三卷，《竹書紀年》二卷，《潛虛》三卷，《虎鈐經》二十卷，皆半葉九行，行十八字，侍郎校刻之書，別有陸賈《新語》二卷，劉向《新序》十卷，《素履子》三卷，《附錄》一卷。其書半葉八行，行二十字。祁承㸁《澹生堂書目》合之《元包經傳》《數總義》，謂之《范氏二十種奇書》。然本各自爲書，或明代曾經合印，故有此名也。侍郎校刻之書霞小說十四種》三十三卷。凡刻三十一種。子大沖字少明，其印章曰「范大沖印」曰「少明」曰「范伯子子受」曰「稽古錄」二十卷，《漢書雋》一卷氏子受」曰「漁湖丹室」曰「四明范大沖子受氏印」曰「崐崙山人」曰「太白山人」曰「龍山山人」曰「少明草堂」曰「三友堂」曰「西郭草堂」曰「詩言志」曰「碧沚書堂」曰「青松白鶴山房」、曰「小桃源裏人家」曰「范氏尚友古堂書畫」曰「宋尚書齋」曰「清寧宇宙中人」曰「范以恩例授光祿署正。范氏譜曰：「大沖字子受。縣學生，入太學，授光祿寺大官署丞。生於嘉靖十九年庚子三月十九日，卒於萬曆三十年壬寅四月四日，年六十三。從祀鄉賢祠。娶屠氏、包氏、王氏。居家撫姪猶子。增置先代祀田。曹《志》。《范氏譜》曰：「欽生二子，長大沖，次大潛。太潛字子昭，號繼明。太學生，萬曆壬子應天副舉，揀選教諭。生於嘉靖二十三年甲辰六月十一日，卒於萬曆十三年乙酉六月十二日，年四十二。娶陸州判德時女。」案：大潛先司馬三月死。全祖望《藏書記》云析產時，次子欣然受金而去者，蓋傳聞異辭，不足信。至戚聞沈諸家將家資均分，別具萬金，願金者得金，不願金者得天一閣，長公願得書，次公配陸願得金。已處置當矣。析費時公已卒。

附錄二　志傳

六三五

陸誤聽人言，謂分資不公，欲重處置，屢與伯角分書，其首語云：『余與范司馬東明先生道義交也。噫，其身正，不令而行，陸之允從辰州之德，有以化之也。』此書尚藏天一閣。』案：辰州爲屠大山之子本畯，字田叔。官辰州知府。大沖妻之兄弟也。分書今佚。大沖之裔稱天一閣前宅，大潛之裔稱天一閣後宅。大潛印章曰「范氏子昭」、曰「景泉」。大沖校刻其父遺著曰《天一閣集》、曰《奏議》、曰《古今諺》，凡三種，均半葉十行，行二十字。其自著曰《三史統類臆斷》一卷，半葉八行，行十六字。《范氏譜》曰：「大沖生二子，長汝楠，次汝樺。汝楠字公定，一字梁甫，號九如。府學生，入國子監。生於萬曆九年辛巳十月二十九日，卒於天啓二年壬戌十一月二日，年四十二。子三：光文、光燮、光交。汝樺字公吉，號稺光。國子鑒生。生於萬曆十二年甲申六月十五日，卒於順治九年壬辰十一月二日，年六十九。以從子光燮入繼。汝楠、汝樺皆從祀鄉賢祠。」汝

光緒鄞縣志范光文傳

范光文字潞公，欽曾孫。聞《志》。全祖望《續甬上耆舊傳》曰：「光文一字甬憨。」其印章曰「范光文印」、曰「光文」、曰「潞公氏」、曰「茗園」、曰「朝劍」、曰「風雅輶」。父汝材，案：當作汝楠。考《范氏譜》：汝材，爲光文九世祖，弱之八世孫也。居家孝友。曹《志》。光文性豪爽，遇事果決。爲諸生時，已能弭盜定變。聞《志》。順治六年，與弟光遇《范氏譜》：光遇爲汝材季子。同登進士，授禮部主事，遷吏部文選司。曹《志》。八年，爲陝西鄉試正考官。《清祕述聞》嘗值諸曹乏人，身綜四司事，案無滯牘，曹《志》。同里董文和母妻幼子四人，沒入旗下，行乞途中，貸貲贖歸，里人咸美之。曹《志》。然以勁直不合於大僚，罷官歸。倘祥湖曲，與董德俱，光緒《鄞縣志》曰：「董德俱字平之，一字銘存，號天鑑。崇禎九年舉人，乙酉六月授戶部主事，以居憂故不受官。已而事去，息影衡門，泊如也。爲詩稱

情而出，感慨身世，原本忠孝。其卒，張煌言在海上哭之，慟以詩輓之。」《續甬上耆舊傳》曰：「范吏部光文，姊堺則董徵君天鑑，妹堺則林評事用圭，皆詞家宿老，閨中唱和最多。」案：林用圭名弘珪，明季遺老。林時躍光緒《鄞縣志》曰：「林時躍字霞舉，號荔堂，甲申國變，矢志勤王。乙酉，貢入太學，爲大理左評事晉御史。江上事去，遯入桓溪山中，悲憤之餘，發爲詩歌。私諡端節。」《續耆舊傳》。其家天一閣藏書，甲於浙東。光文復購所未備，增儲之。范光文《來青吟序》曰：「天一閣爲曾大父司馬公藏書所，今增構池亭。」黃宗羲至甬上，光文導之登閣，讀所未見書，一時稱其不愧世家風流云。錢《志》。光文撰《七松遊》一卷，《寤憶》一卷，《游閩隨錄》一卷，《試秦詩紀》一卷。《范氏譜》曰：「光文生於萬曆二十八年庚子七月八日，卒於康熙十一年壬子正月十八日，年七十三；從祀鄉賢祠。」

光緒鄞縣志范正輅傳 父光燮、子從益、從夔、曾孫懋柱附。

范正輅字載瞻。父光燮，《范氏譜》曰：「光燮字鼎仍，一字友仲。晚號希聖老人。生於萬曆四十一年癸丑十一月六日，卒於康熙三十七年戊寅九月二十一日，年八十六。」其印章曰「范光燮印」，曰「友仲」。恩貢生，康熙十五年爲嘉興府學訓導。性剛正，諸生有過輒面責之。聞人有節孝行，必請學使者旌獎。《嘉興府志》開講堂於郡庠東南隅，《秀水縣志》名曰希聖。每閱月延其鄉先達，率郡之博士弟子執經問難，劉理《希聖堂經義講會序》。講學其中。《秀水志》。沈廷文《希聖先生范公小傳》曰：「先生諱光燮，字友仲。其祖大司馬東明公，購未見書藏於宅天一閣。先生與兄光文讀書其中，嘗曰：『士不希賢，賢不希聖，無志之甚也。』於是雅慕濂、洛，切實究研，躬尚本務，不騖虛聲。丙辰，以恩貢授嘉興府學司訓，建啓聖宫，葺文廟兩廡建希聖堂。聯鄉先達及紳袍碩儒數百人，一月兩會於斯堂，談經論史，闡明理學，鐫成講義十卷行世。又精於舉業，及門教成而得雋者甚衆。又塑梓潼，創登文閣，康熙二十五年夏，陞佐長治。適染危疾，乞休歸里。造望春、茅山兩莊，以守高曾祭祀。葺天一閣諸屋，以安祖

附錄

澤遺書。葺宗祠,置贍田,上妥先靈,澤被子姓。」光文撰《希聖堂講義》十卷、與孫弘喆合唱集四卷、《希聖堂唱和詩》二卷、《檇李金明寺放生唱和詩集》。

公餘趨庭歡甚。 曹《志》。 重修儒學,編輯縣教鐸。 正輅淹貫經史。中康熙五年舉人,十六年授秀水教諭。時光燮官嘉興府學訓導,父子並司志。《秀水志》。 尋陞泉州德化知縣。 曹《志》。 十七年聘考江南,《秀水志》。所拔多知名士。 曹《志》。 值兵燹後,刻意撫循。初年,士子不滿二百,比年遂及千人。累決疑獄。民有不輸國賦者,單騎曉諭,旋感德,爲良民。攝篆大田,巡撫以其涖泉久,咨及一方利病,遂條議十事以進,檄下閩屬遵行之。 《范氏譜》曰:「正輅生於崇禎八年乙亥四月二十九日,卒於康熙三十三年甲戌十月二十日,年六十。」 正輅撰《秀水縣志》十卷、《德化縣志》十六卷、《三瑞記詠》。 子從益,字贊禹。以明經爲郪陽通判,再任桂林。《范氏譜》曰:「從益號默庵,生於康熙三年甲辰四月十七日,卒於康熙六十一年壬寅二月二十九日,年五十九。」從夔字石諧,康熙三十八年舉人。 曹《志》。 《范氏譜》曰:「從夔生於康熙十一年壬子二月二十九日,卒於康熙五十九年庚子四月四日,年四十九。」從益孫懋柱,考《范氏譜》,懋柱爲從夔孫,縣志作從益孫,誤。 《范氏譜》曰:「從夔次子永泰生三子,長懋柱,字漢莖,號拙吾。明經。生於康熙六十年辛丑六月十五日,卒於乾隆四十五年庚子五月十三日,年六十。」字漢衡。諸生。以先世藏書進御,錄入《四庫》,詔賜《圖書集成》萬卷,當時榮之。 采訪。 光緒《鄞縣志》曰:「國朝乾隆三十九年,生員范懋柱進呈書籍六百二種,附二老閣書九十四種,共五千二百五十八卷。詔進到各書,俟鈔錄已竣,給還本家珍守。五月賜御製《古今圖書集成》一部,共一萬卷。六月論杭州織造寅著至閣中看其房閒製造之法,並書架欵式,燙具準樣,開明丈尺,進呈御覽。四十四年六月,賜《西域得勝圖》三十二幅。五十二年二月,賜《金川得勝圖》十二幅。」 清高宗御製《文源閣記》曰:「藏書之家頗多,而必以浙之范氏天一閣爲巨擘。因輯《四庫全書》命

六三八

光緒鄞縣志范邦綏傳 附《周紹濂傳》後

范邦綏字履之。《范氏譜》曰:「懋敏生九子。長與齡,字九三,號西山。府學生。撰《爾雅漢注》。生四子,季邦綏,號小酉。道光二十六年舉人。」咸豐六年進士,范氏譜曰咸豐丙辰科殿試第三甲第一百四名。以知縣分發四川。性廉介,恥於干謁,需次三年不得補充。己未鄉試同考官。流寇陷敘州,川省戒嚴,檄令辦團練,查保甲,晝夜必躬親。過客五人犯夜禁,訊而釋之。同事欲以稟大吏,邦綏曰:「此非奸宄,大府亦釋之耳。徒貽訟累,吾不爲也。」取其閣式以構庋貯之所。既圖以來,乃知其閣建自明嘉靖末,至於今二百一十餘年。雖時修葺,而未曾改移。閣之間數及梁柱、寬長、尺寸皆有精義,蓋取「天一生水,地六成之」之意。於是,就御園中隙地,一做其製爲之。名之曰文源閣,而爲之記。」又《文淵閣記》曰:「閣之制一如范氏天一閣,而其詳則見於御園文源閣之記。」朱啓鈐《文淵閣後記》曰:「文淵始建,甲於七閣,事在乾隆三十九年。制規仿范氏天一閣。占地不廣,逾嫌偪仄,遠不如圓明園之文源、避暑山莊之文津、山池曠秀,適合范家景物。文瀾、文宗、文匯皆在南土,取則不遠。而文溯在奉天行宮,因陋就簡,彌不足稱。閣爲六間,實則割取半間爲胡梯,乃止五間有半。至高下深度及書廚數目,皆積六成數,亦未盡合。廷輔曾孫懋敏,號遜齋。懋柱長孫邦甸,字禹甫,號小愚。縣學生。嘉慶八年奉浙江學政阮元之命,偕其族兄弟六人,登閣分廚寫編書目。成目錄十卷。十三年冬,浙江巡撫阮元爲之序,命寧波府學教授汪本校對,寧紹台道陳廷杰合《碑目》並刻之。其家。以秦篆泰山二十九字燬於火,乃出閣藏明搨本,屬燕昌鉤摹重刻於石,錢大昕復爲之跋。海鹽張燕昌游鄞,登天一閣,摹石鼓文。主嗜法書,撰《金石小誌》、《甌蠹閣日鈔》《葦舟詩鈔》。編《天一閣碑目》二卷,嘉定錢大昕序之。仲廷輔字左垣,國學生。廷輔曾孫懋敏,國學生。懋柱長孫邦甸,字禹甫,號小愚。縣學生。
並爲之考證疏說焉。」《范氏譜》曰:「光燦生三子,長正輅。啓鈐開曾徵集內廷營繕圖案,與天一閣現存結構比較,令營造學社諸生實測文淵閣真型,南北異宜,頗有變通。

附錄

有婦人擊鼓充更夫，詢之，則其家實無男子，立遣去。以旅費不給告歸。卒年五十二。采訪。《范氏譜》曰：「邦綏生於嘉慶二十二年丁丑九月三十日，卒於同治七年戊辰五月二十三日。」邦綏生二子，其季子彭壽，府學生。其印章曰「寅卿」、曰「東浙藏書第一家」。光緒十五年五月寧紹台道薛福成刻《天一閣見存書目》成，彭壽跋曰：「咸豐辛酉，粵匪踞郡城。閣既殘破，書亦散亡。於時先府君方避地山中，得訊大驚。間關至江北岸，聞書爲洋人傳教者所得，或賣諸奉化唐嶴造紙者之家，急借貲贖回。寇退，又偕宗老，多方購求，不遺餘力，而書始稍稍復歸。其有散在他邑不聽贖取者，則賴郡守任丘邊公葆誠移文提贖，還藏閣中。」彭壽生三子，長玉森，字錦文。縣學生。其印章曰「范玉森印」、曰「錦文」。仲盈壙，字挺武。鄞縣地方法院錄事。民國三年夏，天一閣藏書失竊，陳列上海市肆。玉森、盈壙偕宗老奔走官廳，自上海至杭州，呈請返還，卒未見歸。拘獲竊賊薛繼位一名，判處徒刑九年，瘐死獄中，聊以雪憤。范侍郎子孫繁衍，就其長子大沖光祿言之，今有男丁一百五六十人。今惟玉森長子若麒字鹿其爲貫橋小學校長，盈壙子若鵬字保艮十八人，讀書種子繼繩不絶。自廢科舉後，讀書日少，業工商者居其十九。皆業儒。

六四〇

附錄三　舊目考略

慈溪馮貞羣編

范氏欽東明書目一册　見朱睦㮮《萬卷堂書目》

《明史·諸王傳》曰：「鎮國中尉睦㮮字灌甫，鎮平王諸孫。被服儒素，覃精經學。若李鼎祚《易解》、張洽《春秋傳》，皆叙而傳之。益訪購古書圖籍，得江都葛氏、章丘李氏書萬卷。丹鉛歷然，築室東陂，延招學者，通懷好士。萬曆五年，舉文行卓異，爲周藩宗正，領宗學。所撰有《五經稽疑》六卷、《授經圖傳》四卷、《韻譜》五卷、《明帝世表》、《周國世系表》、《建文遜國褒忠錄》、《河南通志》、《開封郡志》諸書。學者稱西亭先生。」

案：阮元刻《天一閣書目》《周易古經》有「東明草堂印」，是天一閣初名東明草堂，蓋取東四明山之義也。范安卿侍郎欽，自號東明山人，東明外史，今其後裔稱之曰「東明公」云。西亭《萬卷堂書目》成於隆慶四年，時范侍郎尚存，是目當出侍郎手編初稿。西亭撰有《春秋諸傳辨疑》、《革除逸史》、《南陵王奏議》、《鎮平世系記》、《奉國公年表》、《勅賜崇孝祠錄》、《中州人物志》、《皇朝中州列女傳》、《二忠傳》、《純孝編》、《儷德偕壽錄》、《河南通志》、《諡苑》、《漁樵閒話》，選有《蘇文忠公表啓》

范氏欽四明范氏書目二卷 見焦竑《國史經籍志》

《明史·文苑傳》曰：「焦竑字弱侯，江寧人。萬曆十七年殿試第一人，官翰林修撰。二十二年，大學士陳于陛建議修國史，欲竑專領其事。竑遽謝，乃先撰《經籍志》，其他率無所撰，館亦竟罷。謫福寧州同知。博極羣書，善爲古文，集名《澹園》，竑所自號也。福王追謚文端。」

案：是目爲侍郎重編之本。

范氏欽四明范氏天一閣藏書目二冊四卷 見祁承㸁《澹生堂藏書目》。黃虞稷《千頃堂書目》同。

《明詩綜》小傳曰：「祁承㸁字爾光，山陰人。萬曆甲辰進士，歷江西右參政，有《澹生堂集》。」

案：是目疑侍郎卒後，其長公子受光祿大沖，冢孫九如，諸生汝楠增益閣書寫定之本。

黃氏宗羲范氏廷輔天一閣書目 見黃宗羲《南雷文案》

《國史·儒林傳》曰：「黃宗羲字太沖，餘姚人。明左僉都御史。著《易學象數論》、《孟子師說》、《南雷文案》、《明儒學案》、《宋元學案》、《明文海》、《明史案》、《今水經》。」黃炳垕《黃梨洲先生年譜》曰：「康熙十二年癸丑，公六十四歲，適甬上范友仲引公登天一閣，發藏書。公取其流通未廣者，鈔爲書目，遂爲好事者流傳。十八年己未，公七十歲，天一閣范左垣重訂書目，介門士王文三錫庸來求藏書記。」《范

氏譜》曰：「范廷輔字左垣，號掖齋。侍郎玄孫，國子監生，州同知銜。」黃宗羲《天一閣藏書記》曰：「癸丑，余至甬上，范友仲案：名光燮，長治縣丞。破戒引余登樓，悉發其藏。凡經、史、地志、類書坊間易得者，及時人之集、三式之書，皆不在此列。然余之書目遂爲好事流傳，崑山徐健菴使其門生謄寫去者不知凡幾。友仲曰諾。荏苒七年，未蹈前言。友仲次郎左垣乃并前所未列者重定一書目，介吾友王文三案原名錫庸，更名之坪。鄞諸生。求爲藏書記。」王士禎《居易錄》曰：「鄞范氏藏書，甲於東浙。康熙辛未壬申閒，予在户部，范會元光陽國雯案：國雯爲東明侍郎族曾孫，梨洲弟子。爲屬，從借《天一閣書目》。所藏經解、唐人集亦不甚多，聊錄於右，以備咨訪。」右凡十二部。

《詩辨》、《毛詩名物解》、《梁寅詩衍義》、《詩童子問》、《詩補傳》、《毛詩本義》、《魯詩世學》、《詩疑問》、《詩斷法》、《倪畏菴詩傳纂義》、《呂氏讀詩記》、《詩解頤》

宋元人集不及載。《詩輯》

史舊集》、《韋江州集》。又蘇州集。《溫庭筠集》、《張曲江集》、《李翰林集》、《盧仝集》、《唐太宗集》、《杜工部詩史舊集》、《韋江州集》。又蘇州集。

《張燕公集》、《岑嘉州文集》、《劉賓客集外集》、《李頎集》、《李衛公集》、《顏魯公集》、《李賀集》、《杜牧《樊川集》、《孟東野集》、《郎士元集》、《杜審言集》、《王右丞集》、《唐僧弘秀集》、《賈閬仙集》、《楊炯集》、《盧照鄰集》、《松陵集》、《錢考功集》、《王勃集》、《駱賓王集》、《陳子昂集》、《沈佺期集》、《孟浩然集》補遺。《高常侍集》、《劉乂集》、《崔顥集》、《鄭谷《雲臺編》、《蘇許公集》、《歐陽詹集》、《常建集》、《劉隨州集》、《李洞《才江集》、《沈下賢集》、《呂溫集》、《羅隱集》、《皮日休集》、《李元賓集》、《韋莊集》、《杜光庭廣成集》、李

紳《追昔遊集》、《鮑溶集》、《韓昌黎集》、《柳柳州集》、李頻《梨岳集》、《薛能集》、王建《宮詞》。右凡五十五部，詩集多，而文集頗少。即予所見如獨孤及、權德輿、李翺、皇甫湜、元結、孫樵、劉蛻、司空圖之屬亦無之，蓋非全目矣。

案：王士禛所見《閣目》，當爲梨洲鈔本。此目久佚，故特編入。閩人林佶嘗見《閣目》，而嫌其不博。朱彝尊《曝書亭藏書目》中著錄者，均是本也。

無名氏天一閣書目

見沈叔埏《頤綵堂文集》

《昭代名人尺牘續集》小傳曰：「沈叔埏字埴爲，號劍舟，秀水人。乾隆丁未進士，官吏部主事。有《頤綵堂集》。」沈叔埏《書天一閣書目後》曰：「右目爲韓城師陳登原曰：「韓城爲王文端王公杰墓誌銘」，姚鼐《光祿大夫東閣大學士王文端公神道碑文》。」初視浙學時陳登原曰：「朱珪《文端王公墓誌》，乾隆辛卯督學浙江，丙申再視浙學，庚子三視浙學。是杰視浙學三次，其初次在乾隆三十六年辛卯，下距懸柱獻書、高宗頒賞《古今圖書集成》爲時尚三年云。」計書五千有零，不分門類，不加詮次。無論秘册絕少，即《居易錄》所載經解、唐人集亦未及備。鄞屬所呈。而先牛亥豕，又參差其間，蓋尋常官簿本也。當考明嘉靖末范東明少司馬解組歸，卜築西湖深處。性喜藏書，得城西豐氏萬卷樓舊物。於舍中起閣，初名寶書，因得揭文安所書天一池拓本，改名天一，取以水厭火之義。盡購東南異本，羅列籤廚。尤善收說經諸書，訂刊十六種，如《京氏易傳》、《郭氏易舉正》之類。及先輩詩文集未傳世者。與妻東王弇州家藏以書目取較，各鈔所未見相易。藏家，以范氏爲第一。至今二百餘年，卷帙完善。吾朝康熙間，李杲堂與胡道南共輯《甬上耆舊詩》。

公曾孫光燮開閣縱觀，因得鄭滎陽真、黃南山潤玉、謝廷蘭瑾、魏雲松倆諸集録入詩中，俱前此選家所未見者。其有功於其鄉之文獻甚大。公猶子子宣鴻臚大澂亦酷嗜鈔書，每見人有寫本未傳，必苦借之。在長安邸中，所養書傭多至二三十人，接几而食，既家居築室西皋，復與里中賢士大夫品第所得者，垂二十年。初，公起閣時，子宣數從借觀，公不時應。子宣拂然，益徧搜海内異書祕本，傾貲購之。凡得一書，知爲閣本所無，輒具酒茗佳殽，邀公至其家。以書置几上，公取閲之，默然而去。其嗜奇好勝若此。公從孫襄陽太守君材汝梓　案：汝梓爲侍郎伯兄鏞之第四子，大澂之長子也。萬曆三十二年進士。性亦嗜學，積帙與司馬公埒。顧鴻臚、襄陽俱無書目流傳，世尠知之，不若四香居陳氏、南軒陸氏之著稱，而閣遂擅名浙左云。范氏之守世書也，余嘗求其故而不可得。或曰其家奉司馬公遺訓，代不分書，書不出閣。有借鈔者，主人延入，日資給之。如鄞侯父承休聚書三萬餘卷，戒子孫世開有求讀者，別院供饌是也。或曰閣扃鑰惟謹，司馬後人分八九宅，各司其管，一管不至，閣不能開，借書者以爲難，書得不散。案：焦氏《經籍志》：『《四明范氏書目》二卷，范欽撰。或云其家另有書目，不以示人，今所傳者特贗本耳。』是數説者，余將倣取一焉。

案：彭元瑞《知聖道齋書目》有無名氏《天一閣書目》一本。清《四庫書目》子部儒家類《太極圖分解》，羅鶚撰，引閣目誤「鶚」爲「鶴」。阮元《定香亭筆談》所稱「閲其書目，龎雜無次序」者，當同出一源也。

附録三　舊目考略

六四五

附錄

無名氏司馬氏書目二本鈔 見《四明天一閣書目》

案：此目未審出之誰氏，沈叔埏所云其家另有書目不以示人者，豈即此本耶？

無名氏浙江省第五次范懋柱家呈送書目 《涵芬樓秘笈》第十集《各省進呈書目》本

涵秋閣鈔，計共六百零二種。

趙萬里曰：「修《四庫全書》時，閣書奉命進呈，因而散落。乾隆三十八年，浙江巡撫三寶從范懋柱提去不少書籍。據《四庫提要》、《浙江採集遺書總錄》計之，共有六百三十八部。此類書上有一標識，封皮下方正中有長方朱記文曰：『乾隆三十八年十一月，浙江巡撫三寶送到范懋柱家藏某某書壹部計書幾本』，開卷又有翰林院大方印記。封皮朱記有時為妄人割去，而大方印時時遇見。及《四庫》修成，庫本所據底本並未發還范氏，仍藏翰林院。日久，為翰林學士竊去不少。前有法梧門、後有錢犀盦，都是不告而取之健者。輾轉流入廠肆，為公私藏家收得。我見過此類天一閣書，約有五十餘種。」劉茂齋曰：「曩年，在山東海源閣楊氏，見其藏有范懋柱進呈書籍百餘種，每種之首俱有長方朱記。」

案：此目不署姓名，涵秋閣亦不知何人也。清乾隆間，京城內外進呈四庫書，疑四庫館中人纂集，但記卷第、本數、朝代、作者名氏，蓋信手鈔錄者。然勝阮目之僅記卷第也。薛目據《四庫書目》，並以《浙江遺書錄》補其所缺，分部重編，凡六百三十八部，視此本所列若《尚書直指》為元王充耘編，《詩補傳》為宋范處義撰，《四聲等子》為遼釋行均撰，《正統臨戎錄》為明楊銘撰，《平番始末》為明許誥撰，《三遷志》為明史鶚輯，《奕世治世餘聞錄》及《繼世紀聞》均為明陳洪謨撰

無名氏四明天一閣藏書目錄兩冊

羅振玉刻《玉簡齋叢書》本

天字號廚一百八十六冊,地字號廚一百八十八冊,元字號廚四十四冊,黃字號廚三百十九冊,宙字號廚一百七十一冊,洪字號廚五十八冊,荒字號廚一百十一冊,日字號廚二百四十冊,月字號廚五十七冊,盈字號廚五百四十七冊,昃字號廚三百三十七冊,辰字號廚三百十九冊,宿字號廚一百三十六冊,列字號廚一百十九冊,張字號廚二百十三冊,暑字號廚一百八十六冊,往字號廚一百五十冊,秋字號廚九十九冊,收字號廚五十六冊,冬字號廚八十六冊,藏字號廚六十冊,閏字號廚一百八冊,餘字號廚二十一冊,歲

增光集》爲明魏校撰,《內閣行實》爲明雷禮撰,《朝鮮志》爲明胡世寧撰,《異域志》爲明寧獻王權撰,《館閣漫錄》爲明蘇贊成撰,《新河初議》爲明張元忭撰,《楓山語錄》爲明沈伯咸輯,《太極圖分解》爲明羅鶚撰,《法家哀集》爲明蘇祐輯,《砭驥通元論》爲宋邵雍撰,《皇極經世節要》爲元周奭撰,《大定易數》爲明卜實撰,《黃帝奇門遁甲圖》爲宋楊維德輯,《將門祕法陰符經》爲宋陳搏撰,《章申公九事》爲宋米芾錄,《溪堂麗宿集》爲宋張華撰,《龍川別志》爲宋蘇轍撰,《松窗雜錄》爲唐李濬撰,《翦勝野聞》爲明徐禎卿撰,《感應類從志》爲晉張華撰,《諸真元奧》爲宋黃自如輯,《曹文貞詩集》爲元曹伯啓撰,《楊文定公詩集》爲明楊溥撰,《古文苑》爲宋章樵編,《元音》爲明張中達撰,《滄海遺珠集》爲明沐璨編,《蓽公小簡》爲明陳廷建編。凡三十六種,作者名氏可補《薛目》之遺。清《四庫書目》亦均遺其名氏。

附錄

字號廚五百二十六冊，律字號廚一百六十四冊，呂字號廚一百七十二冊，調字號廚四十七冊。又宇、寒、來、成、陽五廚俱藏《圖書集成》。共四千七百十二冊。案：上列廚數實得四千七百二十冊，少記八冊，當係誤乙。《圖書集成》在外。

案：是目未署撰人。前列全祖望《天一閣藏書記》《碑目記》。分廚錄目，不分四部，撰人、卷第悉未記錄。目下所注曰殘、曰缺、曰不全、曰霉、曰破、曰蛀、曰缺幾本、曰又幾本、曰又一部、曰未訂其書廚以周興嗣《千字文》分字編號，凡三十二廚，計書四千八百一種，重者二百十七種，四千七百二十冊。其藏字廚目末記云：「尚有醫書、地理、算命、風鑑等，俱未列目。登科、會、鄉試錄、《圖書集成》、碑帖之類，亦未編入。」是閣中所藏，未及畢登。以無序跋，不知出於何人。卷末有「嘉慶壬戌歲六月二十日客寓金閶錄」二行十五字。壬戌為嘉慶七年。目中列有《圖書集成》，則其編寫當在乾隆三十九年賜書後者。天一閣目自東明、梨洲編本不傳，存於世者，推是本為最舊焉。是本有全氏《碑目記》，則全氏手編《碑目》當附是目後。瞿世瑛《清吟閣書目》有梁同書手鈔《天一閣書目》二本，未署編者名氏，疑即是本。

范氏邦甸等天一閣書目十卷補遺一卷范氏著作一卷 附刻《碑目》別見。

　　清嘉慶十三年阮元命汪本校刻本。殘版今庋閣下。

　　光緒《鄞縣志》作十卷，首增「重編」二字。

　　《范氏譜》曰：「邦甸字禹甫，號小愚，灼長子。鄞學廩生。乾隆四十三年生，嘉慶二十一年卒。」

六四八

《國朝先正事略》曰：「儀徵相國名元，姓阮氏，字伯元，號雲臺。乾隆五十四年進士，體仁閣大學士，諡文達。著《經籍籑詁》、《十三經校勘記》、《國史·儒林傳》、《文苑傳》、《疇人傳》、《廣東通志》》山西、兩《浙金石志》、《兩浙輶軒錄》、《江蘇詩徵》、《揅經室集》。嘉慶七年進士，官天津知縣。」阮元《定香亭筆談》曰：「天一閣書目龐雜無次序，因手訂體例，遴范氏子弟能文者六七人，分日登樓，編成書目。屬知鄞縣事張許，給以筆札。閣中舊版書極多，因修錄其序跋及收藏家題識、印記，以資考證焉。」

是目首列黃宗羲《天一閣藏書記》、清高宗聖諭五道。卷一之一，御賜書一種一萬卷，御題書二種十五卷，御賜圖二種二十八幅，《進呈書目》六百二種，附《二老閣進呈書目》四十四種，《挑取備用進呈書目》五十種五千一百五十八卷。卷一之二經部，二百二十六種四千一百七十一卷。卷二之一至卷二之二史部，一千二百七十六種一萬九千五百六十二卷。卷三之一至卷三之二子部，一千一種三千二百四十八卷。卷四之一至卷四之四集部，附補遺及范氏著作。八百八十種一萬一千五百四十五卷。通共四千九十四種五萬三千七百九十九卷。各卷之首刻有「文選樓」朱文長方印記。

案：是目體例訂自阮文達公，仿清《四庫書目》經、史、子、集四部編次。卷第、撰人名氏、序跋、寫刻板本、藏印、校刻人名分別編入。考范氏典籍者，世多取材焉。然分門別類，時代先後頗有失次，且閣中所藏，遺漏良多。考嘉慶壬戌目，未載醫書、地理、算命、風鑑、登科、鄉、會試錄《圖書集

附錄

成》，計書四千八百一種。是目增入壬戌目遺諸書，即試士錄一類，已增四百七十一種。合增入者計之，僅得四千九百四十四種。今與壬戌目相較，約失收一千一百種有奇。時當乾隆禁書之後，若王世貞《綱鑑會纂》、《續宋元紀》，陳仁錫《潛確居類書》，錢肅樂《庚辰春偶吟》等，目入禁書，不敢編入。其《大明一統賦》注云：「內第二節及二十二節俱已抽毀。」《鹽法志》注云：「內有屈大均序、錢謙益跋，俱已抽毀。」《孤樹裒談》注云：「內《九邊圖考》抽毀。」考之原書，依然未抽，蓋處忌諱之朝，遜言避禍，不得已之苦衷也。今就所見撰人名字、卷第、書名顯然可考者言之。其未記撰人者：朱熹《詩經集註》，石墪《中庸緝略》，華燧《九經韻覽》、荊道皓《五音類聚》，張光啓《資治通鑑節要續編》，葉隆禮《契丹國志》，張輔等《明成祖文皇帝實錄》，楊士奇等《宣宗章皇帝實錄》、陳文等《英宗睿皇帝實錄》，劉健等《孝宗敬皇帝實錄》，費宏等《武宗毅皇帝實錄》，張居正等《穆宗莊皇帝實錄》，劉廷鸞《建文遜國之際月表》、楊士奇《三朝聖諭錄》，楊喧《復辟錄》，李東陽《燕對錄》，黃標《平夏錄》、《平吳錄》，張肇《楊文敏公年譜》，商汝潤《頤商《儉葊疏義》、張孚敬《羅山奏疏》，章綸《恭毅公奏議》，程放《兩程故里志》，王宗稷《東坡先生年譜》，楊肇《楊文敏公年譜》，商汝潤《頤商文毅公遺行集》，解縉《古今列女傳》，尹直《皇朝名臣言行通錄》，楊循吉《徐寬等七人聯句詩紀》，楊侃《兩漢博聞》，李泰《四時氣候集解》，黃佐《兩京賦》，楊鈞《懷遠縣志》，王宗沐《江西省大志》，費宷《鉛山縣志》，夏雷《嵊縣志》，陳洪謨《常德府志》，邵寶《常熟舊志》，釋行恂《雪寺黃佐《廣東通志》，李孔明《翁源縣志》，顧符《治平志》，皇甫汸《北嶽編》，方升《太嶽志略》，張宇初《江南華蓋山志》，釋行恂《雪寺志》，張邦奇《明山書院私志》，黃中南《明紀遊詩》，汪宗元《南京太常寺志》，林大有《福建運司志》，鄭縣丈量田總》，戴金《鹽法奏議》，范成大《桂海虞衡志》，方啓《長蘆鹽法志》，陸夢麟《廬陽荒政錄》，胡鋌《省愆錄》，趙文華《祗役紀略》、

司馬光《書儀》、呂祖謙《東萊先生雜説》、真德秀《文忠公讀書丁記》、曹端《夜行燭書》、何益之《友問集》、朱橚《救荒本草》、張機《仲景大法》、溥滋《醫學集成》、葉文齡《醫學統旨》、陳嘉謨《醫學指南》、樓守諒《增刻醫便》、吳球《諸證辨疑錄》、李恆《袖珍方》、沈堯中《保赤全書》、黃濟之《本草權度》、劉基《天文分野之書》、張應龍《曆通要覽》、倪復《東巢雜著》、萬表《九沙草堂雜言》、王達《天游別集》、司馬光《迂書》、吳琬《三才廣志》、王世貞《世説新語補》、朱權《懶仙竹林漫錄》、王鏊《震澤紀聞》、釋寶誌《諸祖歌頌》、王世貞《曇陽大師傳》、釋德仁《華亭船子和尚機緣詩》狐剛子《黃帝九鼎神丹經訣》、高守先《沖虛至德真經四解》、白雲霽《道藏目錄》、褚藏言《竇氏聯珠集》、任亨泰《狀元遺稿》、朱恬焌《綠筠軒吟帙》、朱拱樋《瑞鶴堂近稿》、劉天民《遊蜀吟稿》、林時介立詩集》、劉彥昺《春雨軒詩集》、鄭賽《育齋詩集》、高穀《育齋先生詩集》、朱拱憤《東樂軒詩集》、朱拱摇《豫章既白詩稿》、李夢陽《空同詩選》、楊撫《西楂集》、朱拱樋《貞士齋詩集》、嚴嵩《鈐山堂詩選》、毛超《菊菴集》、朱拱摇《題贈錄》、薛蕙《西原集》、鄭賽《江門別言》、皇甫沖《還山詩》、吳維嶽《天目山齋歲編》、楊慎《選千里田詩》、朱拱摇《豳仙詩譜》、朱拱摇《山曉和尚嘯堂初集》、趙貞吉《太史詩鈔》、呂師亮何願宋顯等《芝山梅約倡和詩》、劉克莊《後邨先生大全集》、鄒守益《東郭先生文集》、魏校《莊渠先生書稿全編》、許應亨《石屋存稿》、顧璘《文端集》、袁煒《文榮公詩集》、蔡昂《鶴江先生頤貞堂稿》、吳維嶽《霽裏文稿》、釋寂樹編《山曉舟《哶嚶集存》、雷禮《督學存稿》、萬鏜《治齋文略》、袁裦《金聲玉振集》、蔡雲《程鶴田草堂詩集》、湛若水《樵風》、陳良謨輯《全懿堂集》、傅汝李寅《賜谷空音》、朱睦㮮《聚樂堂甲辰集》、顏木《淮漢爐餘稿爐餘錄》、李夢陽《文選增訂》、顧璘《唐詩批點正音》、陳遷編《廣中五先生詩集》、朱植《種蓮歲稿》、莊㫤《定山集》、朱紹編《三先生詩》、魏齊賢、葉芬《聖宋名賢五百家播芳大全文粹》、朱孟烷《勤有文集》、王十朋《王狀元標目唐文類》、虞祖南《回瀾文鑒》、黃堅《諸儒箋解古文真寶》、施紹華《花影集》、嚴嵩《南還稿》、李劉《梅亭先生四六標準》、白居易《白氏策林》、都穆《玄敬詩談》、陳沂《拘墟詩談》、無爲子《西清詩話》、張先《子野詞》、張可久《小山樂府》、郭勛《雍熙樂府》。

記撰人之字者：史道號鹿野《雲中奏議》、楊博號虞坡《撫臺奏議》、蘇天爵字伯修《元名臣事略》、張九韶字美和《元史節要》、

附錄三 舊目考略

六五一

附錄

魏了翁號鶴山《渠陽讀書雜鈔》、《古今考》、尹直號謇齋《瑣綴錄》、胡奎字虛白《斗南老人詩集》、張肅字仲舉《蛻菴詩集》、朱應鍾字陽仲《陽仲詩選》、謝縉字孔昭《孔昭詩集》、卞榮字華伯《郎中詩集》、何景明字大復《何氏集》、《仲默集》、平顯字仲微《松雨軒集》、童軒字士昂《清風亭稿》、孫一元字太復《太白山人漫稿》、管訥字時敏《蚓竅集》、王弼字存敬《南郭詩集》、蔡襄字君謨《端明文集》、許應元號茗山《隨堂摘稿》、徐階字文登《少湖先生集》、馮世雍號三石《漫遊稿》、劉崧字子高《槎翁文集》、林希元號次崖《古文類鈔》、張時徹字維靜《芝園定集》、吳一鵬號白樓《文端公集》。

記撰人之號而卷第訛者：吳百朋號堯山《南贛督撫奏議》七卷訛五卷。

記撰人、卷第者：程端學《春秋本義》三十卷、楊士奇《歷代大統易知錄》二卷、張居正等《世宗肅皇帝實錄》四百卷、沈一貫《敬事草》十九卷、徐象梅《兩浙名賢錄》五十四卷、倪瓊《定州志》四卷、楊濂《河西關志》二卷、皇甫冲《枕戈雜言》一卷、周子《義子彙》三十四卷、周密《志雅堂雜鈔》一卷、高鳴鳳《今獻彙言》八卷、千寶《搜神記》八卷、樂朋龜《西川青羊宮碑銘》一卷、范仲淹《文正公集》二十卷、張幼學《詞臣詩集》三卷。

不記撰人而卷第訛者：韓雍《兩廣平蠻錄》七卷訛一卷、余子俊《肅敏公奏議》三卷訛二卷、王巖叟《韓忠獻公別錄》三卷訛二卷、陳循等《寰宇通志》一百十九卷訛二百卷、莫旦《大明一統賦》三卷訛四卷、莫旦《明一統賦補》四卷訛一卷、李夢陽《白鹿書院志》八卷訛七卷、皇甫錄《藩府政令》六卷訛二卷、費閎《聖駕臨雍錄》一卷訛二卷、應檟《明律釋義》七卷訛五卷、《銅人針灸經》七卷訛二卷、婁爽《醫學綱目》四十一卷訛三十八卷、陳摶《紫微斗數全書》六卷訛一卷、劉志淵《啟真集》三卷訛二卷、朱拱樋《瑞鶴堂近稿》一卷訛十卷、劉彥昺《春雨軒集》十卷詩十卷失收十卷、金鑾《徙倚軒詩集》二卷訛一卷、沈佺期《雲卿詩集》三卷訛二卷、汪文盛《白泉先生遺稿》十二卷訛十卷。

不記撰人、卷第而記冊數者：宇文懋《昭大金國志》四十卷記四冊、黃溥《閑中古今錄》二卷記一冊、戚繼光《禪家六籍》三十六卷記十六冊、王越《黎陽王太傅詩選》一卷文集一卷記一冊。不記撰人卷第，以一冊為一種者：郎曄《陸宣公奏議注》十五卷記一冊、趙清《獻公

文集十卷,記又一册。**誤記撰人者**:夏崇文《夏忠靖公遺事》誤夏原吉撰,顏木《應山縣志》誤陳之良撰,潘庭楠《鄖州志》誤楊準撰,何鏜《古今遊名山記》誤何振,嚴從簡《殊域周咨錄》誤嚴崇簡。**書名撰人皆誤者**:張雨《邊政考》誤爲引邊政考張鐵撰,顧元慶《文房小說》四十七卷誤爲雜書九册。**不記卷第誤署撰人者**:羅頎《太極圖分解》一卷誤鵝鵠、顧乃德《地理天機會元》三十五卷誤魏天應撰。**撰人、卷第皆誤者**:李仁《龍虎山志》三卷誤四卷張鐵撰,楊昱《牧鑑》十卷誤三卷徐昱撰。**一書分作數種者**:爲大題者:中字先生《尚書注》而作《禹貢注》,長洲《杜遵事略》而作《雪夜蕢歸記》,黃應紫《安老懷幼書》而作《壽親養老書》,《名家地理大全》而作《明圖穴情賦》,又一種大題下增鴻蕢經三字,《東壁圖書府》、《盈川集》、《盧照鄰集》、《駱丞集》、《杜審言集》、《沈佺期集》、《孟浩然集》、《四傑詩選》而作《張羽靜居集》,徐賁《北郭集》,高啓《槎軒集》,楊基《眉菴集》。以小題爲大題者:卷一《鴻蕢經》,卷十九《土牛穴法》,卷二十二《明圖穴情賦》及大題誤分四卷,《萬首唐人五言六言絕句》二十六卷、《萬首唐人七言絕句》七十五卷誤分兩種。**無書名撰人者**:《道藏經》十三册,《無名詩詩稿》一卷不著撰人名氏,《釋氏古詩》一册,《釋門古詩》一卷。**卷第差訛者**:《周易舉正》三卷誤二卷,《周易傳義》十二卷誤十卷,《闗氏易傳》一卷誤十一卷,《釋名》八卷誤一卷,《人代紀要》三十卷誤三十六卷,《皇輿考》十二卷誤十卷,《常州府志續集》八卷誤六卷,《海門志》六卷誤十卷,《威縣志》八卷誤一卷,《安慶府志》三十一卷誤三十二卷,《涇州志》十二卷誤十卷,《延平府志》二十三卷誤十七卷,《武平縣志》六卷誤二卷,《長泰縣志》二卷誤十二卷,《漢陽府志》十卷誤三卷,《歸州志》五卷誤四卷,《岳州府志》十八卷誤十六卷,《永州府志》十卷誤八卷,《通許縣志》二卷誤十六卷,《沈丘縣志》五卷誤一卷,《南雄府志》二卷誤八卷,《興寧縣志》四卷誤三卷,《衡嶽志》九卷誤十九卷,《太嶽太和山志》十五卷誤十卷,《西湖游覽志》二十四卷誤二十六卷志餘二十六卷誤二十一卷,《會稽三賦》三卷誤一卷,《西關志》十卷,《翰林記》二十卷誤十卷,《蒼梧軍門志》三十四卷誤十二卷,《爲政準則》三卷誤二卷,《牧民心監》三卷誤二卷,《馬政志》四卷誤一

附錄

卷、《通鑑博論》三卷誤二卷、薛蕙《約言》一卷誤十卷、《韓非子》二十卷誤三十卷、《農書》二十二卷誤六卷、王綸《本草集要》八卷誤三卷、《皇極經世祝氏鈔》五卷誤一卷、《地理統會大成》二十七卷誤二十四卷又一種誤十五卷、《資暇集》三卷誤二卷、《雲麓漫鈔》十五卷誤四卷、《狐白裘》二十卷誤十卷、《經子法語》二十四卷誤一卷、《永嘉八面鋒》十三卷誤八卷、《邵氏聞見後錄》三十卷誤十四卷、《碧雞漫志》五卷誤四卷、《五色線集》三卷誤二卷、《清異錄》四卷誤二卷、《藝苑卮言》八卷誤四卷、《三洞羣仙錄》二十卷誤十卷、《二皇甫詩集》八卷誤二卷、何大復《何氏集》二十六卷誤三十七卷、顧大典《三山集》六卷誤四卷、王佐《古直存稿》四卷誤一卷、周必大《益國文忠公文集》二百卷誤三百卷、謝翱《唏髮集》十卷誤一卷、《沈雲卿詩集》三卷誤二卷、《文選增定》二十三體詩鈔》二十九卷、《萬首唐人絕句》二十六卷誤三十六卷、《宋詩正體》、孫存吾《元詩前集》六卷、《後集》六卷誤四卷、《皇明近體詩鈔》十四卷、李中麓《閒居集》十二卷誤四卷、《名賢叢話詩林廣記》前集十卷後集十卷誤十卷。

誤乙書名而卷第訛者：《寧海州志》二卷誤作《海寧州志》六卷。

節刪書名而卷第撰人皆訛者：《揚州賦》一卷《續揚州賦》一卷記一冊、《神農本草經疏》三十卷記五冊、《原機啓微集》二記一冊《玉機微義》五十卷記十冊、《奇效良方》六十九卷記二十冊、《秘傳經驗痘疹治法》四卷記一冊、《濳虛》三卷記一冊、《陰陽備用三元節要》三卷記一冊、《鬼谷子》二記一冊、《玉髓真經》二記一冊、《名公新編翰苑啓劄雲錦》前集十卷後集九卷記五冊、《姓原珠璣》六卷記一冊、《周易參同契本義》二卷記一冊、《玉髓真經》二記一冊、集二十一卷記十六冊、《道德會元》二卷記一冊、《杜詩長古註解》二卷記一冊、《薩天錫詩集》二記一冊、《轟泉崖先生詩鈔稿》二卷記一冊、《默菴詩集》五卷記一冊、《清江二家詩選》四卷記二冊、《笠翁一家言》十六卷記四冊、《金聲玉振集》二十冊、《袁中郎集》五十七卷記八冊。

不記卷第而記冊者：《揚州氏《新刊名家地理大全》二十二卷誤作《地理大全》十三卷、范越鳳、谷一清同編《黃帝宅經》一卷、《黃帝龍首經》二卷、《黃帝金櫃玉

六五四

附録三 舊目考略

一册爲一種者：《籌時要略》初集六卷二集六卷記作一册、《德化縣志》十六卷記作一册、《皇明制書》十四卷記作一册、《陸宣公奏議》十五卷記作又一册、《彭迦寒給事奏議》三卷記作一册、《史記鈔》十本記作一册，蓋二種也，吳梅坡《醫經會元》一册、袁忠徹《人象大成》四本記作一册、陸游《老學菴筆記》一册、夏夢陽《空同精華錄》三卷記作又兩册、《班孟堅集》一册。

以册爲卷者：《正易心法》一册、《韓忠獻公遺事》一册、《章恭毅公年譜》一册、《夏忠靖公遺事》又一册、《唐忠臣錄》一册、《忠義實紀》一册、《宗藩議》一册、《新建伯從祀覆議》一册、《興都營建圖式》一册、《黃帝陰符經集注》一册、《丹溪朱先生醫案》一册、《完訣》一册、《編集檢擇家傳秘訣》一册、《百泉子緒論》一册、《珩璜新論》一册、《霏雪錄》一册、《物原》一册、《玉泉子聞見眞錄》一册、孫内翰《北里志》一册、《畫墁錄》一册、《會眞記辨錄》一册、《注解比紅兒詩集》一册、《空同嘉靖集》一册、《濂溪集》一册、《高齋集》一册、《過庭錄》一册、《谷少岱歲稿》一册、《陳山人小集》一册、《翔鴻集》一册、《玩易堂詩集》六册、《謝孔昭詩集》一册、《京寓稿》一册、《龜城寓稿》一册、《熊士選集》一册、《滄浪詩集》一册、《寬豹集》一册、《帆前集》一册、《三巡集稿》一册、《湖上篇》一册、《選詩》三册、《嚴滄浪先生詩談》一册、《盛世新聲》十二册、《碧山樂府》一册。

以册爲卷而撰人誤者：李原名《禮儀定式》一册誤董倫撰。

以册爲本者：《本朝奏疏》十二册、《稽古定制》六册、《朱子遺書》十册、《翰苑叢鈔》八册、《今賢彙說》十册、《稗海大觀》十九册、《詩對押韻》二册、《南部新書》一册、《碧里雜存》一册、《故事備要》四册、《虞初志》八册、《陳眉公祕笈》十二册、《紀事文華》一册、《醫貧集》一册、《啄餘言》一册、《王右丞集》十册、《滄洲詩集》一册、《勤有文集》一册、《詩集》一册、《筆花集》一册、《袁中郎集》八册、《賦苑聯芳》十册，重編有《宋鐸纓》四六册、《唐宋名賢百家詞》九十册、《孝藩永慕詩》一册。

記書之分部者：《初學辨體》十部，徐與喬輯，《易》、《書》、《詩》、《春秋》、

附錄

《禮記》《國語》《國策》《史記》《漢書》《後漢書》爲十部。種種謬誤，難僂指數。想見當時雜出衆手，未能一律寫成，後未及考訂。是書行世頗廣，目錄家常相徵引，特略舉之以備參考云。是書邵懿辰《四庫簡明目錄標注》、莫友芝《郘亭知見傳本書目》、《持靜齋書目》、《江蘇省立國學圖書館圖書總目》、周貞亮《書目舉要》、陳乃乾《南洋中學藏書目》皆箸錄焉。作明范欽所藏，其後人懋柱編錄。考懋柱卒於乾隆四十五年五月十三日，下距嘉慶十三年阮元刻此目時，死將三十年，豈能編目乎？爲正其誤於此。

點校者案：阮元序此不復錄。

汪氏本天一閣書目四卷　見劉錦藻《皇朝續文獻通考》

汪本履歷見前。劉錦藻字澂如，吳興人，光緒十四年舉人。

案：汪氏於嘉慶十三年爲寧波府學教授，承寧紹台道陳廷杰之命，校刻范邦甸等所編《書目》，及范懋敏《碑目》。豈以其編次無倫，重定此目乎？然未見傳本。抑即邦甸所次經、史、子、集四者，錦藻以汪氏校刻，遂署其名乎？疑不能明也。

劉氏喜海天一閣見存書目十二卷　傳鈔本

劉喜海號燕庭，諸城人。浙江布政使司。著有《金石苑》、《嘉蔭簃金石目》、《金石補編目》、《洛陽存

例言曰：「一、乾隆中訪書、賜書聖諭，恭錄篇首，以識稽古之榮。其進呈書目，已載原目，茲不復錄。

一、原目所載御題書二種，佚於兵燹。御賜《圖書集成》一萬卷，見缺一千餘卷，御賜《回部金川得勝圖》二種，見缺口幅，謹識篇端，范氏子孫亟宜訪求完璧。一、茲編僅錄見存之書，其門類次序，多依原目，間有未當，依《簡明目錄》例更定。又，原目於時代先後，刊寫復多譌舛，不得不爲更正。

一、附錄之例多出入，均爲釐定。一、見存之書，均注全缺。缺者載明見存卷數，以待訪。仍於每類計存若干種。附錄之下，注明原目若干種。

一、范司馬嚢刊二十種奇書，見於陳氏《彙刻書目》，今范氏刊本雖已不存，而原書具在，遇此等書，皆注明「二十種奇書之一」。又，閣中多明代叢書本，雖零落不完，而片羽零璣，往往見寶，爲立叢書一類附於卷尾。張鏡夫跋曰：「謹案：鄞縣《天一閣書目》范氏在明時已有刊本。在今日已不易見。清季羅振玉刊於《玉簡齋叢書》然亦流行未廣。現行於世者，以嘉慶十三年阮文達公文選樓本爲最先。閣書屢經兵燹，既多散佚，但窺目錄所載，善本尚復不少。迄光緒十五年，薛福成編刊《見存書目》時，而閣書亡佚已夥。其族氏典藏規例雖稱嚴密，恐亦不免有所盜竊。漢季移京，卷爲幃幕。絳雲一炬，山鬼書哭。蓋其中有氣數在也。予於甲戌春間，由諸城舊家獲一《天一閣書目》四册，卷爲幃幕，既無歲月，亦無撰人。惟卷首有例言一篇，相傳爲劉燕庭先生登閣觀書，隨手所記錄者。然無序跋、印章，未能遽信。

附錄三 舊目考略

六五七

附錄

書中『所依據原目』云云者，係指阮氏目而言，而薛氏目或未及見。予復以《薛目》詳校，內多有異同，此目較薛目爲詳盡，且於原目不載之書，額外著錄頗多。予因疑此目在薛目之前。蓋阮、薛二目之未刻，相距已八十年，其間豈無好事者？設此目果出二目之間，至可寶貴。至於謂燕庭手定本，或謂李方赤先生手藏本，因無序跋，印章之實證，殊不敢加以武斷言其必是。要亦讀書者之有心人爲之者也。人民建國之二十四年九月重陽日，張鏡夫跋。」又再識曰：「書目鈔錄畢事，詳校一過。忽於末葉左角下，發現白方小印『嘉陰簃』三字，乃知爲燕庭先生故物。既而劉少文表兄自諸城來，叩以燕庭先生與天一閣觀書事。兄云：『道光二十七年秋，先生升浙江布政使，署浙江巡撫，曾倡修天一閣，及刊閣中藏書目，未果而罷官。二十五年夏六月下澣，臥病初起，張鏡夫再識。」是目首列例言七則，卷一經部一百十三部，原目二百二十六種，今存六百二十六種，全四百八十五種，原目不載二百二十二種。卷二之六史部九百十四部，原目一千二百六十六種，今存三百二十七種，全二百十五種，原目不載一百八種。卷七之八子部四百三十五部，原目八百二十六種，今存五百一種，全三百八十一種，原目不載一百九種。卷九之十一集部六百三十一部，原目不載一百八種。卷十二外編，叢書類一百三十部。通共二千二百二十三部。

案：劉氏於清道光二十七年秋爲浙江布政使司，時英吉利既撤兵，寧波天一閣藏書有爲其掠去者。劉氏聞之，乃登閣重編書目。分經、史、子、集、叢書五門，錄見存之書，依阮氏原目分類排比，凡

附錄三 舊目考略

二千二百二十三種，增出原目四百七十種。其云原目不載而書實著錄者：《武定侯招勸善書》、《大名府志》、《通州志》、《宿州志》、《漢陽府志》、《隨州志》、《鈞州志》、《延津縣志》、《曲沃縣志》、《南雄府志》、《興寧縣志》、《普安州志》、《瓊臺志》、《尋甸縣志》、《羅浮山志》十二卷、《游名山錄》、《邊政考》、《兩京賦》、《闕里志》、《孔子世系》、《曾子世系》、《朱子實紀》、《讀書分年日程》、《陽明則言》、《居業錄》、《薛氏約言》、《經濟文衡》、《泰定養生論》、《醫經會元》、《保命奇方》、《安老懷幼書》、《玉壺冰》、《諸祖歌頌》、《蓮華經》、《宗鏡錄》、《金碧古文》、《龍虎經元覽》、《劍經》、《廣成集》、《趙東山詩文集》、《鐵崖樂府》、《空同嘉靖集》、《東遊小稿》、《藝贊》、《屠漸山集》、《梅讀先生存稿》、《南華合璧集》、《李攀龍擬古樂府》、《入楚稿》、《入晉稿》、《王世貞擬古詩文選》、《雙字詩要》、《文端集》、《怡□詩集》、《爽鳩氏言》、

《圖書集成》皆不預焉。今以原目相較，增出者不計。計失收二千三百四十一種，實增出四百六十三種。蓋劉氏編寫未竟，遽即罷官。書中歷引《郡齋讀書志》、《直齋書錄解題》、《文獻通考》、《中興書目》、《宋史藝文志》、錢曾《讀書敏求記》、徐乾學《傳是樓書目》、《季滄葦書目》、清《四庫書目》、張金吾《愛日精廬藏書志》，博稽詳考，勝於原目多矣。然原目之誤，如分類、卷第、撰人姓名，《金丹大要》入醫家，《玉體真經》入道家，《唐文類》、《回瀾文鑑》、《郭氏聯珠集》入別集，程端學《春秋本義》三十卷，作撰人、卷數無考，明歷朝實錄作不著撰人姓名之類，未遑列舉。未能悉行訂正，是以原目為藍本之故。其例言云：訪書、賜書聖諭，恭錄篇首，而書中無之。外編叢書類列舉子目，先後顛倒。僅《今獻彙言》、《金聲玉振集》、《陽山顧氏文房》三部，其餘二十四種，實非叢書而誤入者。又《范氏二十種奇書》，割隸各類，不入此編。書出傳鈔，或其未定稿也。真諧誤分《甄命授篇》、《稽神樞篇》為兩種。海寧趙萬里藏寫本無名氏《天一閣書目》云在阮、薛目之間者，余未之見，

附錄

疑即劉氏編本。

楊氏振藩何氏松天一閣見存書目

《國朝正雅集》小傳曰：「楊振一作晉。藩字蕉隱，武進縣人。著有《瀟湘別館詩集》」光緒《慈溪縣志》曰：「何松字峽青，歲貢生，保舉訓導。郡守宗源瀚稔松宿學，延校天一閣藏書。著《古經解鉤沉續編》、《周易異文考》、《史學彙編》、《天一閣校書記》、《夢璞居詩鈔》、《常惺惺齋文鈔》、《筆記》，皆待梓。」《夢璞居詩鈔·輓毘陵楊司馬蕉隱晉蕃詩》，其二曰：「校書登傑閣，訂誤併搜遺。戊寅夏，太守宗公邀先生登天一閣校書，松與爲襄校。兩席分經史，先生校經、子兩部，松校史、集。開卷感深知。先生評松詩有「體格初唐，時見六朝軌範」之語，評文則云：「力厚才雄，氣蒼筆老。」極知獎借逾分，然知己之感，時刻縈心，正不敢淹沒其言也。他日墳前表，鰤生願有辭。」錢學嘉《薛氏天一閣見存書目跋》曰：「粵逆擾浙，閣書已失過半。上元宗湘文太守源瀚守寧波，欲編見存之書以爲目，聘慈溪何明經松等三人登閣分編。閱時六月稾成，而太守以禮去官，未及刊。無錫薛叔耘先生適備兵東浙，政務餘閒，欲刊《見存書目》。取閣藏新修稾本而讀之，則譌舛乖繆，指不勝屈，蓋必非明經定本也。」

案：戊寅爲光緒四年，《夢璞居詩鈔》有《同登天一閣和錢泲舟韻詩》云：「校書三易稿。」自注：「戊寅夏，太守宗公邀登閣校書，重編目錄。」易稿者三，是何氏此目及《天一閣校書記》頗具苦心，惜不可見。譚獻光緒五年己卯《復堂日記》曰：「見《楊蕉隱與馮子明書》云：『《圖書集成》，天一閣

六六〇

殘書，歸宗湘文太守，缺一千五百卷。方謀鈔補，此盛業也。」今其書尚庋閣中，復增缺一百八十卷。所云歸宗太守者，蓋傳聞異辭。

薛氏福成天一閣見存書目四卷首末二卷

光緒己丑仲夏無錫薛氏新刻，版藏甬上崇實書院。國初將版移庋閣中。

薛福成字叔耘，無錫人。副貢生，左副都御史。著有《庸盦全集》。每卷第後署「布政使銜新授湖南按察使分巡浙江寧紹台兼管水利海防兵備道無錫薛福成編次」一行，當時入閣編寫者，為錢學嘉、董沛、張美翊三人。錢學嘉更名恂，字念劬，歸安人。貢生、補用道，民國參政院參政。著有《韻目表》。董沛字孟如，號覺軒，鄞人。光緒三年進士，建昌知縣。著有《明州繫年錄》、《甬上宋元詩略》、《六一山房詩集》、《正誼堂文集》。張美翊字簡碩，號讓三，鄞人。副貢生，徵舉經濟特科，候補直隸州知州。著有《東南海島圖經》、《綠猗閣詩集》。

凡例曰：「一、著錄家分別部居，互有出入。《隋志》而後，門目繁多。今謹遵文淵閣《四庫全書》例編次，雖當時館臣配隸容有未當之處，亦不敢妄為立異。一書而兩類互載，則擇善而從。至《提要》未載之書，則依其例意，以類相從。故與舊目不能盡合。一、閣書聚於明嘉靖間，凡明季、國初之書，皆非堯卿侍郎手藏。相傳侍郎曾孫潞公吏部光文、友仲校官光燮、玄孫載瞻大令正輅，當康雍間，均續有藏書。乾隆朝亦間以進呈，故文淵閣據范本著錄之書，國朝人撰者凡七種。《易論》一、《海防述略》二、《歲寒居答問》三、《講學》四、《天文大成管窺輯要》五、《聖學大成》六、《名家詞鈔》七。今所編錄，亦以乾隆朝為斷。一、閣書經兵燹後，完善者鮮。今於全者注全，缺者注缺，兼注見存若干，以副命名之意。見存書

不及舊目十之四,而舊無其目,今有其書者,亦復不少。是編凡舊目失載,及舊目某類若干部若干卷,本擬一一注明,嗣以其部居雜厠,殊不足據,故亦略之,使覽者自得焉。全謝山先生有《薛尚功手書鐘鼎款識跋》,爲閣中珍品,既無書又無目。他若傳鈔之本,如吳兔牀有《海寧備考》之類,確從閣中鈔來,亦無其目。則舊目失載之書多矣。 一、是編體例雖未精當,以視舊目,蓋差勝矣。 著宋元刊,重舊槧也。明刻非閣中所貴,間著其精者。寫本則無論精否,悉著之。印章不著。 重帙非異本不著。若世所希見之本,及乾隆時《四庫》求而未見之本,偶著一二不能盡也。 一、書名、卷數、撰人名氏,舊目誤者,今悉據本書更正。不加校勘語者,省繁文也。或他無佐證,則姑仍舊貫。其缺蝕破損,不能臆斷及涉疑似者,則方圍待補。至每類中先後次序,非盡讀本書,兼資旁證,詳加考覈,未易論定。閣中不能久讀,恩遽繙閱,隨手編錄,故未有次序。 一、原編《進呈書目》輯錄失當,茲亦遵例重編。《四庫》據以著錄者,一一注明。又據《提要》及《浙江采集遺書總錄》增補原目失載之書。其原附《慈溪鄭氏二老閣進呈書目》,並爲增補、重編,《四庫》著錄者,亦注明之,以誌珍幸。 考四明文獻者,或有取於是焉。 一、閣中所藏,固宜纖細畢登。然或蟲殘水漬,不復成書,又非精品,則稍從刪汰。若科舉帖括、家傳、行狀、唱和、勸善諸刻,其書既陋,其人不傳,則竟從棄置。然舊目所載,亦仍附列,或有舉莫廢之意也。」錢學嘉跋曰:「焦氏《經籍志》載《四明范氏書目》二卷,爲堯卿侍郎編定,乃天一閣有目之始。國初,黃梨洲氏又取流傳未廣者鈔爲目。侍郎玄孫左垣又并黃氏所未列者定爲目。三者均未之見。《四庫》館中所引據之天一閣書目,見儒家類《太極圖分解》下。其爲何本不可得而考

矣。嘉慶朝，阮文達公撫兩浙，命范氏子孫登樓編寫成目十卷。是爲書目之大成。厥後，粵逆擾浙，閣書亡失過半，檢閱《阮目》，能無慨然。上元宗湘文太守源瀚守寧波，欲編見存之書以爲目，聘慈溪何明經松等三人登閣分編，閱時六月蕆成，而太守以禮去官，未及刊。無錫薛叔耘先生適備兵東浙，政務餘間，所以崇飾儒術者備至，尤加意於閣書。既以俸錢葺治其屋，又欲刊見存書目。取閣藏新修槀本而讀之，則譌舛乖繆，指不勝屈，蓋必非明經定本也。迺盡檢閣書，重爲編次，成目六卷。適學嘉遊甬上，即命任校勘事，又擇范氏子姓數人襄厥役。學嘉譾陋，曷克任此，顧私喜後進，微名得附先生之書以傳也。遂忘其力之不能勝，而勉任是役焉。校既竟，謹識如右。　歸安錢學嘉謹跋。」[一]

是目前列阮元《書目序》、錢大昕《碑目序》、黃宗羲《藏書記》、全祖望《藏書記》及《碑目記》，凡例七則，卷首乾隆聖諭五道，《御賜書目》一種，《圖目》二種，乾隆御題書詩二種。卷一經部一百部，全四十六部，缺五十四部。卷二史部八百四十二部，全五百八十四部，缺二百五十八部。卷三子部四百八十一部，全三百四十三部，缺一百七十八部。附《顧氏文房小說》《金聲玉振集》《今獻彙言》《叢書》分列子目四種。卷四集部七百三十部，全四百四十四部，缺二百八十六部。卷末《重編進呈書目》六百三十八部，《挑取備用進呈書目》五十部，附《慈溪鄭氏二老閣進呈書目》六十五部，《天一閣校刊二十種奇書目》、《范氏家著目》十六部，《見存碑目》二十六種，《見存石刻目》十三種，《新藏書目》四十六部，新修《鄞縣志・范欽傳》，錢學嘉跋，范彭壽跋。

案：薛氏於光緒十年官寧紹台道，登天一閣，以楊振藩編目乖繆，復命錢學嘉等三人重編次之。

附錄

分別部居,差勝阮目。而其卷第、撰人名氏多未考出,間有誤者,爲略舉之,不加校語,以省繁文。王若虛《尚書義粹》三卷、傅崧卿《夏小正戴氏傳》四卷、熊剣《春秋啟鑰龍虎正印》、朱權《大雅詩韻》、華燧《九經韻覽》、張元抃《明大政記》、胡廣《明太祖實錄》二百五十七卷、楊士奇《成祖實錄》一百三十卷、陳文《英宗實錄》三百六十一卷、劉健《孝宗實錄》、徐階《世宗實錄》五百六十六卷、張居正《穆宗實錄》、《兩廣平蠻錄》七卷、許讚《明聖訓衍》、《王介葊奏槀》六卷、《羅山奏疏》七卷、胡松《莊肅公奏議》五卷,其一爲《安邊疏要》一卷、吳百朋《南贛督撫奏議》及《閩視三鎮奏議》、《撫虔奏槀》三卷、張敷華《簡肅公奏議》、張達《青瑣疏略》二卷、秦柷《滇臺行槀》、周瑾《兩漢書疏》、潘府《孔子通紀》、王抒《御史奏議》二十六卷、《撫虔錄》三卷《箕子附錄》一卷、《中州名賢文表》三十卷、《旁證》一卷、《董子故里志》六卷、楊旦《許忠節公錄》、楊儀《金姬傳》、陸崑《明理學名臣言行錄》二卷附錄一卷、《濼志》五卷、《磁州志》四卷、閭人銓《南畿志》六十四卷、何自學《忠孝集》、《大明英烈傳》十二卷、《漢書雋》二卷、黃佐《兩京賦》、張欽《大同府志》十八卷、王江《鳳翔府志》、朱璘《南陽府志》、《吳邑志》、《長洲縣志》十四卷、秦梁《無錫縣志》二十四卷、張袞《江陰縣志》、易鸞《和州志》十七卷、楊釣《懷遠縣志》、《舞陽縣志要》十二卷、薛應旂《浙江通志》、《夏津縣志》、楊汝澤《翼城縣志》二十五卷、岑原道《餘姚縣志》、夏雷《嵊縣志》、李光先《寧海州志》二卷、夏良勝《建昌府志》、尤麒《武城縣志》、徐顥《臨江府志》九卷《豐乘》十卷、黃漳《宜黃縣志考訂》十四卷、薛綱《湖廣通志》二十卷、盧希哲《黃州府志》、王寵《懷荊州志》十二卷、陸東《寶慶府志》、《郴州志》、張治《茶陵州志》、李獻陽《灃州志》七卷、劉繼善《南平縣志》、李敏《將樂縣志》六卷、黃璟《建陽縣志》、馮繼科《建陽縣志》、張岳《惠安縣志》、黃佐《廣東通志》、《仁化縣志》五卷、李孔明《翁源縣志》、陸舜臣《德慶州志》、鄭維《新惠大記》六卷、薛廷龍《遼東志》、尹耕《全陝邊政考》四卷、金鸞《攝山樓霞寺志》三卷、釋行恂《雪寶寺志》、《雲巖史》、陳洪範《續揚州賦》、劉侗《帝京景物略》、《白鷺洲書院志》五卷、謝應《東山志》、游璉《蓬萊閣記》《殊

附錄三 舊目考略

域周咨錄》二十四卷、余胤緒《南京太僕寺志》十六卷、林希元《南京大理寺志》七卷、《皇明功臣封爵考》八卷、張養浩《憲綱事類》三卷、朱逢吉《牧民心鑑》、夏寅《政鑑》、《通典詳節》四十二卷、《官品令》三十卷、《弘治十年奉敕撰大明會典》、徐一夔《大明集禮》五十三卷、《寶儀刑統》、張楷《律條疏義》三十卷、吳沈《存心錄》、方啟《長蘆鹽法志》三卷、楊廉《後湖志》、林庭㭿《工部區處陵工疏》、黎靖德《朱子語類》、王宗沐《朱子大全私鈔》十二卷、滕琪《經濟文衡》前集二十五卷後集二十五卷續集二十五卷、胡寅《致堂先生崇正辨》三卷、《性理大全書》七十卷、張吉《居業錄要語》四卷、《因知記》二卷、呂柟《宋四子鈔釋》二十一卷誤分張子、二程子、朱子鈔釋三種、《二程全書》五十六卷、《夜行燭》一卷、張邦奇《養心亭集》、黃洪憲《性理要刪》、李材《兵政紀略》、張世賢《圖注脈訣》四卷、徐用宣《袖珍小兒方》十卷、《醫學綱目》四十一卷、《活人心法》、陳嘉謨《醫學指南》、《廣嗣全訣》、《丹溪纂要》四卷、葉文齡《醫學統旨》、樓守諒《增刻醫便》六卷、《體仁彙編試效要方》六卷、《惠齋附遺》十八卷、《外科心法》七卷、何經才十九卷、《本草集要》八卷、黃廉《痘症全書》、《醫會元保命奇方》、《方賢奇效良方》、《發明症治》、吳綬《傷寒蘊要》全書、寇平《全幼心鑑》八卷、趙敬《草象新書》、陸㑺《天文地理集要》、蔡發《地理發微釋疑》、張洞玄《玉髓真經》後集二十一卷、《地理紫囊書》、顧乃德《地理天機會元》三十五卷、《地理參贊玄機仙婆集》十三卷、《地理要》四卷、《人子須知地理心學統宗》三十五卷、袁忠徹《人象大成》、鄧椿《畫繼》、古今書繪寶鑑》六卷、《草書集韻》、褚克明秋仙遺譜》、《明道雜志》一卷、倪復《東巢雜著》、陳維一《便民圖纂》初潭集》三十卷、《萬表《灼艾集》三卷、全芳備祖》前集二十七卷後集三十一卷、《山堂考索》前集六十六卷後集六十五卷續集五十六卷別集二十五卷、《古今合璧事類備要》前集六十九卷後集八十一卷續集三十一卷別集九十四卷外集六十六卷、《古今姓字遥華韻編》九十九卷、《萬卷菁華》前集八十卷後集八十卷、吳琯《三才廣志》、《揮塵前卷》、《四六叢珠》一百卷、《異物彙苑》十八卷、《記事珠》十四卷、《手鏡摘覽》八卷、林槙《詩學大成》三十卷、吳琨《三才廣志》、《揮塵前錄》四卷後錄十一卷三錄三卷餘話二卷、王世貞《世說新語補》、李昌齡《述異補遺》、《續高僧傳》三十一卷、《佛祖歷代通載》二十二

六六五

附錄

卷、《楞伽阿跋多寶經注解》四卷、《釋景隆《緇門警訓》、釋善遇《天如和尚語錄別錄》十卷、《釋般刺密帝楞嚴經》《佛陀多羅圓覺多羅了義經》一卷、釋鳩摩羅什《蓮華經》、釋那跋多羅《楞伽阿跋多羅寶經》、釋處觀《紹興重雕大藏音》、釋求那毗地《百喻經》四卷、釋贊寧《宋高僧傳》三十卷、釋智昇《古今譯經圖記》、釋智昇《續古今譯經圖記》一卷、釋靖邁《古今譯經圖記》、釋法應《禪宗頌古連珠通集》、釋法琳《破邪論》二卷、釋施護《廣釋菩提新論》、釋紹德菩薩本生鬘論》十六卷、釋道宣《大唐內典錄》十卷、釋法護《大乘寶要義論》十卷、釋智顗《四教義》六卷、釋康僧會《舊醫喻經》二卷、釋支夔迦讖《雜譬喻經》、釋法顯《法顯傳》一卷、釋復禮《十門辨惑論》、釋祥邁《元至元辨偽錄》五卷、釋鳩摩羅什《成實論》十六卷、釋施護《圓融要義釋論》四卷、釋法顯《護法論》、僧伽跋《澄鞞婆沙論》十四卷、釋玄奘《阿毗達磨順正理論》八十卷及《阿毗達磨俱舍論》三十卷、安世高《陰持入經》、蘇轍《道德經解》、呂和常《道德經講義》、《真誥》、魏伯陽《陽明悟道真詮》、《鶖仙要語纂集》、趙鶴《神隱》、曾慥《至游子》、段志堅《清和道人北游語錄》、陶毅《宮觀碑誌》、《天台山志》一卷、李宗鶚《四明洞天丹山圖詠》一卷、《南嶽總勝集》一卷、劉道明《武當福地總真集》三卷、《顧氏文房小說》四十七種、袁聚《金聲玉振集》、高鳴鳳《今獻彙言》、許宗魯《選杜工部詩》、段錢考功集》七卷、《公是集》一卷、《歐陽文忠集》六十四卷四十種、《唐先生集》七卷、《北山小集》八卷、《晞髮集》十卷、《陳剛中詩集》三卷、《丹崖集》十卷、朱拱枘《樵雲邦君詩集》、朱植《種蓮歲稟文略》、朱成鍟《怡齋詩集》三卷、朱恬烄《綠筠軒吟帙》、朱有燉《誠齋百詠》、朱孟烷《勤有詩文集》、朱拱搖《豫章既白詩》、《東里文集續編》六十二卷《陽明外集》九卷《家居集》七卷、皇甫汸《司勳慶曆稟》六十卷《鈐山堂集》十三卷、毛超《菊菴詩》、《顧洞陽詩集》九卷、《半洲詩集》七卷、《環溪全集》二十六卷、《白華樓續稿》十五卷吟稿八卷《閨暉堂集》十二卷、《屏漸山文集》四卷、《符臺集》三卷、《洞濱先生文稿》六卷、《菉居詩集》三卷、《世書堂稟》二十三卷、陳所有《秉燭堂押歌詩選》、石陽山人《建州集》四卷、《洞庭集》十卷、《書林外傳》七卷、《水西稟》四卷、《竹廬詩集》、張時徹《芝園集》、《和李杜詩》十三卷、《張詞臣詩集》三卷、《東石近稟》十卷、《王柘湖遺稿》二卷、《玩易堂詩》六卷、釋方澤《冬溪外集》、《東墅詩集》二卷、周

六六六

天佐《蹟山詩文集》三卷、《淡思集》十六卷、林炫《溶江先生集》《碧里鳴存》一卷、李中麓《閒居集》十二卷、《漸齋詩草》二卷、顧大典《清音閣集》、戴冠《濲谷集》、華愛《石囟先生遺稾》、徐淵《瑞鶴堂近稿》十卷、莊杲《定山先生集》、汪文盛《白泉先生選稿》、平顯《松雨軒集》、劉天民《游蜀吟稿》、劉三吾《斐然存稿》、任亨《泰狀元遺稿》、許應元《陋堂摘稿》、許應亨《石屋存稿》、趙貞吉《太史詩鈔》、聶靜《泉崖先生詩鈔》、孔天胤《文谷漁嬉稿》、嚴嵩《南還稿》、顏木《淮漢爐餘稿》、鄒守益《東郭先生文集》、雷禮《督學存稿》、金鑾《徙倚軒詩集》二卷、朱成鏵《怡齋詩集》三卷、林時《介立詩集》、蔡昂《鶴江先生頤貞堂稿》、朱夢培《嫩仙竹林漫草》、唐夢賚《志壑堂集》、唐庚《三謝詩集》張謙《六朝詩彙》一百十四卷、高叔嗣《蘇門集》、周弼《箋注唐賢三體詩法》《梅花百詠》一卷、宋公傳《元詩體要》十四卷、程敏政《新安文獻志》一百卷、《麟溪集》二十二卷、吳中二集》九卷、《南華合璧集》五卷、《秦漢魏晉文選》十卷、《全唐詩選》十八卷、趙蕃韓淲《唐詩絕句精選》、王十朋《標目唐文類》十二卷、林希元《古文類鈔》、徐夢陽《文選增定》、范惟一《歷代文選》。重編有《宋鍇纓》四六卷、虞祖南《回瀾文鑑》四十卷、《文翰類選大成》、徐泰《皇明風雅》四十卷、謝東山《皇明近體詩鈔》二十九卷、陸隅《吳興詩選》《皇明古虞詩集》《名家表選》十二卷、《許少華選詩》《古今尺牘閑見拔尤》八卷、黃省曾《廣陵聯句集》、呂師亮《芝山梅約倡和詩》、郭登《郭氏聯珠集》《詩話》八卷、張可久《後村詩話》十四卷、《類編草堂詩餘》四卷、郭勛《雍熙樂府》、朱莫培《松石軒詩評》二卷、周鳴《詩學梯航》、朱權《西江詩法》、《詩話》、《小山樂府》、《古今尺牘源流》、《菊坡叢話》、蔣孝南《九宮詞譜》、張祿《詞林摘艷》。見其未能考稽，所引僅清《四庫書目》《浙江採集遺書總錄》兩種，往往阮目有卷第，撰人而亦佚之者。

敷衍塞責，簡略疏陋，勿逮阮、劉二家書目遠甚。其中所載出二家目外者，十之一二。幸試士錄四百九十二部，增出阮目二十一部。收編目中，今細核之，除複本不計外，可考得失收二十五部，《進士履歷便覽》全部失載。勝於劉本。《重編進呈書目》據《庫目》、《浙江書錄》增補，羅致詳審，過於阮本。是

附錄三 舊目考略

六六七

附錄

林氏集虛目覩天一閣書錄四卷附編一卷 民國二十七年四月蔡照盧活字版本

林集虛字喬良，號心齋，鄞人。從其父以鬻書爲業，著有《張刻本玉篇集韻類篇正誤》，待梓。每卷第後署「鄞林集虛編」。同時登閣檢閱者，有吳文瑩、范盈實、朱鼎煦三人。吳文瑩字韻笙，鎮海人。諸生。著有《盧刻本經典釋文刊誤》、《張刻本廣韻刊誤》、《康熙字典校誤》、《後漢書、五代史記正誤》，皆待梓。范盈實字稱華，一字寅集，鄞人。諸生。爲侍郎十二世族孫。朱鼎煦字鬻卿，號別宥，蕭山人。優貢生，鄞縣法院推事。

[一] 點校者案：范壽彭跋見附錄一，此不復錄。

是書前列緣起，卷一經部六十九部，全十四部，缺五十五部，其中散出者八部。卷二史部九百五十部，全六百六十九部，缺二百八十一部，其中散出者十五部。卷三子部二百十八部，全六十七部，缺一百五十一部，其中散出者三十五部。卷四集部二百二十一部，全八十三部，缺一百三十八部，其中散出者三十四部。范氏家著二十一部，新藏書四十二部。附編圖

目凡四部，書二千一百五十三部，全一千三百七十七部，缺七百七十六部。少劉目一部試士錄不計。五百六十二部、阮目一千九百四十一部。莊生所謂每下愈況也。其例言云：「今所編錄，以乾隆朝爲斷，重帙非異本不著。科舉帖括、家傳、行狀、唱和、勸善諸刻，蟲殘、水漬不復成書者，竟從棄置鈔爲書目，厥後阮氏、劉氏本之，取舍由心，採擇記錄。不獨是目然也。」自黃梨洲隨意

目二種，匾額二種，聯語十副，禁牌規例三種，《范氏二十種奇書目》、《鄭溱奇書十九種序》，案：即《二十種奇書》，而缺《三墳》、《虎鈐經》兩種，增《周易乾鑿度》一種。《范氏家刻版片書目》三十二種，集虛《辨天一閣藏書非豐氏萬卷樓舊物》文一首。

案：集虛於民國十七年七月登閣編錄書目，僅僅十日，爲時所限，未及徧觀。後向貞羣稿本補其未備，閣中流出之書經其眼者，亦分別編入，目上加墨，蓋舍以別之。故名曰《目睹天一閣書錄》。遷延十載，及二十七年四月，方得印成。是書依薛氏《書目》次序編次，區四部而不分門類。記書之見存、卷數、撰人、寫本、刻本、時代、年號、行格、牌子、刻工姓名、補鈔、脫葉、書紙種類、本數、書根題字、藏書印記，頗爲詳盡。流散之本今歸何人者，間注明之。《薛目》不著撰人名氏者，略有補入，然仍舊居多，或加案語曰「千頃堂阮氏書目作某」。《阮目》誤者，表而出之。訂正薛目者，不表出。范正輅《德化縣志》既隸范氏家著，而范鏞《寧國縣志》歸入史部，爲例不純。其試士錄未皇檢其缺佚，皆作全本計。其所錄都凡一千四百七十九部，全八百五十四部，缺六百二十五部。其中散出者九十二部，實存一千三百八十七部。新藏書不在此數。比之《薛目》少六百七十四部。集虛之《辨閣書非萬卷樓舊物》也，一則曰何侍郎無一言序及，再則曰閣中所藏無豐氏圖書。夫侍郎手編書目今不可見，豈可以未見而妄斷之乎？閣中藏書散佚十八，不能據幸存之本而決其無豐氏圖書也。《阮目》雖載藏書印記，頗有遺漏。豐考功喜儗古文，其萬卷樓帖石尚庋閣中，而其印章多不可識，或以難辨而遺之歟，亦未可

附錄三　舊目考略

六六九

附錄

[二] 點校者案：林集虛緣起及辨天一閣藏書非豐氏萬卷樓舊物見附錄一，此不復錄。

楊氏鐵夫重編寧波范氏天一閣圖書目錄不分卷一册 民國十九年十一月油印本 二十一年九月《金陵大學中國文化研究所叢刊》甲種陳登原《天一閣藏書考》附印活字版本

楊鐵夫，中山人。清光緒舉人，寧波市政府秘書圖書館館長。著有《夢窗詞選箋釋》《抱香室詞》。同時入閣鈔錄者，有胡哲顯、汪起鳳、汪誠悅三人。胡哲顯，字達夫，慈溪人。諸生。日本早稻田大學畢業生，寧波市政府教育局科長。汪起鳳，字訂笙，鄞人。諸生。寧波市政府演講專員，中山民眾教育館指導員。汪誠悅，號雨亭，起鳳之子。浸會中學畢業生，寧波圖書館館員。[二]

寧波市市長楊子毅《呈浙江省教育廳文》曰：「呈為查點寧波范氏天一閣藏書繕寫書目呈請備案事。竊查寧波范氏天一閣藏書，著名海內，迭經喪亂，散失已多。加以子孫不知愛惜，以至流傳出外。故阮目之數，至薛觀察檢查時，已去其半。近聞散竊之餘，所存無幾，誠恐循此以往，將有澌滅殆盡之時。市長因於十月二十一日，率府員同往省覽。見樓臺無恙，而泉石已荒，思古幽情，慨然根觸。樓上蛛塵雖滿，而盜竊之寶尚顯目前，無怪書之日漸銷滅也。當即派楊鐵夫、胡哲顯、汪起鳳、汪雨亭等前往詳查書目。惟范氏家例，非合各房人氏不能登樓。據云陪伴同查致礙生計，堅請以一日卒事。迨該員等查後，據呈

六七〇

存書目錄，共計九百六十二種，七千九百九十册，全者止三百一十種，餘皆殘缺，惟各省各科鄉試錄不在内。碑帖一無所存，碑石及《平定回部圖》尚無恙」等語。查薛目所載尚有二千零五十六種，注「全者一千二百十種」。以今比較，種數不及半，全者得四分之一而已。若非嚴加保護，即此戔戔之餘，亦必有不能存在之時。除令該氏族老加意設法保全，並擇要刊入市政月刊外，謹將查得書目繕寫成册，呈請嚴令保存，俾得再轉該族老遵照，以昭保存國粹至意。謹呈浙江省教育廳廳長張。寧波市市長楊子毅。又《令天一閣族老范佑卿等文》曰：「查天一閣藏書，著名於世。迭經變故，非復舊觀。本市長抱保存國粹深心，特於十月二十一日率同府員親詣觀覽。見樓臺無恙，而泉石已荒，思古幽情，慨然根觸。隨據調查書目員楊鐵夫等報告查得現存書籍共計九百六十二種，七千九百九十册。各省試錄未合計。碑帖一無所存，惟碑石及平定回部各圖尚存如舊。《大德昌國州圖志》，原係鈔本，今則止存四明徐氏新刻本。樓板虛蓋一六，可容一人上下，想即失書之徑竇。《三才廣志》一書，薛目所載尚存一百五十二册，今止存四十二册。薛刻所載書目尚有二千零五十六種，注全者一千二百七十種，今存書止二分之一，而全者爲三百一十種，止得五分之一等語。披閱之下，不禁悵然。念乃祖堯卿侍郎，手藏秘笈，締造艱難。原冀代有傳人，綿延勿替，不料易代以後，精華消剥，皮相徒存。若再不知保護，必將漸滅無餘。寶愛先人手澤，子孫應具同心。維護地方文明，官吏詎無責任。將來，爲此令仰該族老等妥爲保管，如有不肖子孫攜出外賣，或外人窺伺盜竊者，許即拿獲解府，以憑重辦。將來，每年秋季，由府派員，會同復查一次，以昭慎重。除將查得書目擇要

附錄

刊登市政月刊，並呈報教育廳外，爲此令。仰該族老等一體遵照此令。市長楊子毅。」是書前列楊子毅《呈浙江教育廳文》及《致范佑卿令》。楊鐵夫書目序目分《圖書集成》、經部、史部、子部、集部五門。用表格式，以書目、原册數、現存册數三項分填之。不記撰人名氏。册下注「全」、「缺」、「殘」等字樣，亦有不注者。書之卷第或有或無。鈔本或不見薛目者，表出之。試士錄僅收十五册，全書凡二十七葉。

案：民國十九年十月，寧波市市長中山楊子毅登閣觀書，令其僚屬楊鐵夫等，據薛氏書目編成是本。用表格體，爲范氏書目中別開生面者。依閣書牙籤，一日寫成，故四部雜厠，謬訛難免。就所見言之，其書目誤者：《洪武實錄》誤「高宗實錄」、《皇明恩命錄》誤「皇命恩錄」、《呂氏家塾讀詩記》誤《讀書記》、《左傳類解》誤《左傳衛》、《帝京景物略》誤「帝康景物略」、《陽武縣志》誤「陽湖」、《四明它山水利備覽》誤「它」爲「他」、《天關精舍志》誤「眞舍」、《定州志》誤《定苑志》、《東游記序》衍序字，《禪宗頌古聯珠通集》誤「祥宗頌古連珠通典」。其音近誤者：《四書文祖破意》誤「尚書」、《馬巷廳志》誤「馬老」、《越女表微錄》誤「表徵錄」、《兩浙試牘》誤「兩浙詩讀」。其形近誤者：《吕氏家塾讀詩記》誤《讀書記》⋯⋯《華石岡遺稿》誤「華名窗」、《翠螺閣詩詞稿》誤「翠瀛閣」。其書目横折者：《商文毅公遺行集》省作「遺行錄」、《宜黄縣志考訂》省作「宜黄縣志」、《巢氏諸病源候總論》省作「病源目錄」、《文堂集驗方》省作「文堂集」。以小題爲大題者：《安慶府志》《安慶禮制志》分作《安慶地理志》《安慶禮制志》二種、《劉誠意伯集》誤作《郁離子》《西泠五布衣遺著》誤作《臨江鄉人詩》《詩話八種》誤作《後山詩話》《靈勝分記》、《文堂集驗方》、《廬陵曾氏家乘》分作《曾華山錄》《曾華山悼後》二種。

有目無書者：《明制禮》、《夏時變略》、《講學編》、《劍俠傳》、《地理心學》《繪事指蒙》《筆記

六七二

小說，《六宗正辨》《華石閣遺稿》《蕭山詩》《明蕭山詩選》《詞賦》。以不誤爲誤者：《雪夜墓歸記》注薛目暮誤墓。以胡蜨裝爲未裝訂者：《吳邑志》，案閣中蜨裝尚多。指不勝屈。至其卷册之誤，全、缺之不符，姑無論矣。想范氏籤題如此，鐵夫詞家爲時所逼，未皇詳檢，率爾寫定。據其所載，五部書籍，凡九百六十二種。以林集虛《目睹書錄》相較，失收四百二十五種。既以圖書目錄爲名，而《平定回部得勝圖》《聖賢畫象》等屏而不錄，名實不副，不如竟名書目也。其《呈教育廳文》及《致范佑卿令》中有云「書目擇要刊入市政月刊」，徒託空言，未見實行。是曾經金陵大學《天一閣藏書考》附印，流行尚廣。恐覽者不察，以爲范氏所藏不過如此，爲述其誤以告世人。廬山自有真面目，此編未足以盡范氏藏書也。

〔一〕點校者案：楊鐵夫序見附錄一，此不復錄。

趙氏萬里重整天一閣現存書目內篇外篇附篇

趙萬里，字斐雲，海寧人。清華大學畢業生，北平圖書館編纂委員，故宮博物院專門委員。著有《王靜安先生年譜》《北平圖書館善本書目》。同時登閣編目者，有馬廉、朱鼎煦、楊貽誠、張美餘等十餘人。貞羣亦預焉。馬廉，字隅卿，鄞人。北平各大學文學講師。著有《千晉齋專錄》。朱鼎煦，履歷見前。楊貽誠，號鞠庭，鄞人。南洋大學畢業生，寧波市教育局局長，鄞縣女子中學校長。張美餘，字苓思，鄞人。浙江大學畢業生。趙萬里《重整范氏天一閣藏書記》略曰：「民國二十年的夏天，我從

附錄

北平去上海，目的在訪問廬江劉晦之先生，預備跟著我的朋友容希白、徐中舒先生一同去參觀劉先生自藏的青銅器。及至到了上海，結果和我預定的計畫完全相反。在商務印書館遇見鄭振鐸先生，無意中談起天一閣。我提議乘著朋友們未到上海的當兒，不妨先赴寧波一游。立時決定了應走的路綫，從杭州渡江，乘公路汽車出發。那時，馬隅卿先生正在原籍休假。我們到了寧波，馬先生歡迎我們到他家裏去住。在寧波句留了一星期，天一閣去了二次。閣前一泓清水，有小橋可通。前後假山，青藤和不知名的羊齒類植物蔭蓋著全部的山石。西邊一間有梯可達閣之上層。閣後一片荒涼，青榆樹高出屋沿。回視閣的全部，僅有五樓五底的容積。石上小亭搖搖欲墜。東邊一間租給閑人住著，炊煙正從窗縫裏吹向閣的上空。那時，住家的媳婦正在預備晚餐。閣的東西柱上懸著薛叔耘的對聯，<small>案：閣中無薛氏對聯。</small>聯旁外的柱上挂著范氏傳統的戒條：不準子孫無故開門，入閣罰不與祭等等條約。樓上的窗戶關的像鐵桶一般的嚴緊。細察閣的建築方式，和其他寧波住宅並無多少不同之點，所用材料簡陋非凡，消防設備簡直等於零。和藏《四庫全書》的文淵閣規模相比，真有天淵之別了。我不信文淵閣是模仿著天一閣蓋的。後來請鄞縣縣長陳冠靈先生和小學校長范本想直奔閣上參觀，因為范氏族長不在，無人負責招待而罷。又因范氏族中主事者到鄉下收租去了，一時不得回來，我們急於離甬，參觀閣書之議遂鹿其先生交涉。這一次到甬的成績，除了在一位新認識的朋友家發現了一部天一閣舊藏明藍格鈔本鍾嗣成無形擱置。原本《錄鬼簿》和賈仲名《續錄鬼簿》，合隅卿、振鐸和我三個人的力量，以二日一夜之力鈔了一部副本以

外，沒有其他驚人的發現可以值得稱道。去年案：民國二十二年。七月初旬，我又從北平去上海，在四馬路振華旅館邂逅著馬隅卿先生，那時他正從寧波到上海來醫宿疾。我們見面以後，無非談些關於小說、戲曲書和其他書本的問題。忽而又提到天一閣，很想去替天一閣作一次徹底的整理工作。我們鼓著勇氣同船去寧波。幾經接洽，由鄞縣縣長陳冠靈先生，鄞縣文獻委員會會長馮孟顓先生，和范氏族人成立了一種諒解，相約七月二十五日起，以一星期為限，開閣觀書。在此期間，所有監視我們的范氏族人膳食費，都由我負責籌款擔任。但須向鄞縣縣政府補遞一封公函，以便據以備案。我於是又回到上海，用中央研究院和北平圖書館雙方特派的名義，面請蔡孑民先生署名發函給鄞縣縣政府，請予以方便。公函備好了，我於二十五日黎明又在寧波登岸。那天寒暑表在百度左右，正是實行開閣的第一天。聞訊來觀光的人紛至沓來，把一個小小的閣樓擠得水洩不通。那前清乾隆御賜的毛裝的殘本《圖書集成》放在正中間五個櫃子裏。所謂《歷代帝王名賢圖》孤本，早已成了贋鼎，比北平廊房頭條三等貨還不如。范文正的墨蹟也是後人偽造的，而范氏族人珍之如拱璧，豈不可笑。此外，東西二間共有十箇大櫃，裏面足足裝了二千多種破的、爛的、完整的、殘缺的、種種不同時代的書。這是我十幾年來夢想神游的目標之一。我最注意的是明代方志和一切明朝官書。孟顓、隅卿二位先生和大律師朱鄮卿先生、竹洲女子中學校長楊鞠庭先生都來幫忙。又在法院裏請來了幾位書記，來做謄寫的工作。北京大學史學系同學張苓思先生看了日報，知道我在寧波，也趕到閣裏來幫著編目。我一個人負全部提調之責，旁人整理過的書籍，待經

附錄三 舊目考略

六七五

附錄

我審查一次才算完事。我從上午六時起到閣工作,下午七時繞出閣休息。晚上如無應酬,也得和隅卿或其他熟人乘風涼閒談,所以每天睡眠時間最多不過五小時,但是精神並不覺得疲倦。這二千多種的書,到現在我還能默憶出大部份來。我們整理的步驟是用預定的一種較精密的統計法,無論行款、邊口、版心、大小,屬於機械方面的,固非一一記載不可,就是序跋和內容的特點,也得在極短時期內縮寫下來,以便日後作書志時參考。我們發現,好幾個櫃子裏都有蠹蟲,因此對於傳統的保存閣書之秘訣發生疑問。故相傳閣裏的書全部夾了芸草,可以防蠹,櫃下鎮著浮石,可以吸收水分,這完全是神話。其實天一閣所謂芸草者,乃是白花除蟲菊的別名,是一種菊科植物,早已失去了牠的除蟲作用。浮石不知從郭外那個山裏搬來的一種水成巖的碎石,並無什麼吸收空中水分的能力。現在閣裏的書遭蟲蛀的數不在少,東邊一個櫃子裏裝著六部不全的成化本《宋史》,沒有一部不遭蟲蛀。所以科學防蠹的工作,實是今後保存閣書最要的一著。到了第七天,我們想瞻仰閣主人范東明的遺像,特地請縣長陳冠靈先生來一同舉行公祭,並攝影以留紀念,編製書目的工作即於次日完成,一共發現了二百多種書超出阮、薛二目之外,這是我們引為最快意的。

右第一節。天一閣現存的書以史部佔最多數,茲約略述之如次:一地理類的志書。天一閣藏明代方志在全國可算首屈一指,誰也比不過牠。現存的二百四十種,其中十之八九在他處我敢擔保絕對找不到同樣的第二部。萬曆刻本佔最少數,大部分是嘉靖或是正德、弘治間修的。紙墨精湛,觸手如新,多作包背裝,令人愛不忍釋。現在隨意舉幾個例子在下面,以見一斑。如《上海縣志》,我的朋友

周越然先生藏有嘉靖刻本，自然可貴之至。但天一閣裏有比嘉靖本更古的弘治本，周先生見了一定要驚訝不止。又如《武康縣志》在全浙志書裏是最罕見名貴的，天一閣居然有一部駱文盛所修的嘉靖本。又如嘉靖間楊循吉所修的《吳邑志》，乾隆間修《吳門補乘》時已經找不到，天一閣居然有一部散裝未訂的初印本。又如宋季朱長文的《吳郡圖經續記》，黃丕烈題跋說有明刻本，我訪問了許多藏書家都不理會。天一閣裏居然出現了一部原本，是隆慶間龍宗武從錢叔寶家藏宋本付雕，無怪黃蕘翁會忘不了牠。又如正德間周季鳳所修的《雲南志》，在李元陽纂修本之前半世紀。前年我在涵芬樓看見李元陽本，後來又在常熟瞿氏見到景泰本，而正德本又在天一閣發現，一連見到三部明修的《雲南志》，真是巧極了。又如正德《建陽縣志》裏有一葉《建陽書坊圖》，正是我做建本考的好材料，裏面又有一卷《坊刻書目》，和康熙修本《建陽志》比較，內容全異。我託人完全鈔下來，以便暇時考訂周弘祖《古今書刻》之用。至於其他陝西沿邊各縣志，書裏包藏著不少明代邊政的史料。四川、雲貴僻省的志書裏，包藏著不少民族史的材料，這都是不言而喻的。記得有一部《隆慶志》。隆慶地在居庸關外，在明季屢失屢復。天一閣裏藏的是嘉靖二十七年謝庭桂所修，算牠是孤本總不會錯。這些志書裏各項史料的豐富，可供多方面的學者作參考書，當然不用我來細說。然而，牠和五百年的學術界從來沒有接觸過，連裝潢也都保持著牠的處女美。本來中國地方性史書最爲發達。所以宋元舊志著錄於《四庫全書》者寥寥可數，僅少數江浙通都大邑有幾部舊志點綴著。杭州是南宋的政治中心，咸淳間的就無人過問，漸漸的就會失傳。

附錄

修的《臨安志》，至今還短五卷，至於咸淳以前所修的乾道、元祐二志，更是殘缺不全。杭州尚如此，其他更不必問。惟有寧波的宋元六志流傳獨多，即楊實成化志、張時徹嘉靖志，至今也未嘗絕跡，這不能不說是天一閣保存之力。我很想根據平時在公私藏家所見的明代方志和天一閣所藏的全部，案《明史·地理志》的次序來排列，結一個現存明志的總帳，看看究竟有多少種。大約少則八百，多則一千，總是可能的。那一個有志氣的書店能夠借來影印一次，這真是學術界空前的盛舉，值得我們提倡的。二傳記類的登科、鄉試等錄。天一閣藏明代登科錄，在明朝已經赫赫有名。嘉靖中，錫山俞憲輯《皇明進士登科考》，序裏説："各科有缺略不能銜接，或謂四明范氏藏錄最多，輾轉乞假，查得補全。"據此可知，明代登科錄在明中葉已罕見，現在閣裏尚有洪武、永樂以下各朝的登科錄，這不能不欽佩范東明搜輯之勤。我想范氏搜輯這許多當代的史料，必有深意在內。我在一個未上鎖的櫃子裏發現一本亂稿，內記歷朝科甲人名字不少。我因在上海友人家見過范東明《古謠諺》的手稿，證明這也是他的手蹟，大略這就是東明老先生未竟之業。明朝的登科錄和宋朝的大同小異，宋時的著「小名小字」及「一舉二舉」字樣，而明則無之，然大致尚與宋同。宋季登科錄傳世者，僅有朱熹登科的《紹興十八年同年小錄》和文天祥登科的《寶祐四年登科錄》二種而已。而現在的天一閣所藏明錄，竟幾十倍於傳世的宋錄，合已經散出閣外的算起來，其總數必當倍蓰於此。除了登科錄以外，尚有各省會試、鄉試、武舉等錄，約有一千二百餘種。無論是那一省那一科所刊，都是半葉十行，有一定的款式。此外，尚有進士三代履歷十餘冊，皆萬曆朝坊本，

六七八

許多不甚知名的文學作家的身世,藉此考見不少。記得嘉慶間法梧門在翰林院裏得到了《順治進士三代履歷》三冊,上面有王士禎兄弟的履歷,一時翰苑諸彥題字的題字、考據的考據,忙得不亦樂乎,後來傳爲佳話。如以天一閣所藏相比,真是小巫見大巫,法梧門輩太可笑了。登科錄等等可算是最直接的傳記體史料,除了天一閣,別處很難覓得同樣的一册兩册。在黃河流域各省舊家的祠堂裏容或有之,此外無發現的可能了。上舉兩類的書以外,零璣斷璧往往而有。如明銅活字本唐人集子,南北所見的至多不過四十種,閣裏多至三十餘冊,八十餘種,這真是下宋本一等的奇書。又如《淮海居士長短句》,閣裏忽有一正德單刊本,與南宋高郵郡齋刻本編次略同。又如《國朝英烈傳》,閣裏有藍格大字本,用對字句作章回標目,以審查明代鈔本的有效方法觀察,至遲當是嘉靖時人手筆,遠在傳世崇禎刊本之前。凡此都是新鮮玩意兒,例子正多,不再細舉。當年范東明選書的標準,與同時蘇州派藏書家完全採用兩箇不同的方式。他是取法乎下的,明以前刊本書籍很少受他收容。除了吳興張氏藏的宋小字本《歐陽文忠公集》是天一閣舊藏外,很少有此例外。惟其如此,明人著述和明代所刊的明以前古籍,因他保存了不少。換言之,天一閣之所以偉大,就在能保存朱明一代的直接史部。除了乾隆修《四庫全書》時,天一閣和貴族的學術界一度接觸以外,至今二百餘年,學術界沒有受到他一點影響。這一個奇異的洞府,幾時可以容我們作前度劉郎,再去訪問一次,這是我天天所想望的。右第二節。我現在努力編製這一次整理天一閣藏書的全部報告,每一部書在可能範圍內都給牠一個簡短的提要,所用方法似乎比《阮目》《薛目》繁密得多。舉個

附錄

例子如下：：《詩學梯航》一卷。明鈔本。正統十三年戊辰之歲夏五南京翰林侍講學士奉訓大夫前兼修國史兼經筵官吉水周叙序，正統十三年夏六月朔日承事郎鳳陽府臨淮縣知縣渝川彭光後序。半葉十行，行二十字，白口，四周單邊，藍格。此吉水周鳴所著。鳴字岐鳳。洪武中以經明行修薦爲桐城訓導，永樂初授國子學正，預修《永樂大典》，仁宗時陞國子博士，官至職方員外郎。故其子叙序此書謂之職方府君事蹟見《吉水縣志·官業傳》。此書體裁略似傅與礪《詩法源流》。爲類六：曰叙詩、曰辨格、曰命題、曰述作、曰品藻、曰通論。《千頃堂書目》載此書，注云：「宣宗命學士周叙等編。」則失之矣。這二千多種巨量的書，非經過相當的時間，目錄不能完成。《重整天一閣現存書目》，我預備叫牠作內篇，這一個附篇，在內篇之後。外篇是將歷次散落在閣外的書，作一次總結帳。説到閣書外散的原因，一言難盡。約有：一、由於《四庫全書》時，閣書奉命進呈，因而散落的。乾隆三十八年浙江巡撫三寶從范懋柱手裏提去了不少的書，據《四庫提要》及《浙江采集遺書總錄》計算起來，共有六百三十八部。這一類的書上有一個客觀的標識，封皮下方正中有一長方形朱記文，曰：「乾隆三十八年十一月浙江巡撫三寶送到范懋柱家藏某某書壹部計書幾本」，開卷又有「翰林院」大方印，封皮上的朱記有時爲妄人割去，至比范懋柱家藏某某書壹部計書幾本」，開卷又有「翰林院」大方印，則時時遇到。《四庫全書》完成後，庫本所據之底本並未發還范氏，仍舊藏在翰林院裏。日久爲翰林學士拿還家去的爲數不少，前有法梧門，後有錢犀盦，都是不告而取的健者。輾轉流落廠肆，爲公私藏家收得。我見過的此類天一閣書約有五十餘種。二、由於乾隆後當地散落出去的閣書。在乾隆以後雖有

六八〇

阮雲臺學使出來編目，替牠捧場，然同時閣書頗有流落閣外者。盧址抱經樓爲前清一代四明藏書家後起之秀，他的藏書裏最著名的一批鈔本《明實錄》，就是天一閣的舊物。此外寧波二三等的藏書家，如徐時棟、姚梅伯之流，以及到過寧波做過官的如吳引孫有福讀書堂、沈德壽抱經樓都有天一閣的細胞，在他們藏書裏稱霸著。就是現在幾位寧波本地的藏書家，也都有少數天一閣的種子分佈著。我可以說，凡是寧波舊書肆裏遇著皙白乾淨的明刻白棉紙書，十之八九都是天一閣的遺產。天一閣的書很少有印記的，可是無論牠改了裝，我也能認得這本書是不是天一閣的故物。所以，如此說來，無怪以阮目與《玉簡齋叢書》裏的代表最早的天一閣書目較，則玉簡齋本目完密多了。以薛目與阮目和我所藏的一本阮、薛之間無名氏所編的天一閣目較，則薛目更簡陋多了。天一閣書在過去三百年間落外間者真不少哩。三、由於民國初年爲巨盜薛某竊去的。這一次是天一閣空前的損失，至少總有一千種書散落到閣外，閣中集部書，無論宋、元、明，損失最多。即明季雜史一項，所失亦不在少。登科錄和地方志，去了約有一百餘部。輾轉的由上海幾個舊書店陸續售歸南方藏書家，當時以吳興蔣氏收得最多。號稱孤本的明鈔宋《刑統》就在裏頭。現在蔣氏書散，整批明別集流歸北平圖書館，其他登科錄及明季史料書，則歸商務印書館，在一•二八滬戰起時作了日本飛機隊的犧牲品。此外我所認識的上海、蘇州幾位藏書家，也都有少數天一閣的遺藏分佈著。在我日記簿裏載下來的此類書，已經超過了五百種。根據上述幾個原因，編輯天一閣閣外現存書目是刻不容緩的事。我打算外篇與內篇一同印行，我希望各處藏書家都能幫助我實

附錄三 舊目考略

六八一

附　錄

現這一個弘願。」右第三節。《國立北平圖書館館刊》八卷第一號。

案：趙氏周遊南北各省訪求遺書，曾入故官整理典籍，聞見既廣，鑑別尤長。民國二十二年七月客遊鄞江，登閣編目，體大思精，校編周密。其《記略》所云「東邊一個櫃子裏裝著六部不全的成化本《宋史》」，今細核之，僅存其半。又云「登科、會試、鄉試、武舉等錄，約有一千二百餘種」，考薛氏書目載四百九十二種，爲歷來著錄最多者，與其所約相去懸殊，故其總計二千多種大相逕庭。蓋趙氏入閣僅僅八日，手披目覽，應接不暇，未皇詳審也。《圖書集成》、明後典籍均屏不錄。日月不居，忽忽七年。時同編錄者，馬君隅卿，墓有宿草。而趙氏之目，不審比有寫定否。

馮氏貞羣天一閣方志目一卷

月刊第七卷第一二三合期本又單行本

馮貞羣序曰：「郡縣志者，一方之史也。宋元之作，存者寥寥。明永樂十六年，頒降《修志凡例》，分建置、沿革、分野、疆域、城池、山川、坊郭、鎮市、土產、貢賦、風俗、戶口、學校、軍衛、郡縣、廨舍、寺觀、祠廟、橋梁、古蹟、宦蹟、人物、仙釋、雜志、詩文二十一類，沿用到今，謂之官書。嘉靖間，詔郡縣修志，作者如林。若對山志武功、後渠志安慶、龍湖志長沙茶陵、內方志沔陽、洞野志蒲圻、漢東志隨，體尚簡要，格古文雅，浮於質矣。天一閣歷劫之餘，尚存明代方志二百七十種有奇，附以清志十種，頗

馮貞羣，字孟顓，一字曼孺，慈溪人。諸生。著有《晏子集說》、《新序校注》、《伏跗室續彙刻帖目》。民國二十五年九月《鄞縣文獻展覽會出品目錄》活字版本　《天一閣簡目兩種》本　《禹貢》半

待梓。

六八二

多名流之作、稀見之本。北平圖書館藏明方志冠於海內，天一之藏，足與抗衡，世之治方志者，其將有取於斯。二十五年九月十三日，馮貞羣記於寶書樓。」朱士嘉跋曰：「天一閣是范欽一手創建的。欽字堯卿，四明人。嘉靖十一年進士，官至兵部右侍郎。他所收藏的書，大半承豐熙坊之舊。再加上幾十年的搜集、傳鈔，成績很可觀。自他死後，藏書完全封閉，不讓任何人參閱。就是他自己的子孫，也須待各房會聚在一起以後，方能啓視。否則，要罰不與祭，甚至於永擯不與祭，這是最嚴厲的刑罰。他的書所以能流傳到如此之久，這未始不是很重要的理由。」天一閣在明代大概已經有人替他編過書目，現在可以考查得到的有兩部：一部是《四明范氏書目》四卷，范欽撰。見於焦竑的《國史經籍志》。卷三。一部是《四明范氏天一閣藏書目》四卷，見於祁承㸁的《澹生堂書目》，卷五。不注編纂人的姓名。而且都已失傳。到了康熙十二年，黃梨洲宗羲也曾爲天一閣編書目，今亦未見。現在傳世的不外四部：一、《四明天一閣藏書目錄》《玉簡齋叢書》本。不著卷數、撰人及版本。二、《天一閣書目》四卷，嘉慶十三年文選樓刻本。三、《天一閣見存書目》四卷，薛福成編。光緒十五年刻本。四、《重編寧波范氏天一閣圖書目錄》，楊鐵夫編。民國十九年寧波市政府油印本。又一部附在陳登原《天一閣藏書考》的後面。不著版本與撰人。天一閣藏書嚴格的說起來，第一、第四部因爲不著卷數、版本與撰人，所以地的價值遠不如其餘兩部之富，斐聲於士林間，差不多有四百年了。但是牠的所以著名，是因爲藏有很多宋元名槧，以及其他天啓以前罕見的鈔本、刻本，尤其是集部琳瑯滿目，多爲他家所不及。至於志書，則大家不甚重視，就是在史

附錄三 舊目考略

六八三

附錄

學上造詣極深的黃梨洲宗羲，也只把牠與類書、時人之集、三式之書一樣看待，所以在他編輯《天一閣書目》時沒有收錄進去。見黃宗羲《天一閣藏書記》。最近幾年，這種觀念才完全改變過來，認爲志書裏的確有很多考獻徵文所不可缺少的資料，在學術上自有牠相當的地位。因此注意去把牠搜集、研究。《天一閣方志目》也就在這種環境之下產生了，那是何等可以慶欣的事。這部書目是慈谿馮孟顓君貞羣編的。原來他正在重編天一閣書目，全書未成，而方志這一部份卻已在民國二十五年的九月十三日編完，所以先行發表。據馮君自序，著錄的方志以修於明代的居多，有二百七十餘種，清代的不過十種，民國的更加稀少了。所以這一部書目簡直可以稱爲天一閣明代方志目，凡是研究明代掌故的人，應該特別看重牠。明代分十三布政使司，本書所著錄的方志也都按照布政使司的順序排列。每一部方志都注明卷數、册數、撰人與版本，略仿《天一閣見存書目》之例。惟版本一項只注刻於何朝，而不注何年，確是美中的不足。如果再把這部書目以下簡稱《馮目》與《天一閣見存書目》以下簡稱《阮目》《天一閣見存書目》以下簡稱《薛目》。互相對照，在數量上還能得到以下的結果。甲、著錄方志的種數。一、《阮目》三百九十種，二、《薛目》三百種，三、《馮目》二百八十種。乙、《阮目》方志不見於《薛目》者約一百二十九種，這是從嘉慶十三年到光緒十五年，八十一年以來失傳的數目，雖然其中尚有爲《阮目》或者《薛目》所失載的，大約爲數不多。丙、《薛目》方志不見於《阮目》者約四十六種，這是八十一年間續增的數目。丁、《薛目》方志不見於《馮目》者約三十一種，這是從光緒十五年到民國廿五年，四十七年以來失傳的數目。戊、《馮目》方志不見於《薛

目》者約十六種，這是最近四十七年以來續增的數目。以上的比數固然不十分正確，但是相差當還不遠。這個比數告訴我們，從嘉慶十三年到民國廿五年，一百二十八年以來，天一閣的方志被遺失了的竟有一百六十部之多。而在這個期間增入的不過六十二部，兩相比較，才知道這是很可驚人的一個數目。可惜明代的書目現已無存，不能與後來的書目比較。然而，從以上的比例推算起來，嘉靖到嘉慶，一百八十餘年以來，應該還有許多名貴的方志被遺失了的，究竟分散到什麼地方去了呢？難道一無蹤跡可以追尋麼？有時，人家告訴我們北平的某某圖書館買到一部份天一閣的方志，但是因為沒有十分可靠的證據，不能完全相信。現在只有盼望天一閣的方志經過馮君編目以後，不致再會散失。尤其對於在他重編書目時所新發現的幾部方志，應該特別加以護惜。那幾部方志不但舊目所未見，就是其他國內外各圖書館、各藏書家，恐怕也沒有入藏。我把牠的目錄列在下面：一、嘉靖《獲鹿縣志》十二卷，趙惟勤纂修。按：乾隆志引俞憲序及歷修姓氏謂該書成於嘉靖三十二年。二、萬曆《江浦縣志》十二卷，張夢柏纂修，有缺卷。三、嘉靖《重修寧夏新志》八卷，管律纂修。四、嘉靖《增城縣志》十九卷，張文德纂修，有缺卷。此外還有一部嘉靖《建平縣志》九卷，姚文燁修，是前年馬季明先生鑑在參觀天一閣以後告訴我現尚存在的，不知馮君何以不把牠收進去。以收藏明代的方志著名的，除了天一閣以外，在國內只有北平圖書館，共有七十餘種。在國外有日本尊經閣文庫，共有三百餘種。此外，很少是明代人修的。但是，前者所收以修於嘉靖以後的居多，後者則以修於萬曆年間的居多，惟有天一閣的方志，十之八九都是嘉靖或者嘉

附錄

靖以前的本子,很有價值。我想一定有許多人以先睹《天一閣方志目》為快,而這部書目似乎流傳得不甚廣遠,所以把牠附在本文的後面。為要節省篇幅起見,有幾處經過我刪改,與原目不盡相同,請馮君原諒。《禹貢》半月刊七卷第一、二、三合期本。

案:天一閣歷次編目,藏書未及畢登,朱氏所云續增者,皆其遺漏也。後人贈書僅十之一。朱氏跋言:「嘉靖《建平縣志》九卷,姚文燁修,前年馬季明先生參觀天一閣後告我尚存,不知馮君何以不收?」考朱氏所編《中國地方志綜錄》《建平縣志》九卷,連鑛修,姚文燁纂。嘉靖十年編。是連鑛修即姚文燁纂者,同一志也。目下少題姚文燁一人,竟誤為失載,朱氏漫不稽考,貿然下筆,實堪軒渠。

馮氏貞羣天一閣藏明代試士錄目一卷 《鄞縣文獻展覽會出品目錄》本 《天一閣簡目兩種》本

馮貞羣序曰:「有明選舉之法,大略有四:曰科目、曰學校、曰薦舉、曰銓選。世以科目為盛典,卿相皆由此出。學校則儲才以應科目者也。其由學校起家者,亦科目之亞也。薦舉盛於明初,後因專用科目而罷銓選,則入官之始,舍此箴由焉。及其末也,一榜之中,有以德行著,有以功業顯,有以學術名。一人倡而百人和,於是徒黨蔚起,朝野清明,往往一人得勢,引用同年,禍國亂政。故一代之盛衰興亡,繫乎科目之得人與否而已。天一閣藏明代進士、會、鄉試、武舉錄,凡三百七十四種,重複者三十八冊。清初二十種附焉。插架森森,並世無兩,治明史者可以觀矣。二十四年九月二十三日,馮貞羣記於天一閣。」

案：是目以開會展覽，爲期逼近，恩促付印。時閣目尚未寫竟也。今詳審之，計失載進士登科錄四種、會試錄二種、鄉試錄五種、武舉錄四種。《嘉靖二十六年進士登科錄》脫「丁未」兩字，《成化十年山東鄉試錄》脫「甲午」兩字，特正其誤於此。

范氏欽天一閣碑目 見乾隆《鄞縣志》

案：乾隆《鄞志》爲錢大昕纂修，起於五十年乙巳之歲。此目據采訪册編入。厥後二年錢氏序范懋敏《天一閣碑目》云：「天一石刻之富，不減歐、趙，而未有目錄傳諸世。」則侍郎《碑目》當時已不可見，其亡久矣。

全氏祖望天一閣碑目 見光緒《鄞縣志》

《先正事略》曰：「全祖望，字紹衣，一字謝山，鄞縣人。乾隆元年舉博學鴻詞，即以是科成進士選庶吉士，散館以知縣候選。成《困學紀聞三箋》，修南雷黃氏《宋元儒學案》，七校《水經注》，續選《甬上耆舊詩》，撰《丙辰公車徵士小錄》、《詞科摭言》、《經史問答》、《鮚埼亭集》、《漢書地理志稽疑》、《古今通史年表》。」董秉純《全謝山先生年譜》曰：「乾隆三年戊午，先生三十四歲。重登天一閣，搜括金石舊揭，編爲《天一閣碑目》，又爲之記[一]。」

〔一〕點校者案：全祖望《天一閣碑目記》見附錄一，此不復錄。

附錄

范氏懋敏天一閣碑目一卷續增一卷 光緒《鄞縣志》作一卷 嘉慶十三年阮氏《書目》附刻本，版片今庋閣下。

范懋敏履歷見前。 目後署「司馬公八世孫懋敏葦舟編次，男與齡、遐齡校字，嘉定錢大昕竹汀鑒定，海監張燕昌芑堂、同邑水雲懶生參訂」四行。范與齡履歷見前。《范氏譜》曰：「范遐齡，懋敏第二子。號遠孫，又號浣蓀。府學生。」《先正事略》曰：「錢大昕，字曉徵，號辛楣，嘉定人。乾隆十九年進士，侍讀學士。著《廿二史考異》、《三統術衍》、《補元史氏族表、藝文志》、《元詩紀事》、《金石文跋尾》、《金石文字目錄》、《十駕齋養新錄》、《潛研堂詩文集》。」《昭代名人尺牘續集》小傳曰：「張燕昌，字文漁，號芑堂，又號金粟山人，海鹽人。優貢，嘉慶丙辰舉孝廉方正。有《金石契》。」《蒲褐山房詩話》曰：「芑堂又撰《古來飛白書考》。常往寧波，入范氏天一閣，在藏書中獲北宋石鼓文榻本，摹勒以歸，重刻之。因撰《石鼓文釋存證》，以篆籀考其偏旁，點畫，較薛、楊、潘、董諸家更爲精審。」光緒《鄞縣志》曰：「水雲，字蒔菽，有聲庠序間。著有《毛詩集說》、《讀尚書偶筆》。」

是目前列錢大昕序云[一]。《碑》：周一種、秦二種、漢二十九種、魏三種、吳三種、晉二種、梁二種、北魏六種、北齊四種、後周二種、隋五種、唐一百四十四種、後晉二種、宋二百二種、金四十一種、元二百五十六種、無時代二種。《續增碑目》：夏一種、周二種、漢九種、魏一種、北齊一種、梁一種、唐四十三種、宋二十三種、金三種、元十種。都凡八百三種。卷面刻有「文選樓」朱文長方印、「阮元伯元父印」朱文方印。

沈子惇跋曰：「明代好金石者，世稱都、楊、郭、趙四家，而不及范氏。豈知天一閣

六八八

碑刻之富，遠過四家，特無人爲之鑒賞，遂沈没於塵封蛛網之中耳。閣之碑先未有目，全謝山作《碑目》一通而爲之記。迨乾隆丁未，錢竹汀偕海鹽張芑堂燕昌及范氏裔孫葦舟懋敏同登是閣，則謝山之目已不知流落何所矣，因相約撰次碑目，成《碑目》一卷。竹汀序之，稱『自三代迄宋元，得七百二十餘通，明碑不著録』。嘉慶戊辰，校刻《書目》，乃附《碑目》於後。迨兵燹之後，閣碑散失殆盡，僅存二十餘通。錢念劬校録《書目》，尚成四卷，而《碑目》不能成卷矣。乾隆己酉，張芑堂重模北宋搨《石鼓文》，道光丁亥，陽羨程璋重模《瘞鶴銘》，並據閣中藏本。今重模本尚在，而原藏本不知流落何方。讀謝山之記，竹汀之序，爲之慨然。」

案：自范侍郎《碑目》失傳，而謝山編本亦復流散，傳世者獨是目耳。明碑以近不録，複本亦不著，金石家搜獲范氏藏碑，往往有出是目外者，則是目實不能盡閣中所有也。聞《石鼓文》流入日本東京某氏，自號「石鼓堂」，有玻璃版印本。當薛氏編目時，見存碑目二十六種，中有近搨重模本四種，雖屬奇零，慰情聊勝。不圖五十年來，散佚殆盡。展覽是目，爲之三歎。

〔一〕點校者案：錢大昕序見碑目，此不復録。

附録三 舊目考略

六八九

9

9003₀ 忭
44 忭袞　　　529(校刊)

9003₂ 懷
98 懷悅　　　476(編次)
　　　　　　 512(編集)

9022₇ 常
11 常璩　　　158(撰)
30 常安民　　162(後序)

9033₁ 黨
28 黨以平　　177(序)

9090₄ 米
44 米芾　　　256(撰)

棠
60 棠邑常　　404(梓)

9408₁ 慎
44 慎蒙　　　299(編選)
　　　　　　 474(編選校正)

9705₆ 惲
44 惲華卿　　88(校刊)

9942₇ 勞
24 勞德潤　　184(序)
44 勞堪　　　192(重編)
83 勞鉞　　　172(纂)

	鄭景星	301(撰)	31 舒遷	272(訂)
64	鄭曉	72(撰)	44 舒芬	443(著)
		114(撰)	50 舒春芳	142(序)
		130(撰)		
		143(序)	8822₀ 竹	
		144(校)	60 竹呂年	284(序)
		265(撰)		
		272(著)	8822₇ 簡	
72	鄭氏(程邈妻)	227(撰)	10 簡霄	442(序)
	鄭岳	4137(撰)	27 簡紹芳	467(選)
77	鄭履淳	272(序)		523(序)
80	鄭善夫	263(敘)		532(序)
		407(序)		
		418(撰)	8824₃ 符	
		499(撰)	00 符度仁	330(纂)
	鄭谷	352(著)	46 符觀	468(重訂)
84	鄭鎮孫	103(編)		470(編選)
87	鄭鋼	364(編)		471(選)
		490(刊)		472(序)
	鄭銘	258(著)		
90	鄭常清	320(刊)	8877₇ 管	
	鄭棠	258(序)	04 管訥(時敏)	411(撰)
		420(撰)	40 管大勳	170(修)
97	鄭炯	470(識)		408(著)
			管志道	206(纂輯)
8762₂ 舒				377(跋)
00	舒度	347(閱)	47 管橘	244(序)
04	舒誥	194(撰)	60 管景	171(修)
26	舒伯明	520(梓)	77 管鳳來	234(序)
	舒纓	375(著)	88 管簫	288(撰)

	錢學	472(校刊并跋)	17	鄭珞	145(序)
88	錢籥	468(校正)			494(著)
90	錢惟治	304(序)		鄭鬴	530(編)
			20	鄭喬	171(序)
8471$_1$ 饒					178(修)
00	饒文璧	170(撰)		鄭乘	169(編輯)
10	饒天民	126(撰)	22	鄭山齋	146(撰)
		131(序)	23	鄭允璋	326(著)
46	饒相志	188(序)			407(著)
			24	鄭先生	68(撰)
8612$_7$ 錦				鄭綺	230(撰)
31	錦江堂	275(刊)	26	鄭伯謙	208(撰)
				鄭伯興	400(編輯)
8712$_0$ 鈞				鄭總	355(序)
10	鈞元卿	431(序)	27	鄭紀	151(識後)
			28	鄭以文	157(撰)
8742$_7$ 鄭				鄭復亨	166(跋)
00	鄭應麟	129(哀次)	34	鄭汝璧	110(紀)
	鄭慶雲	175(纂)			114(編)
	鄭文寶	291(撰)			
	鄭玄	73(箋)	37	鄭初	344(題并序)
		75(註)	40	鄭太和	488(彙編)
		76(註)		鄭圭	486(序後)
		227(注)		鄭克	528(撰)
				鄭樵	107(著)
	鄭京	284(序)	41	鄭楷	500(撰)
10	鄭一鵬	129(疏)	44	鄭若庸	288(纂輯)
	鄭靈	142(序)	50	鄭本立	389(序)
	鄭元佐	359(注)	57	鄭邦福	257(序)
	鄭天行	447(校)	58	鄭敷教	165(序)
13	鄭瑄	141(編集)	60	鄭思遠	330(撰)

24	余佑	446(著)	83153	錢	
27	余紹芳	446(刻、跋識)	08	錢謙益	233(序)
30	余良史	72(繡梓)	10	錢元鼎	400(編并識)
	余寅	450(序)	14	錢瓚	380(著)
	余宗梁	173(修)	17	錢孟溶	220(刊)
34	余漢城	271(著)		錢乙	239(撰)
	余祐	250(序)	20	錢受益	155(重校)
		497(序)	21	錢仁夫	121(題後)
40	余有丁	99(校正)		錢能久	154(梓)
		447(著)	22	錢峯	380(輯)
77	余學古	247(序)		錢嶸	197(撰)
87	余鎬	168(重修)	30	錢察	493(校)
90	余懷	421(序)	31	錢福	165(後序)
					225(序)
82114	鍾				361(序)
00	鍾離權	320(撰)	33	錢溥	363(序首)
		320(述)			397(校正)
		320(著)			503(敘)
20	鍾禾士	107(校)	34	錢洪甫	136(編次)
22	鍾崇文	178(纂修)	40	錢鼐	422(述)
	鍾崇武	391(後序)		錢枋	234(校)
31	鍾汪	166(序)	43	錢朮	164(修)
44	鍾芳	383(序)	44	錢若賡	150(重修)
	鍾華	176(輯)	46	錢如畿	400(著)
88	鍾鑑	408(序)	47	錢穀	162(刊)
96	鍾惺	480(選)		錢起	351(撰)
		483(選)	60	錢易	291(撰)
		484(評次)	67	錢明逸	291(序)
		485(評次選)	77	錢鳳來	140(輯錄)
		490(評)			380(次)

17	曾鞏	107(撰)			250(編)
		110(序)	22	谷繼宗	493(校)
		226(序)	35	谷神子	310(註)
		347(後序)			331(註)
	曾鞏	413(序)	44	谷蘭宗	367(引)
24	曾先之	155(編次)			
	曾儲	177(撰)	8073$_2$	公	
27	曾佩	134(刊)	12	公孫龍	261(著)
		136(序)		公孫弘	235(解)
		136(刊)			
34	曾汝檀	177(修)	8090$_1$	佘	
38	曾榮	300(序)	25	佘傑	179(重修)
		388(撰)			
		482(序)	8090$_4$	余	
		513(序)	00	余文豹	294(著)
40	曾大有	495(跋)		余文定	72(編校)
	曾才漢	468(校刊并跋)	08	余詮	363(序)
	曾嘉璞	252(撰)		余謙	93(補修)
46	曾恕	326(序)			207(序)
60	曾昇	165(後序)	10	余玉崖	211(撰)
80	曾公亮	100(進表)	12	余廷甫	249(刊)
88	曾節	170(編)			250(刊)
92	曾烶	407(序)	16	余碧泉	457(刊)
94	曾愷	322(撰)	17	余弼	403(選)
		323(集)		余承業	442(校正)
97	曾煥	433(覆校)		余承勛	187(修)
				余子俊	122(撰)
8060$_8$	谷		20	余喬	447(編輯)
00	谷應泰	346(輯定)	23	余允文	85(撰)
10	谷一清	249(編集)		余允緒	147(序)

34	金達	251(校)	25	俞仲温	321(識)
40	金大章	418(著)	30	俞憲成	423(校訂)
	金賁亨	142(序)	34	俞汝礪	355(序)
43	金城	460(序)		俞遠	512(著)
44	金世隆	499(著)	36	俞澤	398(重評)
45	金棟	181(序)	40	俞大猷	330(編著)
77	金月巖	332(編)		俞在禮	284(後序)
	金履祥	102(編)	88	俞策	407(書)
		102(撰)			
		141(紀錄)	8030₇	令	
88	金竹坡	319(撰)	42	令狐德棻	99(撰)
90	金爎	105(編集)			
			8033₁	無	
8012₇	翁		44	無著菩薩	303(造)
10	翁賈	180(序)			
40	翁大立	143(序)	8040₄	姜	
44	翁萬達	191(撰)	01	姜龍	197(序)
			17	姜子羔	384(校)
8022₀	介		30	姜宸英	420(序)
22	介山雲方氏	205(序)		姜寶	88(著)
			40	姜南	510(著)
8022₁	俞		60	姜恩	178(序)
00	俞文豹	269(撰)			451(著)
10	俞玉吾	321(著)			
19	俞琰	57(撰)	8060₆	曾	
		317(撰)	08	曾於冕	178(跋)
		321(撰)	10	曾可耕	403(序)
		367(序)	12	曾孔化	400(序)
23	俞允文	421(次)	13	曾琮	413(序)
	俞獻可	370(校并序)	15	曾迪	408(跋)

歐陽雲 503(著)
歐陽烈 188(修)
歐陽德 122(序)
126(序)
197(序)
歐陽修(六一居士)
100(撰)
218(撰)
432(撰)
292(撰)
509(撰)
歐陽詹 428(著)
歐陽必進 121(序)
歐陽清 261(刊)
歐陽鵬 199(序)
歐陽鐸 273(序)

7780_6 貫
10 貫雲石 521(序)

7780_7 閔
00 閔應靄 179(校刊)

7790_4 桑
20 桑喬 192(撰)
192(纂著)
372(序)
48 桑榆子 330(評)
87 桑欽 189(撰)
96 桑懌 394(序)
98 桑悦 112(序)

7823_1 陰
50 陰中夫 284(註)
64 陰時夫 284(撰)
71 陰長生 317(註)
317(撰)
87 陰鏗 424(撰)

7922_7 騰
30 騰賓 284(序)

7923_2 滕
10 滕元發 111(撰)

8

8010_4 全
10 全天叙 480(序)
40 全大霦 137(輯)
76 全陽子(林屋山人)
335(撰)

8010_9 金
22 金鸞 194(撰)
463(校訂)
23 金獻民 355(跋)
24 金幼孜 112(撰)
30 金之俊 210(紀)
242(序)
金寔 120(敘)

30	駱賓王	426(撰)	60 段炅	122(序後)
				162(編集)
7740₀	閔			472(序)
00	閔文振	177(纂修)		
11	閔班	498(序)	7760₆ 閻	
60	閔景賢	88(序)	77 閻邱允	307(序)
		494(纂)	81 閻鉦	186(序)
7740₁	聞		7777₂ 關	
32	聞淵	172(序)	17 關朗(子明)	68(撰)
80	聞人詮	75(校正)		309(傳次)
		99(校刊)		
		163(撰)	7777₇ 門	
		166(撰)	80 門無子	237(評)
		167(序)		
		341(序)	閻	
		481(序)	20 閻禹錫	377(校正)
95	聞性道	529(選)	28 閻復	422(序)
			40 閻在邦	365(校勘)
7744₁	開			373(校勘)
10	開雲山農	517(校正)	44 閻孝忠	239(集)
			86 閻鐸	432(序)
7744₇	段			
00	段文岳	179(後序)	7778₂ 歐	
40	段克己	440(著)	40 歐大任	409(撰)
		523(撰)	歐志學	129(序)
	段志堅	331(編)	76 歐陽玄	141(序首)
53	段輔	440(識後)		362(序)
	段成己	363(序)		441(序)
		440(著)	歐陽詢	281(撰)

		370(輯)			398(序)
	周真人	335(撰)	97	周恪	93(校正)
42	周斯盛	529(選)	99	周榮朱	195(修)
44	周恭先	377(書字)			376(編選)
46	周相	127(撰)			
47	周朝陽	398(校正)	77726₄ 屠	
51	周振	170(校并序)	00	屠應埈	367(序)
	周振藻	421(編)			494(撰)
60	周日用	299(音註)	22	屠僑	452(著)
	周曰校	105(刊)	40	屠奎	451(後序)
		233(刊)	41	屠楷	201(序)
	周冕	362(編次)	50	屠本畯	77(序)
	周思德	312(序)			136(述)
	周思得	329(重修)			249(輯)
	周思久	128(刊并後序)			309(錄)
	周思兼	412(序)			316(校錄)
	周昌晉	137(輯)			340(撰)
64	周時雍	289(輯)			525(編)
71	周臣	530(輯語)	77	屠隆	412(撰)
77	周鳳岐	165(修)			420(序)
	周居岐	442(跋)			451(著)
	周學心	192(撰)	90	屠粹忠	529(選)
80	周金	416(撰)			
	周錞	411(編)	77727₂ 屈	
	周無所	322(述)	05	屈諫	126(跋後)
81	周榘	361(撰)	25	屈伸	123(撰)
87	周叙	496(序)			
		511(序)	77736₄ 駱	
88	周銓	490(定)	00	駱文盛	172(修)
90	周光鎬	110(校)			390(著)

		176(纂修)			412(序)
		189(序)			424(校刊)
		317(撰)		周復浚	163(修)
		495(撰)		周綸	438(輯)
		520(序)	30	周启	361(撰)
15	周迪	361(撰)		周密	197(撰)
17	周羽翀	159(撰)			269(著)
	周琊	82(校)			271(撰)
		120(識)			274(撰)
	周弼	463(編)			293(著)
	周子義	99(校)			518(撰)
20	周季麟	136(撰)		周宗孔	494(梓)
	周季鳳	189(編)		周宗智	173(纂修)
	周采	98(校訂)	33	周必大	255(題)
21	周紫芝(竹坡老人)				294(撰)
		509(撰)			432(序)
		518(撰)			438(撰)
	周經	445(贊)		周述	411(著)
24	周德清	532(輯)	34	周滿	424(校刊)
	周勳	258(編)			481(校正)
	周岐鳳	513(刊)			482(序)
		514(識)		周汝礪	288(選)
25	周仲	176(修)			440(引)
	周傳	377(序)		周汝德	162(後序)
26	周伯琦	154(後序)		周洪謨	418(序)
27	周象初	383(後序)	35	周禮	93(序)
28	周復	187(序)	36	周泗	182(序)
	周復俊	187(序)	38	周道	361(撰)
		266(校)	40	周士淹	94(序)
		398(和詩)		周南	216(校正)

7622₇　陽
40　陽九澤　　　408(序)

7712₇　邱
00　邱文舉　　　266(集)
17　邱瓊山　　　104(編)
31　邱濬　　　　85(撰)
　　　　　　　　426(序)
40　邱九仞　　　82(序)
　　邱大祐　　　476(校正)
　　邱吉　　　　416(編)
86　邱錫　　　　134(序)

7722₀　岡
40　岡南牧夫　　252(跋)

陶
10　陶元素　　　398(序)
12　陶弘景　　　318(撰)
　　　　　　　　425(撰)
　　　　　　　　425(著)
17　陶承學　　　93(序)
26　陶儼　　　　127(序後)
30　陶安　　　　478(編校)
　　陶宗儀　　　91(著)
　　　　　　　　324(撰)
31　陶濬　　　　183(編輯)
　　陶潛　　　　423(撰)
　　　　　　　　424(撰)
37　陶祁　　　　252(校正)
44　陶埴　　　　331(撰)
　　陶華　　　　243(著)
47　陶穀　　　　299(撰)
60　陶景芳　　　182(序)
72　陶隱居　　　318(集)
　　陶岳　　　　110(撰)

周
00　周立　　　　405(重編)
　　周應文　　　331(受)
　　周應龍　　　137(輯)
　　　　　　　　513(選評)
　　周應瑜　　　138(校正)
　　周廣　　　　195(序)
　　周文龍　　　164(序)
　　周文采　　　243(編輯)
　　周京　　　　450(校刻)
04　周詩　　　　385(撰)
08　周敦頤　　　429(著)
10　周一經　　　212(刊)
　　周琉　　　　98(校訂)
　　周元宇　　　428(重校序)
　　周天球　　　398(序)
　　周天佐　　　479(著)
　　周雲　　　　250(集)
12　周珽　　　　421(編)
　　周廷用　　　225(後序)
13　周球　　　　198(撰)
14　周琦　　　　165(序)
　　周瑛　　　　131(序)

		528(序)	71 陳陟	157(註)
47	陳鶴	370(著)	陳顗	300(撰)
		371(著)	72 陳所有	415(著)
	陳朝輔	461(訂并序)	77 陳風	418(序)
	陳朝錠	407(裒集)	陳鳳	366(後序)
		448(著)	陳鳳梧	75(編)
	陳桷	425(校)		92(序)
48	陳敬宗	441(序)		445(撰)
	陳枚	87(較訂)	陳卿	468(序)
50	陳泰階	493(校)	80 陳鎬	133(序)
	陳春	168(序)		364(後序)
	陳束	375(著)		381(跋)
		379(序)	陳善	213(序)
		389(序)	86 陳錫嘏	529(選)
		450(著)	87 陳銘	189(續編)
55	陳摶	317(註)	88 陳銓	179(後序)
57	陳邦修	407(校)	陳鑑	484(編次)
	陳邦瞻	106(纂輯)	陳策	122(後序)
60	陳日華	299(撰)		169(修)
	陳思	256(纂次)		475(贈詩)
	陳昌	404(續編)	90 陳光華	194(序)
	陳昌積	444(著)	陳光前	179(纂修)
	陳邑言	180(撰)	陳常道	481(編輯)
	陳景元	311(撰)	92 陳愷	197(修)
	陳景沂	283(編集)	94 陳煒	228(校刊)
61	陳顯微	315(述)		229(後序)
		317(解)	95 陳性定	336(撰)
62	陳則通	78(撰)	97 陳耀文	183(纂修)
66	陳暘	89(上進)		266(撰)
67	陳明	344(輯)		

	陳實	303(編)		陳奎	231(鏤版)
	陳實華	513(著)			444(鏤版)
	陳宗禹	420(撰)		陳直	240(撰)
	陳宗器	491(選)		陳堯	222(著)
	陳宗夔	108(校)			233(撰)
31	陳沾	354(校刊)		陳有守	367(序)
32	陳沂	138(撰)		陳嘉言	379(跋)
		162(撰)		陳奇泉	70(梓)
		163(編集并序)		陳壽	98(撰)
		343(序)		陳森	486(跋)
		367(著)	41	陳堵	160(撰)
		513(跋)		陳梧	212(增修)
		526(撰)	42	陳塏	414(序跋)
34	陳澔	76(註)			506(輯)
		76(著)		陳櫟	71(撰)
	陳洪謨	169(序)	44	陳菁幼	421(著)
		393(撰)		陳蘭化	447(校)
	陳洪範	196(撰)		陳茂義	222(序)
35	陳沖素	324(撰)			397(序)
	陳沛	354(校刊)		陳葆光	321(撰)
37	陳深	156(編)		陳蕙	459(校刊)
38	陳祥道	77(上進)		陳喆	82(集解)
	陳道	265(識)		陳世崇	294(撰)
40	陳九川	447(著)		陳桂芳	176(編集)
	陳九德	131(删次)		陳楠(陳真人)	333(撰)
	陳大壯	163(序)	45	陳坤	160(校)
		386(序)		陳棟	125(序)
	陳大魯	157(撰)	46	陳如綸	478(序)
	陳大綸	370(序)		陳柏	167(校正)
	陳友仁	75(序)			237(序)

20	陳信	392(跋)		陳繼周	519(撰)
	陳鯨	222(著)	23	陳獻章	231(撰)
		397(著)			376(著)
	陳孚	362(撰)			404(著)
	陳維府	414(跋)		陳傅良	283(著)
	陳維一	273(編)			436(著)
21	陳仁玉	431(序)		陳俊卿	120(撰)
	陳仁子	457(輯誦)	24	陳仕賢	127(刊)
	陳仁祖	110(序)		陳德文	271(撰)
	陳仁錫	85(評)			410(撰)
		88(編)			492(撰)
		105(訂)			499(著)
		108(評)		陳待科	166(後跋)
	陳儒	157(撰)		陳升	197(識)
		367(跋)	26	陳自明	244(編)
	陳卓	245(編)	27	陳殷	155(音釋)
	陳師凱	252(解)		陳鵠	293(撰)
	陳師道(后山居士)			陳紀	164(編)
		292(著)	28	陳以道	185(序)
		509(撰)		陳馥	386(序)
	陳經濟	178(纂輯)	30	陳宣	173(序)
22	陳循	364(序)		陳濟	101(序)
		386(著)			103(撰)
		496(題)		陳淳	229(撰)
	陳愷	360(序)			437(著)
	陳繼儒	156(輯)		陳之良	177(撰)
		245(輯)		陳憲	232(刊)
		277(輯)		陳良謨	172(序)
		299(編)			49(撰)
		516(重校)		陳良弼	105(序)

77	陸鳳儀	190(重修)		陳諫	477(選)
83	陸鈇	184(纂)	08	陳旅	487(序)
88	陸簡	163(序)		陳效	176(序)
		204(序)	10	陳一德	398(後序)
90	陸光宅	105(梓并序)		陳元素	516(序)
	陸光祖	305(序)		陳元靚	159(撰)
		499(選)		陳霆	159(修)
91	陸炳	407(校)			271(撰)
97	陸煥章	145(校正)			387(序)
				陳雲桂	264(序)
7529₆	陳			陳霖	170(修)
00	陳應龍	78(編)	11	陳珂	176(序)
	陳應行	530(編)		陳棐	164(修)
	陳應奎	481(刊)	12	陳璣	181(重修)
	陳文淮	182(撰)		陳孫賢	70(繡)
	陳文治	242(輯)	14	陳琦	166(修輯)
	陳文燭	166(纂修)		陳瑛	136(跋)
		166(序)		陳瑋	182(序)
		415(序)		陳琳	172(序)
		448(序)			216(序)
	陳章(省齋)	216(撰)	15	陳璉	392(序)
	陳言	189(校正)			411(序)
	陳音	448(著)		陳建	109(輯著)
	陳讓	176(編次)	16	陳璟	399(後序)
		176(撰)	17	陳瑚	234(撰)
	陳褱	177(序)		陳瓊	475(贈詩)
01	陳龍正	231(纂)		陳子龍	107(鑒)
04	陳謨	136(序)			107(閱)
05	陳講	214(撰)			519(序)
		376(序)		陳君傑	194(輯)

00	陸應陽	161(撰)		陸之裘	493(選)
	陸廣微	193(撰)		陸宰	91(序)
07	陸郊	412(著)		陸容	299(著)
10	陸元朗	77(音)		陸寶	137(輯)
	陸賈	225(撰)	32	陸澄原	172(纂)
12	陸瑞家	508(校閱)	33	陸溥洽	392(撰)
15	陸翀之	105(校閱)	34	陸遠	526(校)
17	陸子裘	452(選)	37	陸深	169(序)
20	陸采	298(編次)			204(序)
		496(著)			220(序)
21	陸師道	120(校)			365(序後)
		460(校正)			510(序)
22	陸嶽	243(著)	38	陸激	388(序後)
	陸侹	252(編集)		陸游	269(撰)
	陸穩	130(撰)			358(撰)
23	陸俊民	99(校刊)			430(著)
24	陸德明	55(撰)	40	陸友仁	227(記後)
		75(釋文)		陸奎章	233(撰)
		76(釋文)		陸希聲	313(傳)
		77(釋文)			428(序)
		316(音釋)	44	陸夢龍	485(裁定)
25	陸績	66(註)		陸夢麟	218(編)
26	陸佃	91(撰)		陸世科	137(輯)
		261(解并序)		陸贄	120(撰)
27	陸龜蒙	426(撰)	47	陸朝瑛	483(選)
		351(著)	48	陸松	221(序)
	陸粲	414(序)	50	陸柬	179(修)
		443(著)			393(序)
30	陸淳	77(撰)	60	陸思豫	288(纂)
		78(纂)	76	陸隅	472(編)

77	劉鳳	142(撰)			168(編輯)
		405(後序)			412(序)
		408(著)			458(撰)
		450(撰)			459(選)
	劉鳳池	415(序)			460(編)
	劉履	471(補註)			484(編輯)
		471(校選)			484(編輯)
		471(撰註)	90	劉惟謙	215(表上)
		471(編)		劉光啟	490(集)
	劉熙	91(著)		劉尚平	177(序)
	劉學箕	357(撰)	92	劉剡	103(識)
80	劉鉉	404(著)	97	劉熠	500(著)
	劉斧	297(撰)	98	劉敞	79(撰)
	劉義慶	290(撰)			440(撰)
	劉善毓	168(序)			
	劉會孟	98(評)	7210₁	丘	
		343(評點)	21	丘處機(祖師)	324(著)
	劉谷豎	196(敘)			
	劉養浩	173(修)	7223₇	隱	
82	劉鑽	277(著)	50	隱夫玉	322(撰)
83	劉鈹釪	410(類編)			
84	劉鑄	177(序)	7277₂	岳	
85	劉餗	301(著)	11	岳珂	134(編)
86	劉錦文	74(識)	28	岳倫	493(輯)
	劉知幾(子玄)	219(撰)	50	岳東升	382(序)
87	劉欽	360(編)			
88	劉攽(貢父)	509(撰)	7280₆	質	
	劉算	167(後序)	44	質菴	67(序)
	劉節	82(重編)			
		163(修)	7421₄	陸	

	劉道醇	256(纂)		劉楫	289(序)
	劉道明	324(撰)	47	劉起宗	289(編)
40	劉大謨	187(序)	48	劉敬	300(序)
	劉大夏	365(著)	50	劉泰	91(序)
	劉大實	183(序)		劉本	281(序)
	劉大同	185(序)		劉忠	496(評)
	劉太初	322(撰)	51	劉軒	179(序)
	劉士元	474(序)	53	劉成德	352(校增并序)
	劉士逵	183(序)			460(編選)
	劉堯誨	129(撰)			462(編校)
		203(重修)	58	劉敷	171(序)
	劉克莊	509(著)	60	劉曰梧	106(校正)
		515(著)		劉曰材	449(序)
	劉希龍	182(序)		劉國翰	289(撰)
	劉真人	331(撰)		劉昌	147(撰)
44	劉基	135(記錄)			162(序)
		252(解)		劉景紹	213(編輯)
		273(撰)			447(序)
		450(著)			526(編輯)
	劉芳	164(編)	61	劉晞	262(註并序)
	劉薦恪	175(序)	67	劉昫	99(補輯重刊)
	劉孝綽	424(序)		劉昭文	171(編)
	劉孝標	290(注)	71	劉辰	111(開寫進呈)
	劉芙	369(刊)		劉辰翁	92(序)
	劉世偉	398(著)			343(編)
	劉世用	126(校刊)			348(評點)
		126(跋)			356(著)
46	劉恕	102(編集)		劉長卿	350(著)
	劉勰	262(著)			350(撰)
		507(撰)	72	劉髦	496(著)

	劉岸	186(序)		劉仔肩	470(撰)
	劉畿	404(誌)		劉魯生	186(修)
	劉繼	183(重修)		劉紹	401(序)
	劉繼善	175(修輯)		劉紹恤	409(序)
	劉穩	370(序)	28	劉綸	407(書後)
24	劉魁	494(序)		劉繪	184(撰)
	劉仕賢	213(撰)			407(著)
	劉儲	170(編)	30	劉宣	174(編)
	劉儲秀	75(編補)		劉淮	353(後序)
		92(跋)		劉完素	240(撰)
		405(序)		劉永吉	186(序)
	劉勳	222(序)		劉憲	82(序)
25	劉仲質	288(纂)		劉守泰	82(撰)
	劉健	163(序)		劉宰	440(著)
	劉純	243(撰)		劉宏毅	155(刊)
	劉(鎦)績	262(補註)		劉定之	112(編)
		272(著)			497(著)
26	劉伯璋	182(序)	32	劉泓	335(述)
	劉佃	142(跋)		劉遜	299(刊)
		184(修輯)	34	劉汝楠	254(序)
		449(序)		劉汝松	130(序)
	劉枲	442(序)		劉洪	207(校刊)
27	劉龜從	79(題跋)		劉祐	491(選)
	劉侗	197(撰)		劉達可	285(編集)
	劉向	110(定)	37	劉瀍	418(輯錄)
		140(撰)		劉潤之	351(刊)
		226(撰)		劉濔	470(序)
		339(編集)		劉過	470(著)
	劉向陽	189(編輯)	38	劉祚	504(刊并識)
	劉將孫	343(序)		劉啟東	165(纂)

00	劉彥心	165(序)		劉璣	122(序)
	劉應李	285(撰)			178(編次)
	劉應鈳	171(重修)		劉瑶	277(編)
	劉應箕	172(叙)		劉弘毅	102(音釋并刊)
	劉言	175(修)		劉廷爵	245(輯)
02	劉端	133(序)		劉延世	292(撰)
04	劉詵	441(撰)	13	劉球	410(撰)
07	劉詞	332(撰)		劉武臣	359(序首)
08	劉效祖	417(撰)	14	劉珙	121(序)
09	劉麟	476(撰)	16	劉珵	534(序)
10	劉三吾	118(後序)	17	劉珝	174(序)
		481(著)			398(評)
	劉正	518(撰)		劉子實	285(著)
	劉玉	449(序)		劉邵	262(撰)
	劉璋	175(序)	18	劉瑜	135(刊)
		480(校正)		劉致	521(跋)
	劉(留)元長	307(序)		劉敞	390(著)
	劉震	175(序)	20	劉禹錫	350(撰)
	劉震孫	316(序)			427(編次)
	劉天和	128(撰)			427(撰)
	劉天民	365(彙次)			428(序)
		373(彙次)		劉采	125(跋後)
		381(序)		劉維永	312(編集)
		383(序)	21	劉仁	314(註)
		413(撰)		劉處玄	308(註)
	劉雷恒	534(閱)		劉爨	433(覆校)
11	劉張	358(序)		劉縉	481(刊)
12	劉瑞	121(序)	22	劉崙	126(序)
		187(序)		劉嵩(子高)	413(序)
	劉璞	405(後序)			452(著)

7

7121₁ 阮

17	阮山峯	233(刊)
37	阮逸	101(注)
		227(註)
		262(序)
67	阮鶚	136(撰)
77	阮閱	509(編)
88	阮籍	341(撰)

7122₀ 阿

| 27 | 阿魯圖 | 100(表進) |

7132₇ 馬

00	馬文升	115(著)
		122(撰)
		126(撰)
02	馬端臨	83(撰)
		207(撰)
10	馬元	353(校刊)
	馬平	140(撰)
	馬雲卿	241(校)
12	馬廷用	187(序)
15	馬融	227(撰)
16	馬理	123(序)
20	馬縞	266(撰)
23	馬允	259(序)
24	馬偉	166(編輯)
		167(序)

26	馬總	422(校)
		23(撰)
		274(撰)
27	馬紀	194(刊)
28	馬傲	192(撰)
30	馬沾昭	335(註)
	馬永卿	268(撰)
34	馬汝彰	233(後序)
	馬汝驥	124(序)
		415(撰)
40	馬森	251(集註)
43	馬械	74(校正)
47	馬歡	114(序)
50	馬中錫	389(著)
67	馬明衡	70(制)
		413(序)
		448(序)
68	馬暾	186(修)
	馬敭	183(纂)
77	馬卿	122(序)
80	馬令	159(撰)
81	馬鉦	171(纂)
86	馬錫	179(序)
91	馬炳然	137(序)

7173₂ 長

| 12 | 長孫滋 | 332(傳) |
| 88 | 長筌子 | 335(註) |

7210₀ 劉

00	時雍	313(解)			528(序)
20	時季照	498(著)	31	嚴濬	161(刊)
			38	嚴遵	310(撰)
	時		80	嚴曾榘	87(閱)
24	時德麟	292(撰)	93	嚴怡	410(著)

66214 瞿
24	瞿佑	392(著)
		510(著)

66506 單
28	單復	344(自序)
		345(撰)
30	單宇	531(著)
44	單世	315(校梓)

66248 嚴
04	嚴訥	131(校正)
		165(序)

67020 明
21	明仁孝皇后	274(撰)
30	明宣宗	274(撰)
40	明太祖	148(御製)
		442(撰)
50	明素蟾天琮	329(序)
60	明易山人	346(校刊)
	明景皇帝	274(撰)

17	嚴羽	470(著)
		510(撰)
		510(著)
22	嚴嵩	124(撰)
		125(撰)
		126(彙輯)
		138(序)
		171(修)
		210(序)
		245(序)
		352(序)
		418(撰)
		498(著)

67164 路
38	路道通	323(刊)
40	路直	182(纂修)

68021 喻
00	喻文偉	167(纂修)
60	喻冕	251(撰)

	嚴崇簡	199(撰)
26	嚴魏	477(批點)
27	嚴粲	74(撰)
30	嚴沆	483(序)

		418(著)	羅洪先	91(序)
87	呂欽	201(纂修)		136(考訂并序)
89	呂鐄	220(序)		443(序)
90	呂光演	128(序後)		447(批)
	呂光洵	128(撰)		447(贊)
		173(序)	羅洪壽	131(梓)
		443(序)	羅達卿	326(註)
97	呂焕	232(後序)	40 羅大經	269(著)
			44 羅莘	108(註)
6073₁	曇		羅椅	358(選)
86	曇鐄	439(編次)	47 羅鶴	227(撰)
			48 羅懋	358(序)
6073₂	畏		50 羅青霄	176(輯)
00	畏齋子	306(序)	52 羅虬	357(著)
			72 羅隱	262(撰)
6090₆	景			426(撰)
66	景暘	167(序)	77 羅履泰	343(序)
77	景隆	230(序)	羅賢	245(序)
			87 羅欽順	190(校正)
6091₄	羅		羅欽忠	452(序)
01	羅龍淵	351(編校跋後)	羅欽賢	136(重校)
12	羅廷震	330(撰)	90 羅尚	407(監刻)
16	羅璟	413(序)		
17	羅玘	104(序)	6333₄ 默	
23	羅允升	233(撰)	40 默希子	315(註)
28	羅倫	443(著)		
32	羅浮外史	258(識後)	6402₁ 畸	
33	羅泌	108(編)	80 畸人君公甫	73(摘)
		433(覆校)		
34	羅汝	300(序)	6404₁ 時	

		408(條次)			233(序)
		417(撰)		呂柴義	355(序)
	田汝耕	393(撰)		呂經	273(序)
36	田況	292(撰)	22	呂嚴	320(撰)
37	田瀾	347(序)			320(集)
50	田本沛	169(纂修)			320(傳)
			25	呂傑	170(修)
6040₄ 晏			26	呂和常	312(撰)
15	晏殊	517(撰)	33	呂濱老	518(撰)
22	晏幾道	517(撰)	36	呂温	428(撰)
70	晏璧	156(撰)	37	呂祖謙	102(撰)
					155(編)
6042₇ 禺					228(撰)
77	禺同山人	91(序)			283(撰)
					486(編集)
6050₄ 畢			40	呂大生	80(述)
00	畢亨	182(述)		呂大防	158(序)
44	畢恭	197(撰)		呂希周	407(著)
			45	呂柛	122(序)
6060₀ 呂					123(序)
00	呂高	372(序)			179(修)
07	呂調音	490(序後)			233(撰)
		531(書)	50	呂本中(紫薇)	79(撰)
	呂韶	370(序)			204(著)
10	呂一經	105(校)			509(撰)
	呂元夫	76(序)		呂惠卿	311(傳)
	呂元昌	523(校閱)	60	呂景蒙	168(編次)
	呂不韋	262(撰)	71	呂原	476(序)
12	呂延年	155(識後)	80	呂益柔	307(識)
21	呂顗	194(修)		呂兑	384(著)

32 費兆元	243(序)	6011_3 晁	
77 費閶	104(後序)	08 晁説之	268(撰)
			310(記後)
5590_0 耕		晁謙之	355(序)
04 耕讀書堂	248(刊)	11 晁瑮	322(跋)
		16 晁廻	322(著)
5602_7 揭		33 晁必登	189(序)
22 揭傒斯	67(序)	晁補之	355(著)
	101(序)	35 晁沖之	355(著)
	360(序)		
	441(撰)	6022_7 易	
33 揭浤	417(序)	00 易文	115(著)
		10 易可久	175(纂)
揚		22 易鶯	124(跋)
40 揚雄	226(撰)		169(修)
		27 易綱	172(編集)
5824_0 敖		64 易時中	185(修輯)
00 敖文禎	325(序)		
22 敖繼公	75(撰)	6040_0 田	
44 敖英	233(撰)	10 田不欲翁	91(纂)
	270(撰)	11 田項	175(輯)
	273(序)	13 田琯	173(纂)
	385(撰)	32 田祈	189(編)
	466(批點)	34 田汝成	106(撰)
	466(批點)		106(著)
	490(編)		138(撰)
			189(序)
6			193(撰)
6010_4 墨			375(敘)
17 墨翟	261(撰)		389(序)

		292(序)	5560₆	曹
		382(著)	19 曹璘	177(序)
				364(校正)
5198₆	賴		26 曹伯良	133(撰)
00	賴文俊	249(撰)	27 曹叔遠	436(序)
			30 曹安	270(著)
5201₄	托			385(序)
40	托克托	100(撰)	37 曹洞清	332(釋)
			曹鄴	353(撰)
5300₀	戈		40 曹大同	386(著)
40	戈直	110(集論并叙)	44 曹孝忠	240(編)
			曹植	423(撰)
5320₀	成		60 曹昌先	496(校)
00	成玄英	316(疏)	67 曹昭	273(撰)
17	成勇	234(序)	80 曹羲	385(撰)
71	成原常	360(著)	88 曹鑑	521(跋)
80	成無己	238(註)	90 曹忭	371(序)
				412(序)
	盛			448(序)
02	盛端明	242(編纂)		479(序)
28	盛儀	162(撰)	5580₆	費
			20 費信	198(撰)
	戚		27 費槃	387(校刻)
10	戚元佐	372(撰)	30 費宏	113(和)
	戚元輔	157(編輯)		136(序)
67	戚明瑞	100(序)		365(序)
				394(序)
5560₀	曲			478(序)
80	曲入繩	131(梓)		499(著)

96	趙煜	158(撰)		252(序)
				275(纂輯)
	5			461(裁正)
5000₆	車		60 史晟	139(藏)
10	車璽	189(撰)		
		471(序)	5013₂	泰
67	車明玨	181(編)	26 泰和沖一真君	330(撰)
	申		5090₄	秦
40	申嘉瑞	166(重修)	20 秦禾	351(刊)
64	申時行	71(著)	30 秦汴	291(序)
		155(刻)	33 秦梁	165(纂修)
		161(序)	40 秦柱	508(訂正)
		161(修)	46 秦觀	120(撰)
77	申用嘉	71(校訂)		200(序)
	申用懋	71(校訂)	47 秦塤	82(編輯)
			50 秦泰梁	115(重刊序)
	史		77 秦民悅	112(序)
10	史元熙	192(撰)	80 秦金	281(序)
	史可程	534(序)	秦夔	165(序)
20	史季溫	130(序)		
		439(注)	5090₆	東
	史秉直	468(選釋)	00 東方朔	296(撰)
22	史崧	238(序)	26 東吳逸史	113(撰)
25	史仲彬	139(撰)		
30	史容	354(註)	5104₀	軒
	史宗隆	137(輯)	54 軒轅黃帝	308(撰)
38	史道(鹿野)	124(奏)		
47	史朝富	179(重修)	5178₆	頓
	史起欽	251(序)	88 頓銳	165(序)

22	趙繼勳	138(序)		趙古蟾	331(撰)
	趙穩	190(校正)	44	趙蕤	68(註)
24	趙升	265(著)		趙萬年	207(撰)
	趙岐	84(註)		趙蕃	467(選)
26	趙伯衛	107(序)			468(選)
27	趙鵠	529(撰)	47	趙鶴	147(續輯)
30	趙宜真	244(集)		趙鶴隨	200(校刻)
	趙淮	283(跋)		趙起	135(撰)
	趙瀛	220(刻并序)	48	趙敬	246(著)
	趙汸	81(撰)	53	趙輔	115(著)
		359(序)			183(後序)
		377(序)	60	趙旻	151(撰)
		441(撰)	64	趙時春	123(序)
	趙宮	190(編次)			136(序後)
31	趙澐	483(選)			495(序)
32	趙淵	142(序)			497(序)
34	趙漢	402(撰)	77	趙鵬飛	79(撰)
	趙汝談	355(序)		趙學士	313(集解)
	趙汝愚	130(撰)		趙民質	183(序)
		130(編)		趙與訔	265(撰)
35	趙清甫	251(輯)		趙與植	85(跋)
38	趙道可	323(編)	80	趙介	477(撰)
40	趙大綱	226(集註)		趙善璙	230(撰)
		344(撰)	83	趙鈙	287(序)
	趙友澄	102(刊)	86	趙錦	128(撰)
	趙士麟	234(撰)			128(序首)
	趙希鵠	271(撰)			165(後序)
	趙惪	74(撰)			172(序)
	趙志皋	275(校刊)	90	趙惟恆	179(撰)
	趙志堅	313(著)		趙忭	431(著)

91 胡炳文	492(序)	30 梅守德	368(序)
	56(撰)		
	86(序)	4980₂ 趙	
	358(編)	00 趙立之	532(選)
97 胡煥	433(覆校)	趙彥端	518(撰)
		趙彥衛	269(撰)
		趙彥良	159(撰)
4762₇ 都		趙度支	155(梓)
26 都穆	158(後跋)	趙文	175(序)
	205(撰)		175(修)
	219(撰)		
	225(序)	趙文華	418(序)
	225(記後)	趙章	439(跋)
	227(序)	10 趙至和	250(集)
	277(撰)	趙元祉	68(參訂)
	283(記)		68(序)
	341(跋)	趙于南	186(修輯)
		趙雲龍	254(校)
4792₀ 柳		11 趙珏	414(著)
11 柳預	306(刊)	12 趙廷瑞	189(序)
14 柳瑛	162(撰)		196(著)
30 柳永	89(撰)	趙廷松	450(序)
柳宗元	226(注)	14 趙璜	121(撰)
	427(撰)	17 趙孟頫	315(記)
			467(序)
4895₇ 梅		19 趙璘	289(撰)
00 梅膺祚	92(音釋)	20 趙季敷	243(編集)
16 梅聖俞	356(著)	趙維	416(序)
22 梅彪	319(撰)	趙維垣	402(識)
梅鼎祚	461(選輯)	21 趙衍	173(纂)
	523(補正)	趙師使	507(撰)

		295(撰)		胡有恆	97(雕)
		369(著)			122(序後)
	胡侍雍	443(序)		胡真人	331(撰)
	胡僖	251(校)		胡來庭	244(家藏)
	胡纘	192(序)		胡來範	275(跋)
		415(序)	41	胡柯	432(校正)
	胡纘宗	167(纂修)		胡柄	432(覆校)
		479(著)	44	胡世寧	124(撰)
		483(編次)			128(撰)
25	胡仲詰	178(序)		胡植	162(序)
26	胡儼	361(序)	48	胡翰	445(著)
27	胡仔	509(纂集)		胡松	121(序)
30	胡永成	188(修)			122(撰)
	胡安之	429(序後)			124(撰)
	胡安國	79(撰)			129(撰)
	胡容	167(後序)			167(序)
	胡宗憲	493(重刊并序)			190(奏進)
	胡宗道	476(撰)			193(序)
	胡宗愈	343(序)			486(刊)
34	胡漢	179(纂修)	50	胡東皋	76(刻)
		447(編輯)	54	胡拱辰	174(序)
	胡汝方	532(彙次)	60	胡日新	372(跋)
	胡汝礪	187(編)		胡昱	175(纂修)
	胡汝嘉	367(撰)	67	胡明善	191(序)
37	胡次焱	467(箋)	72	胡氏	506(刊)
39	胡濚	326(序)	77	胡居仁	232(撰)
40	胡大順	138(述)		胡居安	188(修)
	胡大器	213(序)	90	胡愔	310(撰)
	胡士行	73(編)		胡光世	78(跋)
	胡奎(虛白)	362(撰)		胡粹中	104(撰)

		476(撰)	00	胡彥	443(序)
		477(編次)		胡廣	67(纂修)
		477(選)			71(纂修)
		477(鈔)			72(纂修)
		482(著)			74(纂修)
		496(選)			76(纂修)
		504(輯)			77(編)
		504(著)			87(纂修)
		507(撰)			109(修)
		511(撰)			195(序)
		523(撰)		胡亦堂	529(選)
		530(著)		胡文學	148(輯選)
	楊燁	260(著)			245(序)
97	楊炯	341(撰)			482(輯選)
		425(撰)		胡衮	222(撰)
99	楊榮	361(序)	07	胡韶	384(序)
		411(序)	08	胡謐	185(修)
			10	胡一桂	67(撰)
4702₇	鳩			胡三省	101(撰)
00	鳩摩羅什	302(譯)	12	胡瑞敦	97(雕)
			14	胡瑾	185(修)
4722₇	郁		15	胡璉	318(跋)
00	郁衮	112(編輯)	17	胡瓊	510(序)
			20	胡維新	195(修)
4732₇	郝				484(序)
10	郝天挺	467(註)	21	胡經	68(撰)
17	郝承紀	252(序)			192(撰)
23	郝綰	441(卿編)			397(序)
			24	胡德方	519(序)
4762₀	胡			胡侍	270(撰)

46	楊如鯨	179(校正)	91(著)
	楊相	177(纂修)	92(著)
	楊楫	66(序)	92(著)
47	楊朝英	522(集)	128(序)
		523(選集)	189(序)
	楊起元	325(註)	197(撰)
50	楊本	218(編校)	218(撰)
	楊本仁	188(重修)	260(撰)
53	楊輔	167(纂修)	264(序)
	楊成	512(編)	266(著)
58	楊撫	173(修)	300(著)
		493(定)	307(彙集)
60	楊旦	478(撰)	351(序)
	楊甲	84(撰)	370(批點)
64	楊時	429(著)	370(題詞)
67	楊明善	104(校正)	375(評選)
	楊瞻	167(序并刻)	402(序)
		378(著)	402(選)
77	楊賢	423(校刊)	406(評選)
80	楊美益	389(著)	406(著)
		490(編)	410(跋)
	楊公	126(撰)	418(著)
86	楊鐸	407(序)	418(批選)
87	楊銘	112(自序)	424(校刊)
88	楊簡	430(撰)	467(選)
90	楊惟善	180(跋)	468(編校)
	楊光溥	480(集)	469(批點)
91	楊恒	93(撰)	473(編)
		476(撰)	474(編)
94	楊慎(升菴)	84(選)	474(選)

	楊鵠	168(纂輯)			131(編)
28	楊儀	387(序)			343(序)
30	楊守謙	126(序)			356(序)
	楊守仁	174(主修)			366(撰)
	楊守阯	452(編)			386(贊)
	楊準	183(撰)			399(著)
		432(序)			416(序)
	楊富春	266(校錄)			450(著)
		482(輯次)			492(序)
	楊宗甫	188(修)		楊士勛	77(疏)
31	楊沔	353(序)		楊培之	178(纂修)
	楊灏	183(後序)		楊南野	211(重校)
32	楊澄	237(覆校)		楊南金	507(序)
		528(覆校)		楊志遠	336(撰)
33	楊溥	366(序)		楊志樸	333(序)
		361(序)	41	楊桓	91(撰)
		371(序)		楊樞	347(刻、跋後)
		399(序)			370(跋)
34	楊汝澤	186(纂)	43	楊博(虞坡)	126(序)
	楊祐	233(跋)			126(撰)
	楊祐	384(著)			450(序)
		407(序)	44	楊基	498(著)
38	楊瀹	382(校)		楊荃	482(著)
	楊導	377(校)		楊芳	420(序)
40	楊士雲	92(序)		楊萬里	89(序)
		255(序)			342(序)
	楊士弘	463(編次)			428(序)
	楊士奇	98(跋)		楊芸	252(著)
		112(序)		楊楚玉	240(類集)
		114(輯)		楊某(二檀)	409(撰)

10	楊一渶	93(序)		楊行中	166(纂輯)
	楊一清	85(後序)		楊儒魯	266(序)
		113(錄)		楊經	187(纂輯)
		113(和)		楊衒之	193(撰)
		126(撰)	22	楊循吉	99(後序)
		128(撰)			145(撰)
		170(編)			157(撰)
		209(纂修)			184(撰)
		229(編)			197(删)
		366(序)			210(撰)
		393(序)			299(著)
		428(序)			364(序)
	楊一鶚	70(重刊)			368(題詞)
	楊二和	145(著)		楊鶯	187(序)
	楊无咎	518(撰)		楊巍	203(校刊)
	楊可	157(梓)		楊山	222(校刊)
12	楊廷和	122(序)	23	楊外雲	171(序)
	楊廷儀	122(序)		楊俊彥	378(校)
13	楊武	269(後序)		楊俊士	378(校)
		477(書)		楊俊臣	378(校)
17	楊豫孫	528(著)		楊俊卿	378(校)
	楊承鯤	419(撰)		楊俊民	378(跋)
20	楊信民	287(著)	24	楊德周	461(輯)
	楊倞	225(註)	25	楊仲庚	311(序)
	楊維楨(鐵崖)	221(撰)	26	楊自懲	452(著)
		256(序)		楊伯謙	463(編)
		363(序)		楊伯嵒	284(著)
		522(撰)	27	楊佩	179(序)
		529(序)		楊僎	398(和詩)
21	楊順	197(跋)		楊彝	87(參訂)

		431(序)	47 樓郁	83(序)
	林志堅	312(註)	60 樓昉(迂齋)	116(續編)
41	林楨	289(編集)		118(撰)
44	林懋舉	445(著)		486(標註)
	林華	179(校正)	88 樓鑰	135(編次)
	林世勤	286(註)		155(序)
	林世璧	365(刊)		356(跋)
50	林春	445(序)		
	林春澤	404(著)	4622_7 獨	
	林東海	374(跋)	12 獨孤滔	330(撰)
	林東榮	445(刻)		
60	林杲	123(輯錄)	4680_6 賀	
65	林岅	70(序)	50 賀泰	484(編集)
71	林長繁	437(跋)	53 賀甫	364(著)
77	林駉	284(撰)	86 賀知章	336(註)
	林與直	451(編)	87 賀欽	115(著)
83	林釪	175(序)		
	林鉞	155(撰)	4692_7 楊	
88	林符	288(序)	00 楊齊賢	346(集註)
	林策	172(編)		347(集註)
90	林光大	77(序)	楊育秀	372(撰)
	林火廩	93(校)	楊應詔	142(序)
	林炫	123(校)	楊廉	126(序)
		365(著)		134(編并序)
91	林烴	129(序)		143(撰)
96	林煬	123(校)		144(序)
98	林㷊	174(輯)		144(撰)
				190(校正)
4594_4 樓				231(序)
21	樓穎	304(撰)	楊文昌	266(序後)

	林元棟	128(刊并後序)		林兆恩	263(撰)
	林雲翰	449(識)			264(著)
	林雲同	187(編)	33	林浚	366(著)
		188(序)		林逋	230(選)
		367(序)			356(著)
16	林聰	123(撰)	34	林洪	259(撰)
17	林瓊	381(序)		林達	478(序)
20	林億	238(進書表)	37	林潤	129(序)
		239(類次)			141(校正)
		239(校正)		林鴻	413(著)
21	林處	116(編)		林次崖	490(編次批點)
	林貞	475(編集)	38	林瀚	167(序)
	林穎	166(重修)			445(撰)
22	林鸞	156(校)			484(序)
		181(撰)		林祥	488(序後)
23	林俊	119(序)		林裕	414(校刊)
		120(跋)	40	林大章	217(撰)
		146(序)		林大猷	104(梓)
		415(序)		林士昭	448(序)
		420(序)		林堯叟	77(註)
24	林魁	176(序)		林希元(次崖)	104(序)
		176(輯)			111(序)
		399(後序)			175(輯)
		414(著)			188(輯)
26	林泉生	205(序)			201(纂)
27	林嵋	499(著)			489(編次批點)
30	林之奇	69(撰)		林希逸	316(著)
	林富	176(序)		林有年	171(纂)
		188(纂修)			174(纂)
32	林兆珤	264(跋)			176(纂修)

	葉林	184(修輯)		杜柟子	442(序)
46	葉相	204(序)	60	杜思	227(刊并序)
53	葉盛	295(録)	90	杜光庭	297(撰)
57	葉邦榮	110(刊)			310(述)
		177(序)			310(序)
67	葉照	172(序)			314(註)
80	葉義問	322(撰)			319(撰)
90	葉炎	137(編次)			336(撰)
					464(序)

4491₀ 杜
04	杜詩	251(校)	4491₄	桂	
11	杜預	77(註)	44	桂萼	125(奏)
		77(著)	77	桂奥	125(識後)
15	杜臻	148(序)			
		171(序)		權	
17	杜璠	146(撰)	24	權德輿	120(註)
23	杜綰	259(撰)			319(序)
24	杜偉	206(校正)			
	杜佑	206(撰)	4499₀	林	
28	杜牧	353(序)	00	林應亮	468(校刊并跋)
30	杜安世	518(撰)		林應采	115(後序)
31	杜濬	421(選)		林應標	174(序)
38	杜道堅	314(註)		林庭棉	123(撰)
		315(撰)			169(修)
		323(序)			174(修)
40	杜大珪	140(編)			204(撰)
44	杜華	232(序)		林文祥	123(刊)
45	杜柟	179(序)	04	林誌	448(著)
		398(序)	07	林翊元	370(編)
		448(著)	10	林靈素	329(撰)

99	黃榮	383(著)	37	蔡潮	173(序)
			40	蔡九峯	70(撰)
4490₁	蔡			蔡克廉	121(序)
00	蔡應申	453(雕)			202(序)
	蔡襄(君謨)	435(撰)		蔡志頤	323(編次)
10	蔡正孫	510(編)			323(編)
	蔡元度	74(撰)	42	蔡圻	410(選)
	蔡雲程	137(序)	44	蔡夢弼	343(跋)
		466(鈔)		蔡懋昭	164(修)
		468(輯)	53	蔡成禹	250(著)
12	蔡發	250(著)	60	蔡國熙	206(撰)
17	蔡玘	476(撰)	64	蔡時雍	179(序)
	蔡羽	368(序)			
		376(撰)	4490₄	葉	
		402(序)	12	葉瑞	398(和詩)
	蔡承升	214(序)		葉聯芳	175(輯)
21	蔡經	242(序)		葉廷珪	282(撰)
		381(著)	15	葉珠	183(序)
22	蔡邕	423(撰)	17	葉子奇	263(著)
	蔡繼芳	168(序)	23	葉獻章	189(序)
27	蔡條	293(撰)	27	葉稠	123(序)
30	蔡完	171(修)			398(後序)
	蔡宙	99(校刊)			527(圖釋)
	蔡宗堯	177(序)	30	葉良佩	173(纂)
34	蔡沈	70(註)	43	葉式	173(修)
	蔡汝南	172(序)	44	葉夢得	268(著)
		181(著)			269(撰)
		390(評、序)			439(序)
		402(著)		葉蕢	286(著)
35	蔡清	86(傳)		葉某	134(刊)

37	黃潤玉	149(撰)			381(序)
	黃次山	435(序)	77	黃堅爲	361(著)
40	黃九川	166(跋)		黃門	445(跋)
	黃九臬	172(序)		黃用和	102(梓)
	黃大本	263(序)		黃周星	88(序)
	黃直	125(後序)		黃閔玉	312(撰)
	黃埻	466(梓、題後)		黃學準	382(序)
	黃希雍	123(梓行)		黃卿	447(撰)
		123(跋)		黃貫曾	466(選)
	黃嘉瑜	137(輯)	80	黃金	175(修)
41	黃姬水	340(序)		黃公望	332(傳)
42	黃機	515(撰)		黃公紹	92(編輯)
43	黃式武	490(編輯)	87	黃鈞	178(纂)
44	黃芳	233(序)		黃翔	136(述)
		442(序)	88	黃鑰	447(著)
	黃懋學	194(刊)		黃敏才	429(刻)
	黃華卿	227(刻)	90	黃光昇	105(編輯)
46	黃如桂	232(序)		黃尚明	179(序)
47	黃朝英	265(撰)		黃省曾	125(序)
48	黃幹	70(撰)			189(序)
		431(撰)			226(誌并序)
50	黃中	374(序)			318(贊)
		398(撰)			339(校正)
52	黃哲	477(撰)			340(編次)
60	黃國奎	188(輯)			472(序)
	黃國用	127(跋後)			512(編次)
	黃泉	166(編輯)		黃裳	175(修)
	黃昇(玉林)	519(撰)			195(跋)
64	黃時	156(校刊)	91	黃焯	242(刊)
71	黃臣	119(後序)			450(序)

		509(序)	26 黃伯思	265(撰)
		527(校刊并識)	27 黃魯曾	140(贊并序)
18	黃瑜	294(撰)		145(補遺并序)
22	黃繼	72(集)		154(刊)
23	黃綰	116(著)		300(序)
24	黃佐	73(序)		376(撰)
		108(序)		417(撰、序)
		112(編)		465(序)
		126(序)	黃約	128(刊并後序)
		146(撰)	黃約仲	386(著)
		192(序)	黃紹文	165(纂修)
		200(撰)	28 黃以賢	124(校)
		367(著)		128(校)
		381(序)	30 黃淮	131(編)
		400(撰)		361(序)
		443(序)		450(序)
		476(鑒定)	黃注	425(序)
	黃休復	255(纂)	黃漳	170(修)
25	黃仲元	437(著)	黃宸	104(校刊)
		438(著)	黃家舒	346(評)
	黃仲昭	174(纂修)	黃憲	107(撰)
		175(序)	黃良玉	288(纂)
		176(撰)	黃寶	225(序)
		208(序)	31 黃潛	230(撰)
		449(撰)	黃禎	460(序)
		475(贈詩)	32 黃滔	428(撰)
		496(重評)	33 黃溥	506(編)
	黃仲炎	79(撰)		513(撰)
	黃傳祖	421(選)	黃梁山	447(刊)
		483(選)	34 黃洪憲	233(纂)

		400(序)	82 薛鎧	239(校注)
		453(校正)		241(校刊)
		460(序)	90 薛尚遷	212(纂)
		505(纂)		
	薛章憲	480(記)	4477₀ 甘	
03	薛鎣	166(纂修)	36 甘澤	178(纂修)
13	薛瑄	232(撰)	77 甘几山	475(著)
		377(著)		
17	薛己	241(撰)	4480₆ 黃	
		244(校註)	00 黃應麟	467(選集)
		244(著)	黃庚	360(著)
18	薛致玄	311(述)	黃廉	245(編)
21	薛能	352(撰)	黃庭堅	354(著)
23	薛俊	199(撰)		439(撰)
26	薛侃	231(序)		470(編楔)
27	薛綱	177(修)	黃文龍	443(編次)
28	薛收	101(傳并序)	黃文鶯	170(修)
34	薛諶	377(編次)	黃衷	382(著)
40	薛士珩	137(輯)	02 黃訓	131(集)
44	薛蕙	231(著)		451(序)
		312(著)	05 黃諫	102(序)
		383(倡和)		103(訂正并序)
		406(序)		316(音釋)
		409(著)	11 黃預	357(序)
		452(著)		357(集)
47	薛超吾	103(序)	12 黃廷言	412(跋)
50	薛申	313(註)	黃廷宣	438(識後)
60	薛晨	234(編刻)	黃孔昭	399(撰)
	薛甲	87(撰)	17 黃珣	101(序)
		492(選)	黃鞏	407(序)

4450₄ 華

10	華雲	406(校)
		448(序)
16	華珵	392(編選)
20	華愛	495(撰)
30	華守方	141(輯)
	華察	78(題跋)
		271(序)
73	華陀	317(撰)
98	華燧	284(序)
		484(序)

4460₀ 苗

| 60 | 苗昌言 | 84(序) |
| 80 | 苗善時 | 323(編) |

4460₁ 菩

| 56 | 菩提留支 | 303(譯) |

者

| 77 | 耆闍海 | 303(解) |

4462₇ 荀

34	荀汝安	415(跋)
36	荀況	225(撰)
98	荀悅	101(撰)
		228(著)

4471₁ 老

| 17 | 老子 | 314(撰) |

4472₇ 葛

00	葛立方	508(撰)
	葛雍	240(編校)
	葛玄	311(序)
30	葛守禮	181(序)
		242(刊)
34	葛洪(稚川)	220(序)
		290(撰)
		317(撰)
		318(撰)
		335(述)
35	葛清	233(序)
36	葛㵽	432(覆校)
37	葛洞	126(校)
	葛澗	125(序)
40	葛木	217(撰)
44	葛世振	420(序)
71	葛長庚	321(撰)

4474₁ 薛

00	薛應旂	104(序)
		105(述)
		133(輯)
		141(參修)
		171(纂)
		202(序)
		234(批點)
		283(記)
		367(序)
		391(著)

4443₀ 樊

20	樊雙巖	148(撰)	
22	樊繼祖	130(撰)	
23	樊獻科	82(重訂)	
		450(編)	
37	樊深	124(撰)	
		408(著)	
77	樊開	426(序)	
	樊鵬	407(著)	
		467(編集)	

莫

26	莫息	474(跋)
27	莫將	56(後序)
46	莫如	427(重校)
	莫如忠	369(序)
60	莫旦	173(纂)
80	莫善誠	198(撰)

4445₆ 韓

00	韓彥州	522(編次)
	韓康伯	55(註)
	韓文	174(序)
	韓雍	474(序)
07	韓詢	523(序)
10	韓玉	179(纂)
11	韓非	237(撰)
14	韓琦	120(序)
21	韓師文	242(校刊)
	韓經	416(著)

27	韓叔陽	121(刊)
		497(編梓)
		505(刊)
31	韓浤	467(選)
		468(選)
	韓福	164(序)
32	韓祇和	239(撰)
36	韓洎	107(校正)
40	韓士倩	331(序)
	韓克濟	94(序)
44	韓若雲	320(撰)
57	韓邦彥	415(序)
	韓邦靖	415(撰)
	韓邦奇	67(撰)
		73(撰)
		123(序)
		126(序)
		415(序)
60	韓思忠	179(序)
67	韓明	350(跋)
		350(校)
	韓鄂	159(撰)
76	韓陽	155(序)
		416(編次)
		474(選編)
80	韓俞臣	515(校正)

4446₀ 茹

17	茹子嘉	184(後序)

60	蔣冕	378(著)			432(序)
	蔣易	462(序)			433(著)
87	蔣欽	71(識)			434(著)
					435(序)
4439₄	**蘇**				517(撰)
07	蘇詡	434(識)	58	蘇轍	107(撰)
10	蘇一元	218(校)			311(註)
	蘇天爵(伯修)	116(序)			434(著)
		141(紀)	60	蘇易簡	285(著)
		487(編集)	62	蘇則曾	181(校刊)
11	蘇頌	401(著)	67	蘇鴞	296(撰)
23	蘇獻可	267(校刊)			
24	蘇佑	446(著)	**4442₇**	**萬**	
		447(序)	00	萬文彩	190(重修)
		450(序)	12	萬廷言	529(編輯)
26	蘇伯衡	451(撰)		萬廷謙	529(校梓)
34	蘇祐	270(撰)	30	萬安	410(序)
		372(著)		萬安國	322(撰)
		400(撰)	44	萬恭	480(叙)
		406(序)		萬羢	183(跋)
		410(序)		萬某	452(撰)
		419(序)	50	萬表	131(編輯)
		473(序)			274(撰)
37	蘇洵	207(撰)			419(著)
	蘇澹	392(序)			462(編選)
40	蘇志仁	167(後序)	57	萬邦孚	245(選集)
53	蘇軾	56(撰)	89	萬鏜	127(撰)
		268(撰)			216(撰)
		272(撰)	97	萬炯	184(序)
		308(解)			

4412₇ 蒲
25 蒲積中　　　159(輯)

4413₂ 藜
60 藜晨　　　　340(校刊)
　　　　　　　340(跋)

4421₄ 花
44 花蕊夫人　　519(撰)

4421₄ 薩
47 薩都剌　　　361(著)

莊
10 莊一䴉　　　181(序)
15 莊臻鳳　　　528(輯)

4422₂ 茅
10 茅一相　　　279(集)
45 茅坤　　　　97(序)
　　　　　　　213(序)
　　　　　　　444(著)
　　　　　　　526(序)

4422₇ 芮
27 芮侯(挺章)　462(編)

蕭
12 蕭廷芝　　　321(撰)
17 蕭子顯　　　99(撰)
20 蕭統(昭明太子)
　　　　　　　457(撰)
24 蕭贊　　　　400(摘編)
　　蕭贊元　　283(著)
　　蕭綺　　　296(著)
38 蕭海　　　　460(校正)
40 蕭士贇　　　346(補註)
　　　　　　　347(補註)
67 蕭晚　　　　243(校刻)

4424₇ 蔣
00 蔣應奎　　　115(撰)
　　　　　　　124(敘後)
　　蔣文化　　370(刊)
12 蔣瑶　　　　476(撰)
20 蔣信　　　　136(續編)
28 蔣以化　　　288(輯)
　　蔣以忠　　288(纂)
30 蔣宗魯　　　206(刊)
40 蔣真人　　　331(撰)
44 蔣芝　　　　357(序)
　　　　　　　379(序)
　　　　　　　384(跋)
　　　　　　　452(序)
　　蔣孝　　　258(編)
　　　　　　　423(跋)
　　蔣孝思　　466(刊)
　　蔣華　　　520(編)
55 蔣捷　　　　518(撰)
57 蔣擢　　　　307(撰)

23	范允臨	260(題辭)			156(訂)
25	范仲淹	120(撰)			219(跋)
	范純仁	121(著)			225(訂)
	范純粹	121(撰)			227(訂)
30	范寧	77(集解)			230(訂)
	范之柔	135(校)			236(訂)
33	范浚	437(撰)			237(校刻)
34	范汝梓	260(序)			247(訂)
	范汝植	533(著)			262(訂)
37	范祖禹	220(撰)			268(筆志)
	范礽祖	192(補訂)			308(訂)
40	范大沖	225(校刊并序)			384(校刊)
	范吉	359(序)			426(題籤)
	范椁	360(序)			452(序)
43	范越鳳	249(註)			533(撰)
		250(編)	90	范惟一	121(編次)
51	范攄	290(撰)			135(重校)
53	范成大	148(撰)			492(選)
		431(撰)			504(校正)
60	范思滇	123(校刊)			505(校)
64	范曄(蔚宗)	98(撰)		范光	118(鋟梓并序)
74	范騋	254(著)		范光文(光祿公)	
80	范鎬	167(纂修)			153(序)
	范公偶	293(編)			299(校正)
87	范欽(司馬公)	66(訂)			533(著)
		68(訂)			534(訂)
		68(校刊)		范光宙	221(撰)
		68(訂)		范光燮	534(撰)
		70(題籤)	96	范懌	308(序)
		100(刊)			

		177(撰)	33 董浦	97(叙)
		345(序)	34 董漢醇	324(校正編集)
		479(序)	38 董遵道	231(編)
	戴鏞	284(識)	董肇勳	199(自序)
		486(序後)		421(著)
84	戴銑	126(撰)	43 董越	197(序)
		164(輯)		199(撰)
		445(後序)	47 董穀	295(撰)
86	戴錦	67(撰)		499(著)
87	戴欽	453(著)	67 董嗣杲	356(撰)
	戴恖	168(序)	72 董氏(希儒)	71(梓)
88	戴敏	355(著)	80 董益	345(輯)
90	戴光修	133(刊)	董弅	256(序)
			86 董錫	186(編修)
4390₀ 朴			98 董燧	447(刊)
80	朴翁	251(序)		
			菫	
4410₀ 封			22 菫峯子	505(識)
33	封演	267(撰)		
			4411₂ 范	
4410₄ 董			00 范慶	241(序)
10	董天錫	171(修)	范文英	120(識後)
17	董玘	449(著)	10 范正輅	170(修)
22	董鼎	70(輯録纂註)		170(纂修)
23	董偏	156(序)		172(編)
25	董仲舒	83(撰)		218(刊)
	董傳策	372(序)		534(撰)
28	董倫	208(撰)	16 范理	108(編集)
30	董宜陽	479(序)	18 范致明	196(撰)
31	董迪	256(著)	22 范嵩	175(序)

00	姚文灝	250(序)			406(刊)
	姚文焱	482(彙次)			
	姚章	480(著)	4301_0	尤	
04	姚謨	176(序)	00	尤袤	508(撰)
12	姚弘謨	179(訂正)	27	尤侗	148(序)
	姚廷用	526(編)	44	尤桂	485(重校)
17	姚翼	444(編)			
18	姚琡	486(序)	4313_2	求	
21	姚儒	234(撰)	17	求那跋多羅	302(譯)
	姚虞	162(序)			
		285(序)	4385_0	戴	
28	姚佺	478(選)	15	戴翀峯	135(編次)
30	姚寬	265(撰)	16	戴璟	149(撰)
	姚宏	110(序後)			222(著)
31	姚福	160(序)			222(撰)
		301(撰)	17	戴習	439(校)
34	姚汝循	322(序)	21	戴儒	184(序)
40	姚九功	346(校)	22	戴綏	126(校)
	姚士粦	526(校)	26	戴稷	439(校)
	姚希孟	274(集)	28	戴復古	518(撰)
46	姚如晦	288(纂)	30	戴良	439(序)
50	姚本	185(修)	37	戴洞	440(序)
60	姚最	254(撰)		戴潤明	194(刊)
	姚昺	179(修)		戴冠	271(撰)
	姚思廉	99(撰)			388(著)
67	姚鳴鸞	174(重修)			499(撰)
	姚鳴鳳	345(集)	38	戴縈	126(識)
80	姚鉉	485(纂)	50	戴表元	440(著)
	姚合	462(選)	58	戴鰲整	525(序)
90	姚堂	142(編輯)	80	戴金	113(序)

	486(編)	30 彭富王	453(讚)
		34 彭汝謙	451(跋)
4090₀ 木		彭汝實	521(序)
00 木玄虛	336(撰)	35 彭禮彥	406(梓)
		36 彭泇寔	125(撰)
4091₇ 杭		彭澤	167(纂修)
30 杭淮	374(著)	40 彭志祖	324(序)
37 杭洵	374(刊)	44 彭華	172(序)
		47 彭期生	243(敘)
4191₆ 桓		57 彭耜	312(纂集)
30 桓寬	225(撰)		321(序)
		64 彭曉	317(撰)
4192₀ 柯		彭時	228(序)
10 柯一龍	194(刊)		377(序)
20 柯喬	98(校訂)		489(序)
柯維祺	129(序首)	71 彭頤觀	76(纂定)
柯維騏	98(著)	77 彭用光	242(撰)
	108(編)		243(編)
	451(編校)	80 彭年	134(跋後)
27 柯佩	249(編輯)		139(序)
34 柯潛	451(撰)	88 彭簪	191(撰)
99 柯榮仁	407(書後)	91 彭恒	290(撰)
4212₂ 彭		**4220₀ 蒯**	
01 彭龍均	86(序)	50 蒯東寅	99(序)
07 彭韶	143(撰)		
	174(序)	**4240₀ 荊**	
12 彭孔堅	414(著)	34 荊浩	254(撰)
彭飛	82(校正)		
27 彭紹夔	450(校刻)	**4241₃ 姚**	

79	李勝	413(校刊)	4073₂	袁	
80	李釡	371(跋)	00	袁彥章	441(著)
	李念	181(編)		袁應祺	173(纂)
	李義壯	381(序)		袁裒	147(撰)
	李善	457(註)			479(撰)
	李公柱	68(參訂)	07	袁郊	297(撰)
86	李錦	182(編輯)	10	袁一相	528(序)
88	李敏德	407(序)	19	袁褧	290(序)
90	李堂	145(編)			457(校)
	李光玄	331(述)	23	袁俊翁	86(撰)
	李光先	185(修)	27	袁凱	373(著)
	李尚實	299(著)			381(著)
92	李愷	176(輯)			498(著)
99	李榮	312(註)	30	袁宏	101(撰)
		314(註)		袁宏道	500(撰)
			31	袁福徵	328(序)
4050₆	韋		41	袁樞	105(撰)
00	韋商臣	476(撰)	44	袁黃	288(著)
	韋應物	350(撰)	50	袁忠徹	145(撰)
21	韋處	314(註)			253(序)
25	韋績	255(纂)		袁表	298(識)
44	韋莊	427(著)			474(校刊并識)
67	韋昭	110(解)	60	袁國梓	171(重修)
77	韋居安	513(著)		袁昌祚	129(後序)
			83	袁鉞	211(梓并序)
4060₁	吉				
32	吉澄	82(校刊)	4080₁	真	
			24	真德秀	84(撰)
4064₁	壽				85(撰)
30	壽濂	181(修)			486(選)

		203(奏進)			167(編纂)
		384(序)			203(題語)
	李貴	169(修)			295(撰)
	李東	166(目錄)			468(編輯)
	李東陽	133(序)	64	李時珍	241(撰)
		136(序)			241(輯)
		180(序)		李時行	367(刻)
		475(序)			367(後序)
	李東光	147(校刊)			389(著)
54	李軌	226(注)		李時勉	364(序)
57	李邦才	406(序)		李時成	110(閱)
	李邦光	175(序)			453(校梓)
60	李昉	282(編)		李時敏	406(著)
		484(輯次)			450(序)
	李呈祥	217(編集)	66	李暘	512(刊)
		420(序)	70	李璧	378(序)
	李易	509(序)	71	李至	158(序)
	李愚谷	92(刊)		李匡乂	265(撰)
	李旻	105(撰)		李長祥	421(選)
		141(序)	76	李陽冰	347(序)
	李昌齡	298(編)	77	李堅	155(校訂)
	李昌祺	300(撰)		李覺	187(修)
	李昆	271(序)		李鵬飛	324(編輯)
	李昴英	518(撰)		李開元	289(著)
	李杲	240(撰)			371(序)
	李果	267(刻)			500(著)
	李景先	329(識)		李興	205(校)
61	李顯	91(刊)		李賢(章懷太子)	98(註)
63	李默	134(序)			161(撰)
		147(撰)			377(序)

	李奎	406(序)	李萬實	190(重修)
		453(著)	李攀龍	185(序)
		474(校正)		366(著)
	李克嗣	525(鋟)		398(撰)
	李希程	180(序)		406(著)
	李志遠	256(訂正)		408(著)
	李嘉謀	309(註解)		468(編選)
	李吉甫	161(撰)		476(選)
	李奇玉	68(著)		478(撰)
42	李梴	243(纂)		523(撰)
44	李夢陽	177(序)	李若愚	173(序)
		264(撰)	李蕃	525(撰)
		341(序)	李世芳	190(刊)
		366(序)		266(校錄)
		366(撰)	李袞	266(序)
		373(序)	李贄	108(撰)
		383(撰)		500(撰)
		384(序)	李枝	179(序)
		403(著)	李林甫	199(註)
		417(著)	46 李觀	428(著)
		417(撰)	李賀	353(著)
		418(著)	47 李墀	86(校刊)
		451(序)	48 李翰	206(序)
		478(撰)		281(撰)
	李苘	377(重刊并識)	50 李中	194(序)
	李茂材	347(分類)	李泰(江東雲厓老人)	
		347(跋)		93(集)
	李茂年	347(分類)		160(撰)
	李孝美	259(編次)	李本	451(序)
	李孝光	521(序)	李春芳	106(上進)

	李淳風	246(纂)	37 李洞	422(著)
	李寧儉	447(編次)	李鴻	71(編輯)
	李寅	127(序)	李漁	420(撰)
	李之儀	517(撰)	李過	56(撰)
	李之藻	87(述著)	李通玄	301(撰)
		209(撰)	李鄴嗣	148(叙傳)
	李實	113(著)		420(撰)
	李寅	420(著)		482(叙傳)
	李宗元	180(編)		529(選)
	李宗樞	231(序)	38 李瀚	227(刊)
		420(序)	李滄	67(後序、梓)
	李宗鶚	336(撰)	李裕	156(撰)
31	李馮銓	210(紀)	李遵	137(輯)
	李源	209(撰)		137(序)
	李禎	364(著)	李遵勖	305(纂)
32	李澄	398(編集)	李道謙	323(集)
	李遜	167(纂修)	李道純	314(註)
33	李心傳	65(序)		323(撰)
		135(著)		323(撰)
		207(撰)		335(註)
	李繡	76(著)	40 李大晉	495(校刊)
34	李漢	427(編)	李大有	102(後序)
	李汝蘭	405(校)	李士元	167(總裁)
	李汝華	241(序)		386(著)
		244(序)	李士允	217(跋)
	李祺	381(序)		412(著)
36	李渭	193(撰)	李士修	350(刻)
	李遇元	198(序)	李士實	221(著)
		398(序)		405(著)
	李遇春	186(編輯)		496(序)

	李承勛	125(撰)			530(撰)
	李承箕	404(序)		李佃	255(序)
18	李璇	181(序)		李伯璵	488(編輯)
20	李維鋐	451(校)			488(序後)
21	李仁	124(序)		李泉	115(著)
	李衡	56(撰)	27	李盤	277(輯)
	李經	161(序)		李多見	234(錄)
	李經綸	251(註釋)		李翶	258(撰)
22	李嵩	163(撰)		李名言	447(著)
		178(序)		李磐	183(纂修)
	李鼎祚	55(撰)		李約	313(註)
	李繼貞	493(評)		李紹	433(序)
23	李獻陽	178(編輯)			434(刊)
24	李先芳	330(校并序)	28	李復初	147(序)
		368(著)			164(修)
		392(著)			442(序)
		406(著)		李從宜	447(序後)
		409(著)	30	李濂	137(輯)
	李德	477(撰)			145(校刊)
	李德裕	427(著)			146(撰)
	李德用	234(著)			179(後序)
	李德恢	174(重修)			182(後序)
	李幼武	140(補編)			193(撰)
	李贊元	346(閱)			226(序)
25	李仲	147(撰)			298(著)
		206(序)			299(撰)
		277(撰輯)			325(序)
	李傑	250(序)			479(序)
	李紳縉	320(序)			507(批點)
26	李白	346(撰)			517(評)

4003₈ 夾			李文祥	189(序)
10 夾璋	186(編)		李文華	387(校刻)
			李言恭	418(著)
4010₆ 查			李謙	136(撰)
10 查王望	520(輯)	02	李新芳	505(輯)
27 查絳	217(撰)	04	李謨	165(序)
		05	李竦	319(編)
4022₇ 南		09	李麟	495(著)
30 南宮靖一	220(撰)	10	李玉	438(序)
37 南逢吉	196(注)		李霏	311(集)
40 南大吉	186(撰)		李元綱	146(撰)
	196(序)		李元陽	69(校刊)
				77(校刊)
希				92(跋)
30 希淳	275(跋)			97(輯訂)
				98(校)
4024₇ 皮			李丙	476(撰)
60 皮日休	351(序)		李百藥	99(撰)
		12	李廷	311(序)
4040₇ 李			李廷允	282(跋)
00 李亢	298(纂)		李廷寶	136(刊)
李齊芳	347(分類)			163(修)
李方子	101(序)		李廷機	485(撰)
李應霱	180(序)		李廷相	457(識)
李應科	277(校正)		李廷忠	505(撰)
李應奎	183(撰)		李廷貴	149(撰)
李應星	86(序)		李延壽	99(撰)
李文充	175(刊并序)	16	李碧棲	145(編)
李文麟	375(評選)	17	李孟暘	181(序)
李文叔	110(序)			181(修)

10	邊貢	365(著)	36	塗澤民	249(序)
		373(撰)			
20	邊維垣	166(序)	3814₇	游	
30	邊憲	150(序)	10	游震得	449(序)
90	邊惇德	282(序)	15	游璉	194(編集)
			43	游朴	295(序)
3712₀	洞		60	游日章	286(著)
26	洞泉子	328(校刊)	77	游居敬	244(序後)
					382(校)
3712₇	滑				
40	滑壽	239(校)	3819₄	涂	
			46	涂相	491(輯)
3716₁	澹				
77	澹居老人至仁	439(序)	3830₆	道	
			22	道山居士	159(序)
3717₂	涵				
57	涵蟾子	317(編輯)	3860₄	啓	
			00	啓玄子	319(述)
3730₂	過				
00	過庭訓	172(纂)		**4**	
64	過時霱	392(撰)	4001₁	左	
			40	左克明	522(編)
3730₄	逄		55	左贊	498(序)
21	逄行珪	260(註并序)	60	左國棟	482(彙次)
3772₇	郎		4003₀	大	
14	郎瑛	270(著)	22	大川禪師	305(撰)
40	郎士元	352(著)			
				太	
3810₄	塗		41	太極真人	309(撰)

3510₆	冲			湯紹恩	371(序)
21	冲虛子	314(註)			407(書後)
					442(校正)
3512₇	清		30	湯賓尹	483(訂)
16	清聖祖	19(纂)	34	湯漢(東澗)	316(序)
23	清獻堂	82(刊)			487(自序)
		91(刊)	43	湯載	256(著)
44	清世宗	19(序)	44	湯世賢	411(序)
				湯植	218(序)
3530₀	連		61	湯顯祖	444(著)
80	連鑛	169(編修)			444(著)
3611₀	况		3621₀	祝	
27	况叔祺	287(編)	00	祝文彥	234(撰)
			17	祝珝	178(纂)
3611₁	混		22	祝鑾	168(序)
23	混然子	323(校正)			476(撰)
		330(註)	23	祝允明	115(著)
35	混沌子	318(撰)			165(序)
					264(撰)
3611₇	温				294(撰)
02	温新	399(著)			480(撰)
		530(跋)	26	祝穆	505(編)
40	温大雅	101(著)	30	祝完	354(序)
71	温厚	407(刻)			408(序)
			33	祝泌	248(撰)
3612₇	湯		40	祝堯	503(撰)
10	湯一賢	166(輯)	44	祝茹穹	242(著)
20	湯舜民	500(著)			
27	湯紹祖	459(撰)	3630₂	邊	

		529(著)			274(著)
	沈與文	290(校刊)			428(序)
82	沈鍾	179(撰)			465(選)
92	沈愷	371(著)	41	洪垣	445(後序)
		379(著)		洪梗	375(編次)
98	沈爚	509(纂集)	44	洪孝先	496(著)
			47	洪朝	389(跋)
3413$_1$	法		60	洪恩	450(校刻)
60	法景	286(修編)	61	洪晅	168(序)
			77	洪月峯	189(序)
3414$_7$	凌			洪興祖	293(序)
10	凌震	368(後序)	80	洪鐘	357(序)
	凌雲翼	300(刊)	90	洪常	160(撰)
		492(序)			
20	凌稚隆	98(輯校)	3419$_0$	沐	
26	凌伯源	532(彙次)	19	沐璘	377(像贊)
28	凌以棟	93(撰)			404(著)
30	凌瀛初	290(校)	22	沐崑	404(刊)
38	凌瀚	176(修)	24	沐僖	404(著)
		288(著)	47	沐朝弼	197(撰)
44	凌某	129(撰)	60	沐昂	404(著)
50	凌東淮	129(校正)			
			3426$_0$	褚	
3418$_1$	洪		02	褚證	318(編)
00	洪章	191(序)	26	褚伯秀	316(學)
15	洪珠	490(序)			316(輯)
17	洪翼聖	72(著輯)	40	褚克明	258(集)
30	洪憲	160(識)			
34	洪邁	161(後序)	3430$_4$	達	
		265(序)	00	達磨笈多	303(譯)

3411_2 沈

00	沈應龍	191(序)	35	沈津	275(編)
	沈應魁	145(校并序)	38	沈汾	318(傳)
	沈庭訓	377(重寫)		沈啟原	244(序)
03	沈謐	397(著)	40	沈九疇	340(序)
07	沈韶	193(撰)			417(選)
10	沈一中	243(序)		沈堯中	171(編纂)
	沈一貫	417(撰)	41	沈樞(憲敏)	155(撰)
		447(序)	43	沈載錫	83(訂定)
			44	沈荃	173(序)
	沈亞之	427(撰)			254(撰)
12	沈廷勱	483(序)		沈懋允	485(評次)
13	沈琮	362(識)		沈桂奇	192(序)
15	沈珠	136(重修)			376(啟)
17	沈孟化	499(修)	47	沈朝陽	106(繙閱)
	沈君典	451(刪定)	48	沈梅	167(纂修)
21	沈虞卿	431(校刊并識)	50	沈泰灝	137(輯)
22	沈崇崙	145(記)		沈泰鴻	244(序)
27	沈鏧	72(著)			306(序)
	沈魯	138(序)	52	沈括	268(撰)
	沈約	99(撰)	60	沈勖	189(修)
		100(附註)		沈愚	138(編輯)
	沈叔明	288(纂)	67	沈明臣	163(纂)
	沈紹慶	183(修)			373(唱和)
28	沈作喆	269(撰)			403(著)
30	沈宜民	116(校)			417(撰)
	沈濂	404(刊)			417(序)
	沈淳	451(序)			451(序)
	沈宏	398(和詩)			520(序)
	沈寶	350(跋後)	77	沈周	392(著)
	沈察	245(序)			406(著)

37	潘潤	169(後序)			155(撰)
38	潘滋	409(著)			156(撰)
	潘游龍	208(撰)			157(撰)
40	潘士藻	71(序)	34	梁潛	495(撰)
44	潘基慶	73(編集)	40	梁志盛	249(著)
46	潘塤	122(撰)	44	梁椅	486(序後)
		211(撰)	50	梁貴亨	185(序)
		287(纂)	60	梁果	495(識)
	潘槐	169(同修)	77	梁邱子	310(註解)
60	潘旦	56(序)		梁學孟	242(著)
	潘晟	173(序)	86	梁知先	153(序)
	潘恩	55(序)			528(序)
		94(著)			
		373(序)	3411_1	湛	
		421(著)	44	湛若水	136(述)
	潘昂霄	218(撰)			145(序)
88	潘鎰	178(序)			167(序)
		178(修)			169(序)
	潘符	390(序)			172(序)
		400(序)			177(序)
					188(序)
3312_7	浦				231(撰)
14	浦瑾	221(書後)			232(撰)
					376(撰)
3390_4	梁				376(輯解)
20	梁喬	430(序後)			377(序)
24	梁佐	266(校刊并序)			381(著)
		414(著)			481(序)
30	梁永淳	234(輯)			526(著)
	梁寅	67(撰)			

28	顧從敬	515(編次)		顧起綸	375(著)
		516(選)	67	顧明	468(選釋)
30	顧宸	346(著)	77	顧學可	331(序)
	顧定芳	262(識後)	86	顧錫疇	105(編纂)
	顧宗孟	87(批點)			493(評)
35	顧清	165(纂修)	97	顧徇	380(題後)
37	顧祖訓	298(編)			406(跋)
	顧祖武	493(編輯)			
	顧祖源	376(校梓)	3130₃	邊	
38	顧道洪	348(校刊)	23	邊然子	253(撰)
40	顧大典	398(著)			
		414(著)	3216₉	潘	
	顧有孝	483(選)	00	潘高	124(跋)
	顧存仁	121(校)		潘應詔	347(閱)
		130(撰)		潘府	141(重刊序)
		165(序)		潘文淵	504(選)
		195(序、跋)		潘章	149(校刊)
		377(序)	11	潘琴	93(序)
		390(著)	12	潘孔修	133(著)
		471(序)	13	潘珹	192(撰)
		505(校)	14	潘璜	229(序)
41	顧梧芳	81(校正)	17	潘子正	94(跋)
44	顧夢麟	87(纂輯)		潘子嘉	136(校)
	顧英	364(序)	20	潘季馴	189(撰)
47	顧歡	313(述)			189(纂修)
	顧起元	87(訂)		潘維德	457(校刻)
	顧起經	349(題)		潘維時	457(校刻)
		495(著)	23	潘允端	212(纂)
		528(撰)	26	潘自牧	283(著)
	顧起倫	281(補輯)	34	潘潢	126(序)

37	馮濯庵	191(撰)			247(編)
42	馮彬	188(編)			393(序)
44	馮夢龍	277(著)			407(序)
	馮蘭	418(撰)			464(序)
	馮世雍(三石)				476(撰)
		450(後序)		顧應夫	288(纂)
		451(撰)	10	顧霑	124(序)
	馮贄	291(撰)			128(序)
46	馮相	180(撰)		顧元緯	227(跋)
		328(編集)		顧可久	386(著)
50	馮春	347(閱)	16	顧聖之	399(撰)
64	馮時	236(撰)	17	顧乃德	251(序)
	馮時來	209(校并序)		顧承芳	168(纂輯)
71	馮厚	488(校正)	19	顧璘	146(撰)
		488(序後)			179(序)
77	馮開之	451(删定)			368(題詞)
80	馮夔	324(序)			378(序)
90	馮惟訥	185(纂)			386(著)
		369(序)			389(著)
		446(批點)			389(著)
		460(編)			402(撰)
		476(彙編)			413(序)
	馮炫	167(著)			442(序)
					463(批點)
3128₆	顧				463(批點)
00	顧充	156(編)			491(序)
	顧應祥	104(編輯)	23	顧磐	166(編考)
		132(撰)	24	顧佐	155(序)
		158(敘)	26	顧伯子	349(刊)
		159(序)	27	顧名儒	106(校)

	汪稷	361(校)	83	汪鋐	138(序)
		520(校)	86	汪鐸	210(校正)
27	汪舟	421(著)	90	汪尚寧	167(纂)
	汪綱	158(後跋)	97	汪燦	506(序)
30	汪濟川	239(校)			
	汪定國	107(序)	3112_0	河	
	汪宗伊	169(修)	21	河上公	310(註)
33	汪必東	496(著)	33	河濱丈人	330(著)
34	汪淇	277(序)			
		346(較閱)	3112_7	馮	
37	汪通值	238(校正)	07	馮翊	297(撰)
38	汪祚	135(序後)	12	馮瑗	286(校并序)
	汪道昆(崑)	127(序)		馮延巳	519(撰)
		173(叙)	14	馮琦	106(編)
		367(序)			286(撰)
		399(序)	17	馮承芳	381(引)
		494(撰)			473(序)
40	汪大章	430(序)		馮子振	361(倡和)
	汪克寬	86(序)			521(跋)
		101(序)	22	馮繼科	175(纂修)
	汪克用	216(刊)	23	馮允中	439(跋)
	汪有執	166(後序)	26	馮伯達	182(後序)
41	汪桓	236(訂)	27	馮佩實	198(叙)
	汪楷	397(序)	30	馮淮	388(著)
60	汪思	167(序)	31	馮遷	373(撰)
	汪田	98(跋)			403(校)
61	汪晬	358(撰)			499(撰)
64	汪時元	367(刻)	34	馮汝弼	165(叙)
		406(識)			452(撰)
80	汪愈	135(序後)			493(序)

46	宋楫	194(校刊)		江超恒	82(編纂)
53	宋咸	227(增註)	67	江暉	370(著)
57	宋邦輔	168(後序)	80	江金	185(修)
60	宋國華	167(纂修)	90	江少虞	206(撰)
	宋旻	174(後序)		江少微	102(著)
80	宋慈	237(撰)			103(編)
	宋公傳	471(編選)			
88	宋敏求	347(後序)	3111₄	汪	
		350(後序)	00	汪應軫	168(重修)
				汪文	168(纂)
3111₀	江				168(後序)
10	江一麟	172(編)		汪文盛	100(校刊)
	江一鵬	170(序)			418(編)
22	江山	193(撰)			499(編)
24	江休復	294(撰)	02	汪新	179(纂)
26	江總	425(序)	10	汪一元	507(校)
27	江紹前	108(校)		汪可孫	321(纂)
28	江以達	69(校刊)		汪雲程	131(校并序)
30	江之棟	288(輯)	12	汪瑀	174(後序)
31	江源	496(著)	14	汪珪	359(跋)
34	江淹	259(撰)	20	汪舜民	167(序)
	江汝璧	97(校刊)			496(跋)
		98(校刊)	21	汪順遠	321(撰)
		100(校刊)	23	汪俊	169(修)
		100(校刊)	24	汪偉	228(序)
		125(序)			316(跋)
		316(重刊)			485(序)
37	江遹	315(撰)			527(序)
47	江朝宗	113(序)	25	汪仲魯	134(序)
		498(序)	26	汪佃	175(重修)

47	安都	180(纂)			262(記後)
60	安國	281(校刊)	02	宋端儀	141(初藁)
		428(刊)	10	宋震	251(撰)
		439(刊)		宋无(子虛)	438(著)
90	安惟學	508(序)		宋雷	295(著)
			15	宋璉	163(序)
3080₁ 蹇			17	宋豫卿	380(序)
34	蹇達	368(序)	22	宋綬	239(序)
60	蹇昌辰	308(解)	24	宋佐	166(後序)
68	蹇曦	363(編集)		宋德宜	420(序)
		363(序後)	28	宋徽宗	256(撰)
					315(撰)
3080₆ 寶					519(撰)
26	寶臮	255(撰)	30	宋濂	92(序)
44	寶蒙	255(注)			100(撰)
90	寶常	353(著)			111(撰)
					230(序)
3090₁ 察					246(序)
37	察罕	102(編)			302(題後)
		103(編)			359(序)
					377(序)
宗					437(序)
27	宗彝	350(序首)			440(序)
71	宗原	449(校刊)			445(序)
	宗臣	449(著)			451(序)
80	宗人述	514(叙後)			470(選)
					480(傳)
3090₄ 宋					498(著)
00	宋應祥	360(點校)	37	宋祁	100(撰)
	宋庠	110(補音)	41	宋楷	217(序)

	徐甫宰	175(纂)	2835₁	鮮	
60	徐昱	206(撰)	10	鮮于樞	270(撰)
	徐圖	491(校)		**3**	
	徐景休	317(箋註)			
67	徐明府	347(刊)	3010₆	宣	
	徐昭文	101(序)	44	宣世言	371(著)
71	徐階(文登)	106(上進)			
		125(序)	3021₄	寇	
		128(序)	30	寇準	354(著)
		137(編)	40	寇才質	311(集)
		141(序)			
		171(序)	3014₇	淳	
		450(著)	10	淳于叔通	317(贊)
		531(序)	26	淳和子	331(撰)
74	徐慰懷	258(序)			
77	徐堅	281(撰)	3020₁	寧	
	徐鳳垣	420(序)	30	寧良	171(序)
	徐用誠	242(撰)			380(序)
	徐與喬	494(輯評)			
80	徐益孫	451(序)	3022₇	房	
	徐鉉	91(序)	15	房融	302(筆授)
	徐無黨	100(註)	34	房祺	471(編)
	徐善	483(序)			
	徐養正	140(撰)	3034₂	守	
86	徐鐸	240(撰)	87	守鉏野叟	320(校正)
88	徐銓	71(校刊)			
	徐繁	240(序)	3040₄	安	
90	徐光啓	372(序)	10	安正堂劉氏	82(刊)
	徐焴	485(刊)	27	安磐	349(序)
97	徐恪	121(撰)			

	徐元瑞	205(撰)		徐源	133(修)
	徐天祐	158(序)		徐禎卿	295(撰)
	徐霖	195(撰)			451(撰)
12	徐發	247(著)	32	徐淵	382(著)
		420(撰)	33	徐溥	103(序)
17	徐瓊	162(序)	34	徐達左	88(校正)
21	徐師曾	206(序)	36	徐渭	74(校正)
	徐縉	123(序首)	38	徐道邈	314(註)
		451(跋)	40	徐九皋	382(序)
22	徐繼述	251(著)		徐九思	192(序)
	徐繼善	251(著)		徐南京	460(序)
23	徐獻忠	163(撰)		徐貢	498(著)
		388(序)		徐楠	128(題)
		407(序)	43	徐栻	128(撰)
		460(選)			129(撰)
		476(序)	44	徐夢莘	106(撰)
25	徐傑	139(序)		徐夢易	453(校并序)
	徐紳	119(刊)		徐芳	531(序)
26	徐伯齡	270(纂)		徐葳	92(序)
	徐伯虬	423(刊)		徐楚	174(纂修)
	徐穆	163(序)	47	徐朝文	144(著)
27	徐象梅	526(撰)	48	徐幹	227(撰)
28	徐給諫	190(撰)	50	徐申	106(校正)
29	徐繗	399(序)		徐中行	97(序)
30	徐守真	240(編)			279(序)
	徐安貞	469(撰)			364(刻)
	徐良傅	443(序)			367(著)
	徐宗起	361(序)		徐泰	187(後序)
31	徐汧	70(著)	53	徐咸	143(撰)
		165(序)			144(重纂)

30	鄒守愚	179(撰)	18	包瑜	93(編)
		182(撰)	40	包大炯	418(著)
		468(編輯)		包大燨	184(序)
	鄒守益	169(序并跋)	57	包拯	120(撰)
		233(奏進)	77	包尼授	482(著)
		445(著)	88	包節	479(輯)
	鄒良	439(刊)		包節寓	126(序)
	鄒賽貞	394(著)			
	鄒察	378(跋)	2791$_7$	紀	
		382(序後)	00	紀文簡	164(後跋)
70	鄒璧	168(纂修)	25	紀純	164(序)
83	鄒鈜	240(續增)			
			2792$_0$	約	
2744$_7$	般		00	約齋山人	267(識)
52	般刺密帝	302(譯)			
		303(譯)	2792$_2$	繆	
			30	繆宗道	434(校正)
				繆宗周	398(和詩)
2760$_3$	魯		40	繆希雍	241(撰)
00	魯應龍	298(編)			
26	魯伯嗣	245(學)	2822$_7$	倫	
40	魯志剛	318(註)	28	倫以訓	146(序)
42	魯彭	147(校正)			
51	魯軒	273(序)	2829$_4$	徐	
72	魯氏	251(撰)	00	徐庸	419(編)
				徐度	269(撰)
2762$_7$	郜			徐文泈	449(著)
50	郜肅	360(序)	09	徐麟	169(纂修)
		360(校)	10	徐一忠	212(後序)
				徐一鳴	178(撰)
2771$_2$	包				

		417(序)	12 殷璠	462(撰)
20	倪維德	242(撰)	48 殷敬順	315(釋文)
23	倪俊	181(後序)	57 殷邦靖	272(校)
27	倪佩	104(校)		400(校選)
28	倪復	74(撰)	59 殷犎	416(校刊)
		278(著)		
30	倪守約	336(撰)	2725₂ 解	
32	倪澄	486(序)	21 解縉	181(序)
37	倪潤	495(著)		394(序後)
40	倪士毅	85(編輯)		
		86(撰)	2726₁ 詹	
41	倪桓	413(序)	40 詹太和	135(譜)
60	倪思	98(撰)	詹希原	
		263(著)		148(書丹并篆額)

2722₀ 向

00	向文傑	178(采訪)	2731₂ 鮑	
03	向誠	439(校)	10 鮑雲龍	248(著)
20	向秀	314(註)	22 鮑彪	110(序)
	向信道	439(校)	33 鮑溶	353(撰)

2732₇ 烏

2723₄ 侯

| 42 | 烏斯道 | 439(撰傳) |
| | | 496(著) |

12	侯廷訓	168(撰)
30	侯真	518(撰)
38	侯啟忠	178(序)	鄥
80	侯善淵	308(註)	25 鄥紳	442(校正)
		309(註)	
		314(註)	2742₇ 鄒
			00 鄒弈	360(序)

2724₇ 殷

| 10 鄒霆炎 | 88(撰) |

	釋道中	306(刊)	90	釋惟則	302(會解)
	釋道原	305(纂)			
40	釋大訢	500(撰)	2713$_2$	黎	
		529(撰)	00	黎立武	86(序)
	釋大杼	363(編集)	05	黎靖德	228(類編)
44	釋蒲菴	363(序)	36	黎温	83(校正)
46	釋如玘	302(註序、識後)	40	黎堯卿	275(纂)
		303(註)			343(跋)
		303(註)			348(序)
	釋如卺	306(著)		黎南表	500(序)
		306(刊)	50	黎擴	531(序)
	釋如覺	482(序)	60	黎晨	167(校刊)
50	釋惠洪	305(撰)	77	黎民表	195(修)
	釋惠南	304(編)			476(參訂并跋)
53	釋戒環	301(集)			
55	釋慧皎	305(撰)	2720$_7$	多	
	釋慧達	303(序)	60	多羅	303(譯)
57	釋契嵩	303(述)			
60	釋圓喜	148(重刊)	2721$_2$	危	
67	釋明本	361(倡和)	40	危大有	313(集)
77	釋覺岸	304(序)	50	危素	306(序)
	釋居頂	492(撰)			360(序)
	釋際聲	306(刊)			383(序)
80	釋念常	304(集)			441(序)
	釋普度	306(編集)	57	危邦輔	83(家藏)
	釋普瑞	302(集)			
	釋善遇	306(編)	2721$_7$	倪	
	釋善月	302(述)	08	倪謙	215(序)
86	釋智顗	304(述)	14	倪瓚	363(著)
	釋智輪	305(撰)	17	倪珣	384(著)

38	程啟克	511(敘)	2694₁	釋	
40	程大昌	72(奏上)	00	釋方澤	499(著)
		83(撰)		釋廣智	302(集)
		161(後序)		釋文瑩	292(著)
		193(撰)		釋玄嶷	304(撰)
41	程楷	172(纂)	10	釋一元(宗本)	306(序)
42	程斯彪	83(校)		釋正受	302(註)
60	程旦	474(後語)		釋至天隱	463(註)
		477(後序)		釋元照	302(序)
67	程嗣功	172(序)			304(序)
71	程頤(程子)	66(傳)	12	釋廷俊	305(序)
		67(傳)		釋延壽	304(述)
81	程鉅	102(序後)	21	釋行霆	304(述)
		103(序)	24	釋贊寧	272(編次)
		286(序)			305(撰)
88	程敏政	139(撰)	28	釋僧祐	303(撰)
		144(撰)		釋僧肇	303(著)
		147(撰)	30	釋宗密	303(述)
		186(序)		釋宗泐	302(演)
		233(撰)			303(註)
		240(序)			303(註)
		249(序)		釋宗曉	304(編)
		429(序)	32	釋澄觀	304(述)
		445(撰)	35	釋袾宏	306(撰并註)
		453(序)	37	釋淨源	303(集)
		488(選編)		釋淨善	306(重集)
99	程榮秀	135(序)	38	釋道誠	304(註)
				釋道宣	303(序)
2692₂	穆				304(撰)
00	穆文熙	478(批選)			305(撰)

	吳檄	379(著)		吳懷古	139(重校)
		452(著)		吳尚	76(序)
50	吳本固	383(序)		吳當	230(序)
	吳惠	368(序)	91	吳悟	330(撰)
	吳忠	155(音義)		吳炳	404(校)
57	吳邦杰	486(校正)	94	吳焜	335(述)
	吳邦楨	486(校正)	97	吳灼	523(鋟梓)
	吳邦模	122(刊跋)	99	吳鎣	87(較訂)
60	吳國倫	119(校)			
		384(著)	2690₀	和	
	吳思立	331(序)	22	和嶸	237(補)
	吳思穆	107(訂)	37	和凝	237(撰)
		188(修)			
67	吳明誠	300(著)	2691₄	程	
77	吳鵬	207(校)	00	程應魁	421(序)
	吳學易	242(校刊)			453(著)
	吳學問	242(校刊)		程康莊	421(著)
80	吳全節	67(序)		程文	165(纂輯)
84	吳鐄	402(著)	02	程端學	81(編)
86	吳鐸	166(跋)	11	程璩	353(校輯)
88	吳筠	263(撰)	12	程登	233(閱)
		319(撰)		程瑀	135(表後)
	吳節	97(叙)	17	程了一	322(著)
		201(撰)	24	程先貞	301(著)
		406(刊)	26	程吳龍	83(訂定)
		410(序)	27	程俱	439(撰)
		451(序)	30	程守	421(序)
	吳節恪	449(贊)		程準	66(序)
	吳餘慶	145(識)		程宗尹	299(序)
90	吳懷保	134(校梓)	37	程迥	66(編)

	吳伯朋	191(撰)		吳海	361(撰)
	吳繹	108(刊)		吳道新	482(序)
	吳稷	178(序)		吳道岸	72(校定)
27	吳仔	265(撰)		吳道淵	330(撰)
28	吳復	522(類編)		吳道南	194(輯錄)
30	吳漳	245(序)			290(撰)
	吳寬	174(序)	40	吳士	475(編)
		220(序)		吳希孟	138(編)
		392(序)		吳有壬	244(序)
		405(序)		吳嘉言	242(著)
	吳之振	420(撰)	42	吳樸	104(撰)
	吳守淮	373(唱和)			111(撰)
	吳宏基	107(箋)	43	吳棫	92(撰)
		107(訂)			92(著)
	吳良	241(彙纂)	44	吳勤	411(序)
	吳良謨	476(撰)		吳兢	110(著)
	吳宗器	185(修)			521(撰)
31	吳源起	171(序)		吳華	442(序)
32	吳澄	71(後序)		吳世良	383(序)
		76(撰)			402(編輯)
		110(題辭)			447(著)
		441(撰)		吳世忠	125(撰)
33	吳必顯	199(刊)		吳村	109(序)
34	吳潛	187(重修)		吳某	245(撰)
37	吳沉	288(纂)		吳桂芳	128(撰)
	吳淑	282(撰)	46	吳恕	240(集)
		297(撰)	47	吳朝鳳	382(輯)
	吳祿	245(輯)		吳格	465(識)
38	吳滋	506(選)	48	吳敬	247(編集)
	吳澂	440(序)		吳梯	238(校正)

		377(編次)			129(撰)
		377(後識)	12	吳廷翰	377(序)
90	魏尚純	177(後序)		吳廷舉	177(續編)
	魏尚綸	126(編)			365(序)
97	魏焕	115(撰)	15	吳璉	384(著)
					496(編校)
2643₀	吳			吳臻	168(修)
00	吳方九	369(序)	17	吳孟祺	277(撰)
	吳廉	476(撰)			369(序)
	吳文度	475(贈詩)		吳琛	388(序)
	吳文元	171(纂)	20	吳維岳	133(後跋)
	吳文貴	256(識)	21	吳處厚	292(著)
	吳文光	233(参)		吳師道	74(序)
	吳文炳	240(增補)			110(序)
	吳玄應	382(撰)	22	吳鼎	171(序)
	吳六泉	447(梓)			495(著)
01	吳龍	476(撰)		吳巖	122(稿)
04	吳訥	237(撰)		吳循	482(彙次)
		429(選編)		吳崑	243(著)
		489(編輯)		吳綎	380(編刊)
		517(輯)	23	吳獻臣	121(撰)
08	吳説	437(編次)		吳秘	226(增註)
09	吳麟	476(撰)	24	吳仕期	286(撰)
10	吳一鵬(白樓)	499(著)			491(撰)
		516(序)		吳德器	187(編)
	吳三樂	180(序)	25	吳岫	111(跋)
		184(撰)			289(跋)
	吳三錫	421(著)		吳純	195(撰)
	吳天洪	252(著)	26	吳自牧	197(撰)
	吳百朋(堯山)	127(撰)		吳伯宗	288(纂)

	369(自序)	2633₀	息
	370(序)	00 息齋道人	313(解)
	375(序)		
	375(評選)	2641₃	魏
	379(選)	00 魏慶之	510(輯)
	386(跋)	17 魏了翁(鶴山)	23(纂)
	390(題辭)		76(序)
	397(序)		229(撰)
	398(序)	22 魏偶	400(著)
	409(序)	25 魏仲恭	359(序)
	418(撰)	26 魏伯陽	316(演)
	424(校刊)		316(撰)
	449(撰)		317(撰)
	449(撰)		335(撰)
	523(撰)	27 魏魯	316(註)
皇甫濂	313(輯解)	28 魏徵	134(撰)
皇甫涍	142(撰)	魏收	99(撰)
皇甫冲	295(序)	30 魏濬	142(序)
	405(後序)	魏良貴	126(序)
	386(序)	35 魏津	182(序)
	409(撰)	38 魏瀚	400(序)
	477(輯)	魏榮	472(序)
皇甫冉	351(撰)	40 魏大中	277(正并序)
皇甫涑	362(序)	魏校(莊渠)	76(序)
皇甫曾	351(撰)		204(撰)
皇甫錄	295(著)	46 魏觀	377(著)
		50 魏泰	292(撰)
2624₁ 得		71 魏驥	361(序)
76 得陽子	332(註)		439(序)
		87 魏銘	215(撰)

	朱拱樋	125(序)	78	朱臨	77(序)
		403(著)			78(序)
57	朱邦憲	372(序)	80	朱奠培(竹林懶仙)	
58	朱整	485(重校)			510(撰)
60	朱曰藩	402(著)		朱公遷	86(撰)
		424(序)	82	朱鍾文	135(跋)
	朱昱	162(纂修)	86	朱知烊	486(序)
		186(修)	88	朱鑑	159(序)
		250(序)	90	朱懷幹	476(撰)
	朱國楨	271(撰)	92	朱恬烄(潘國親王、西屏道人)	364(著)
	朱思齋	162(撰)			
64	朱睦㮮	55(序)	97	朱焕	371(編次)
		130(撰)	99	朱榮㴸(楚王)	359(著)
		140(編并識)			
		143(撰)	2590₆ 种		
		145(撰)	10	种雲漢	387(校刻)
		145(編次)			
		299(撰)	2600₀ 白		
		366(序)	10	白玉蟾	321(撰)
		367(序)		白雲仙人	335(著)
		505(選校)	44	白世卿	371(序)
67	朱煦	371(編次)	77	白居易	353(撰)
71	朱厚燾(坦仙)	488(序)			
	朱厚煜(趙王)	111(刊)	2610₄ 皇		
	朱既白	447(刊)	53	皇甫謐	140(撰)
	朱臣	244(編)		皇甫牧	291(撰)
	朱長文	162(撰)		皇甫汸	264(撰)
72	朱氏	129(撰)			285(序後)
77	朱隆禧	212(重修)			300(撰)
	朱朋來	400(著)			368(著)

		446(序)			229(題辭)
31	朱福	530(跋)			340(集註)
33	朱心	88(撰)			429(著)
34	朱湛	134(識)			526(撰)
37	朱鴻謨	190(序)	43	朱載堉	114(編)
	朱淑真	359(撰)	44	朱勤㶇	371(梓)
	朱祁銓(頤仙)	477(編)		朱權(寧藩、寧王、涵虛	
		488(序)		子、臞仙)	112(編)
	朱逢吉	205(校)			114(序)
		377(序)			221(製)
		388(序)			221(撰)
40	朱左	75(序)			242(編)
	朱大韶	372(序)			257(撰)
	朱大英	372(跋)			316(註)
	朱希周	117(校)			327(製)
		121(校)			327(撰)
		505(校)			328(著)
	朱熹(朱子)	66(本義)			417(著)
		67(本義)			512(編)
		73(集傳)			514(著)
		75(撰)	50	朱申	75(著)
		84(撰)			81(註釋)
		101(撰)			135(序)
		101(序)		朱泰遊	184(編)
		120(序)		朱東觀	483(序)
		121(代作)			485(裁定)
		140(撰)	53	朱輔	199(撰)
		140(編)		朱成鏳	377(著)
		228(撰)	54	朱拱㮣(端惠王醒齋)	
		229(撰)			397(著)

2590₀　朱

00	朱應雲	151(撰)	21	朱倬	74(撰)
	朱應登	481(著)		朱衡	410(序)
	朱應祥	381(評點)		朱頲	191(序)
	朱應辰	341(訂梓)		朱縉	180(修)
	朱應鍾(陽仲)	374(著)	22	朱欽	420(編次、批點)
				朱岑	432(覆校)
05	朱諫	121(序後)		朱鸞	164(修)
07	朱翊鈏(益王、滇南道人)	476(批選)	23	朱弁	268(著)
				|508(撰)
09	朱麟	169(序)	24	朱佑杬(明恭穆獻皇帝)	
		169(裁正)			365(撰)
10	朱元誥	121(序後)	25	朱健	208(著)
	朱元振	393(著)	26	朱得之	312(著)
	朱爾邁	235(輯)	27	朱象先	453(著)
	朱震	55(撰)		朱彝尊	420(撰)
	朱震亨	240(撰)		朱約佶	328(撰)
	朱天錫	99(跋)		朱紹	482(編輯)
	朱雲鳳	476(撰)	28	朱徽	208(訂)
12	朱廷立	196(序)			325(序)
		213(撰)	30	朱宣㙮(味一道人)	
		407(序)			480(輯)
		450(撰)		朱家相	163(序)
	朱廷臣	327(輯)			211(增修)
17	朱孟烷(楚莊王)	492(撰)			415(識)
	朱翌	265(撰)		朱之藩	483(選)
	朱承爵	427(記)		朱憲㸅(遼藩貞翁)	
		358(選)			479(撰)
	朱柔嘉	91(序)		朱宙楨	374(序)
20	朱季埈	492(跋)		朱寶	299(撰)
	朱維藩	495(序)		朱察卿	403(序)

21	崇仁書堂	82(刊)	
2290₄	**巢**		
10	巢元方	239(撰)	
	樂		
50	樂史	347(序)	
2300₀	**卜**		
00	卜應天(則巍)	249(著)	
		503(著)	
2324₂	**傅**		
10	傅霄	425(編)	
14	傅珪	495(著)	
17	傅習	472(采集)	
28	傅倫	419(著)	
30	傅宏戴	145(校正)	
	傅定保	438(序)	
34	傅漢臣	237(撰)	
		371(序)	
	傅汝舟	100(校刊)	
	傅汝楫	132(校)	
38	傅瀚	178(撰)	
44	傅若川	360(編刊)	
		512(編)	
	傅若金	360(撰)	
	傅共	518(序)	
	傅某	413(撰)	
48	傅幹	518(撰)	

77	傅鳳翔	126(序)	
	傅同虛	138(編次)	
83	傅鉞	494(纂)	
2325₀	**臧**		
22	臧繼葉	104(校)	
2397₂	**嵇**		
00	嵇康	424(撰)	
2426₀	**儲**		
17	儲珊	168(序并跋)	
		182(序)	
24	儲罐	113(編)	
		439(序)	
30	儲良材	113(序後)	
44	儲華谷	317(註)	
57	儲邦掄	91(刊)	
2500₀	**牛**		
17	牛孟耕	183(修次)	
38	牛道淳	315(直解)	
44	牛若麟	165(纂修)	
77	牛鳳	183(撰)	
2520₆	**仲**		
27	仲僎	414(序)	
41	仲桓	520(編)	
71	仲長氏	261(撰定)	

		80(釋義)		445(序)
40	豐坊	412(序)		497(著)
		417(編并引)		531(集)
51	豐耘	73(補音)		531(自序)
77	豐熙	70(集説)	86 崔錦	489(校選)
		73(正説)	88 崔鋭	123(序)
		399(序)		

任

2220₇	岑		26 任自垣	191(撰)
23	岑參	349(著)	任佃	440(序)
			30 任之鼎	172(修)
2221₄	崔		任良幹	388(序)
10	崔三畏	164(序)		495(校刊)
11	崔碩	368(書後)		520(編)
17	崔子方(西疇居士)		32 任淵	354(註)
		79(撰)	任近臣	423(校梓)
27	崔豹	265(著)	37 任洛	135(序)
30	崔官	374(刻并序)	38 任瀚	481(評)
38	崔澂	368(著)	40 任才鼎	180(序)
47	崔桐	162(序)	任真子	314(註)
		163(輯)		
		166(序)	2222₇ 嵩	
83	崔鐵	138(撰)	17 嵩子	326(識)
84	崔銑	136(撰)		
		181(序)	2241₃ 巍	
		181(修)	10 巍天應	251(著)
		198(撰)		
		232(撰)	2290₁ 崇	
		378(序)	10 崇正書院	98(刊)
		442(序)	崇正堂	84(刊)

2122₇ 衛		46 熊相	163(修)
17 衛承芳	84(摹刻)	50 熊忠	92(舉要)
25 衛傳	268(序)	51 熊振宇	70(刊)
36 衛湜	76(撰)	72 熊剛大	230(註)
77 衛周祚	210(紀)	熊氏中和堂	155(刊)
		77 熊朋來	439(撰)
2123₄ 虞		80 熊人霖	208(序)
00 虞應龍	528(序)	82 熊釗	328(編輯)
20 虞集	304(序)	88 熊節	230(編)
	323(撰)		
	343(註)	2143₀ 衡	
	359(序)	22 衡嶽真子	334(註)
	362(撰)		
	463(序)	2190₃ 紫	
	472(校選)	10 紫霞老人	487(序)
	500(序)		
	529(序)	2190₄ 柴	
	532(序)	07 柴望	220(著)
43 虞載	284(編次)	10 柴元臯	323(編)
44 虞世南	281(撰)	20 柴維道	498(著)
72 虞氏	260(撰)	38 柴縈	500(編)
88 虞銓	260(跋)		
		2210₈ 豐	
2133₁ 熊		00 豐慶	70(續音)
20 熊禾	285(序)		73(續音)
21 熊卓	384(著)	26 豐稷	70(正音)
30 熊宇	340(撰)		73(正音)
37 熊汲	176(序)		80(案斷)
40 熊太古	294(撰)	38 豐道生	70(考補)
熊大剛	250(序)		73(考補)

	伍			何粲	316(註)
24	伍偉	409(序)	30	何良俊	390(序)
27	伍僩	87(編次)			467(序)
60	伍晏	175(編輯)			515(序)
88	伍餘福	172(纂)	31	何遷	251(序)
			32	何遜	424(撰)
2122₀	何		37	何鴻	376(編選)
08	何議	167(後序)	38	何道全(無垢子)	
10	何瑭	182(撰)			311(述註)
		377(序)	40	何士麟	175(序)
		441(校正)		何犿	26(校進)
		453(著)	44	何邁	268(撰)
12	何瑞	178(纂修)		何世守	418(校刊并識)
	何廷瑞	146(刊)		何世學	166(續增)
17	何孟倫	176(輯)	47	何格	184(修)
		517(校)	51	何振	198(撰)
	何孟春	225(訂註)	58	何鰲	75(梓)
		301(著)	60	何景明(大復)	162(撰)
		370(著)			378(撰)
		402(撰)			382(著)
		404(序)			387(著)
	何承天	252(註)			460(校正)
20	何喬	83(刊)			478(撰)
22	何山	178(校正)			490(選)
23	何允魁	194(序)			495(撰)
	何允中	156(序)	77	何貫	125(後序)
24	何魁	216(撰)	80	何介石	208(校)
	何偉然	494(訂)		何愈	172(後序)
26	何自學	145(編)	89	何鎧	127(序)
27	何御	188(修)	90	何省安	178(序)

04	焦竑	271(撰)	60	毛晃	92(增註)
		433(序)	77	毛鳳韶	173(修)
20	焦維章	442(跋)			407(序)
24	焦竑	139(重校)		毛居正	92(校刊)
			80	毛曾	93(删集)

2040₇ 季

20	季舜有	483(序)	2110₀	上	
24	季勳	184(編)	30	上官祐	176(序)
50	季本	74(撰)	76	上陽子	317(註)
		82(撰)			

2042₇ 禹

22	禹山人	336(撰)	2121₀	仁	
			72	仁所居士	331(集)

2121₇ 盧

2071₄ 毛

08	毛效直	397(序)	00	盧彥	407(序)
10	毛雲鸞	254(著)		盧雍	283(校勘)
	毛雲鶯	254(著)	10	盧天驥	316(上進)
21	毛行	517(撰)	17	盧瓊	169(序)
24	毛德京	172(修)	28	盧復	242(正)
26	毛伯溫	128(撰)		盧綸	343(後序)
		130(撰)	32	盧淵	496(編校)
		398(著)		盧漸	217(撰)
		398(序)	38	盧遵元	334(編)
			44	盧芥湛	304(後序)
27	毛紀	185(修輯)	45	盧柟	198(撰)
30	毛滂	517(撰)			480(撰)
	毛憲	189(校閱)			504(撰)
32	毛漸	68(序)	58	盧整	410(序)
40	毛直方	485(引)	70	盧璧	177(序)
	毛希秉	91(序)	89	盧鏜	181(修)

00	邵亨貞(復孺)	361(著)	43	邵博	293(撰)
		520(著)		邵城	73(續考)
	邵應試	300(撰)	44	邵夢麟	128(刊并後序)
	邵雍(康節)	247(傳)		邵若愚	313(解)
04	邵訥	244(輯)	53	邵輔	309(序)
		245(輯)			329(著)
10	邵天和	468(編校)			331(註)
17	邵孟麟	129(序)	60	邵景堯	87(訂)
21	邵經邦	212(彙次)	67	邵鳴岐	184(纂修)
26	邵伯溫	247(撰)	71	邵陛	384(序)
		293(撰)			418(序)
28	邵以正	326(錽梓)	87	邵銅	413(序)
	邵徵	327(撰)	88	邵銳	512(序)
30	邵寶	119(序)	90	邵惟	406(校)
		121(編校)			
		132(編)	1918_0	耿	
		180(序)	12	耿延禧	110(序)
		198(序)	25	耿純	289(編次)
		221(撰)	30	耿定向	146(輯)
		274(撰)			
		346(鈔)			**2**
		366(後序)	2022_7	喬	
		445(撰)	21	喬縉	183(序)
		484(序)	30	喬宇	383(倡和)
		490(序)	31	喬遷	182(序)
		499(像贊)	44	喬世寧	295(序)
		513(刊)			460(序)
33	邵演	183(後序)			498(著)
40	邵培	73(續考)			
	邵有道	175(總裁)	2033_1	焦	

1722₇	酈			尹直(訾齋)	143(撰)
11	酈琥	150(采集)			294(撰)
38	酈道元	189(注)			377(校)
					453(撰)
	胥			尹南	390(序)
10	胥元一	308(註)		尹志	124(跋後)
91	胥焯	178(考校)		尹喜	315(著)
			47	尹起莘	101(序)
	鬻				103(上進)
21	鬻熊	260(撰)	90	尹愭	314(註)
1723₂	承		1760₂	習	
10	承天貴	184(編輯)	30	習房子	320(序)
1740₈	翠		1762₀	司	
21	翠虛子素庵老人		10	司靈鳳	192(撰)
		324(跋)	71	司馬承禎	318(撰)
22	翠巖堂	205(刊)		司馬貞	97(索隱)
					97(補撰并注)
1742₇	邢			司馬遷	97(撰)
00	邢讓	204(序)		司馬泰	376(序)
14	邢璹	55(註)		司馬光	101(編集)
		66(註)			101(上進)
17	邢昫	165(序)			102(叙)
41	邢址	176(後序)			226(增註)
60	邢昺	90(疏)			247(撰)
					292(撰)
1750₇	尹				509(撰)
20	尹重民	446(識)			
40	尹臺	446(著)	1762₇	邵	

	孫學古	468(識)	21	孟倬然	308(序)
82	孫鍾瑞	483(撰)	23	孟絨	120(序)
86	孫鐸	184(纂修)	25	孟仲遜	164(修)
88	孫銓	490(序後)	30	孟良臣	472(刊)
	孫銳	231(識後)	34	孟浩然	347(撰)
90	孫惟一	120(重校)			348(著)
	孫光輝	371(跋)	80	孟公肇	184(序)
	孫粹然	532(序)	90	孟惟誠	344(參校增註)
94	孫慎行	483(校)			
98	孫燧	216(撰)	1712₇	鄧	
			10	鄧元錫	108(撰)
1314₀	武		22	鄧繼禹	326(跋)
10	武三思	462(撰)		鄧繼曾	307(序)
	武元衡	462(撰)	24	鄧德成	323(編)
	武平一	462(撰)	28	鄧復延	187(編)
50	武夷桂林主人	286(序)	30	鄧淮	174(序)
74	武陵逸史	517(編)	42	鄧析	237(撰)
			43	鄧黻	82(序)
1623₆	強				165(撰次)
10	強至	135(輯)	44	鄧林	471(序)
		135(編次)	45	鄧栟	332(纂圖)
60	強思齋	310(纂)		鄧椿	256(撰)
			46	鄧旭	528(序)
1660₁	碧		47	鄧均	70(序)
21	碧虛子	314(集)		鄧杞	56(校刊)
			67	鄧鳴鸞	89(注)
1710₇	孟		84	鄧錡	312(述)
07	孟郊	350(撰)	90	鄧光	435(序)
		351(著)		鄧光薦	438(序)
10	孟元老	196(撰)			

		486(刊并序)	24 孫佐	484(校刊)
21	孔穎達	55(正義)	孫偉	385(撰)
		69(疏)	孫緒	389(評、序)
		73(疏)	26 孫纓偕	532(彙次)
		77(疏)	27 孫旬	131(彙輯)
22	孔胤植	225(校)	孫紹遠	469(編)
24	孔鮒	225(撰)	28 孫作	480(著)
25	孔傳原	259(題辭)	30 孫濟	476(撰)
30	孔安國	69(傳)	孫宸洪	314(補註)
90	孔尚達	225(序)		332(著)
			孫宏試	130(撰)

1241₃ 飛

40	飛來山人	278(彙編)	38 孫榮	291(撰)
			40 孫奭	84(疏)
			孫存吾	472(編類)

1249₃ 孫

			44 孫堪	138(編)
00	孫彥同	200(撰)	孫恭	468(序)
	孫應魁	499(序)	孫蕡	379(著)
	孫應奎	150(序後)		405(著)
	孫應鰲	369(序)		477(撰)
		481(著)	孫枝	478(選)
	孫弈	230(撰)	孫枝蕃	533(訂)
08	孫謙益	432(校正)	47 孫胡珙	56(後序)
10	孫一元(太復)	407(著)	50 孫中麟	482(彙次)
	孫三錫	234(撰)	58 孫鏊	384(校)
12	孫副樞	297(序)	67 孫明復	78(撰)
17	孫承恩	120(校)	孫昭	127(後序)
		121(校)		513(纂)
		505(校)	71 孫原貞	134(序)
	孫子麟	300(述)	74 孫陞	124(序)
23	孫獻可	386(志)	77 孫際可	137(輯)

	張愈嚴	195(刊)	99 張熒	185(序)
	張愈光	264(著)		
	張合	56(記)	1173₂ 裴	
	張含	370(著)	10 裴一中	242(著)
		402(序)	24 裴休	303(序)
		406(著)	25 裴紳	382(序)
		406(序)	30 裴宇	364(序)
		407(序)	48 裴松之	98(注)
		410(著)	76 裴駰	97(集解)
		469(選)	80 裴鉉	335(上)
		477(選)		
		504(序)	1220₀ 列	
	張養浩(文忠)	200(撰)	27 列禦寇	315(撰)
81	張榘	196(序)		
		470(序)	1223₀ 水	
83	張鐵	191(撰)	24 水佳允	137(輯)
85	張鈇	365(著)	30 水之文	178(彙正)
86	張鐸	371(著)	80 水介	137(輯)
		405(序)		
88	張簡	189(编輯)	1241₀ 孔	
	張敏	186(纂)	10 孔平仲	268(撰)
90	張惟恕	227(梓)		292(撰)
	張惟炎	289(輯)	孔天胤	290(刊并序)
	張光祖	123(撰)		369(序)
		429(會集、序)		385(序)
	張尚德(關西修髯子)			405(序)
		93(釋義)		406(序)
95	張性	344(撰)		407(刻)
96	張煜如	483(識後)		409(序)
98	張愉	447(序)		446(批點)

	張世賢	239(註)		張景賢	480(序)
	張世美	528(後序)	63	張咏	352(序)
	張其綱	251(序)	64	張曉	499(撰)
	張某	130(撰)		張時徹(維静)	146(編)
	張萊	192(撰)			172(纂修)
46	張相	372(序)			243(編)
47	張鶴騰	243(撰)			275(序)
	張鶴年	177(編)			452(序)
	張杞	410(刊、序後)			489(輯)
50	張泰	360(序)			494(著)
		371(撰)		張時泰	104(著)
		498(序)		張時叙	93(序)
53	張輔	109(修)	67	張明道	527(訂正)
		111(表進)		張鳴鳳	251(編)
56	張輯	300(撰)			398(序)
57	張邦瑞	184(序)		張嗣成	313(訓頌)
	張邦奇	97(校刊)	70	張璧	125(序)
		98(校刊)			164(纂)
		100(校刊)			204(序)
		122(序)	72	張岳	174(輯)
		177(序)	77	張鳳翼	457(撰)
	張邦基	269(編)		張鵬	122(序)
	張邦教	361(序)			381(序)
58	張鏊	115(纂)			442(序)
		270(撰)			488(校刊)
	張敕	198(撰)		張居正	87(進講)
60	張四維	158(序)		張學顔	150(刊并識)
	張昇	393(著)		張與材	323(序)
		496(序)	80	張全恩	192(修)
	張昆池	218(梓)		張益	283(序)

		341(校正)		張大儀	383(著)
		342(校正)		張士隆	135(刊)
		453(著)			490(校)
		466(序)		張才	369(序)
33	張溥	74(纂)		張堯弼	180(序)
	張治道	147(序)		張希亮	200(校刊)
		164(序)		張存中	86(撰)
		405(著)		張志淳	207(識)
34	張湛	315(註)			225(序)
	張洧	232(識後)			270(撰)
	張祐	478(編校)		張真	450(序)
	張逵	370(著)		張木官	220(刻并識)
35	張沛	168(序)		張來	197(撰)
36	張泊	291(編)	41	張楷	374(著)
37	張湖	366(序)			398(序)
	張祿	289(撰)			411(撰)
38	張瀚	203(序)			529(撰)
	張洽	79(撰)	43	張載(张子、憲公)	
	張繪	122(序)			228(撰)
	張遂辰	139(重校)			527(撰)
	張道	74(校正)		張栻	85(撰)
		189(編)			134(撰)
39	張洸	66(跋)			504(序)
40	張九韶(美和)		44	張翥(仲舉)	230(序)
		157(編輯)			360(序)
		230(撰)			363(著)
	張九一	402(序)		張懋	109(表進)
	張九齡	461(著)		張懋賢	512(識)
	張九逵	445(識)		張華	299(撰)
	張太微	447(校序)		張世南	269(撰)

	張秉元	137(輯)	26 張伯顏	457(刊)
21	張衍慶	182(序)	張鯤	92(序)
	張傛	183(撰)	27 張魯	499(校刊并序)
	張行成	66(序)	張終南	498(著)
	張肯	377(序)	張叔安	525(序)
	張奭媚	534(校)	張絳	504(序)
	張縉	190(序)	30 張淮	241(序)
		222(梓)	張家傳	87(訂)
		346(輯定)	張永明	407(書後)
	張穎	183(纂修)	張適	388(著)
22	張鼎志	241(序)	張之象	220(序)
	張巖	534(傳記)		372(著)
	張繼綖	517(撰)		390(著)
	張綖	401(撰)		467(編)
		517(撰)		503(著)
23	張獻翼	286(序)		507(序)
		379(著)		508(訂正)
		398(序)	張守節	97(正義)
		399(撰)		97(註)
		408(校刻并序)	張宇初	481(撰)
		529(撰)	張寰	476(撰)
24	張佳胤	158(校正并序)	張良知	180(序)
		187(修)		211(撰)
		422(著)	張宗仁	182(校正)
	張德新	257(纂集)	張宗演	67(序)
	張德夫	165(修)	31 張祉	186(序)
	張偉	78(識)	32 張淵	246(序)
25	張仲景	238(著)		382(序)
	張傑夫	177(修)	張遜	163(修)
	張純仁	358(敘)	張遜業	303(校正)

		110(序)		張瓛	275(校)
	張一厚	442(跋)		張琮	364(編輯)
	張三豐	326(撰)	14	張琦	420(著)
	張三異	154(錄)		張瓚	481(序)
		387(校刻)	15	張翀	412(序)
	張璽	164(輯)	16	張環	115(序)
	張玉溪	475(著)			341(序)
	張元禎	156(序)	17	張羽	498(著)
		178(序)		張瑤芝	529(著)
		229(後序)		張粥	398(跋)
		354(序)			398(評)
		444(序)		張肅	510(序)
					532(序)
	張元洲	129(撰)			
	張元孝	123(跋)		張承祚	447(跋)
	張元忭	172(修)		張子序	137(輯)
	張雨	190(撰)		張子顏	161(後序)
	張雯	111(識)		張子西	461(輯)
	張天雨	518(撰)		張子微	322(傳)
	張天瑞	180(序)		張子蘭	137(輯)
	張天復	161(撰)		張習	379(序)
		251(序)			405(校并序)
	張天植	171(序)			438(識)
	張天叙	450(校刻)		張君房	321(撰)
	張可述	187(撰次)			323(撰)
12	張璞	381(序)		張翼翔	168(後序)
		381(校選)	20	張位	275(校刊)
	張弧	227(撰)		張舜民	292(撰)
	張廷榜	173(纂修)		張季霖	185(纂修)
13	張瑄	149(撰)		張孚敬	174(修)
		364(校)		張爵	124(撰)

		181(撰)			370(跋)
		181(序)		項元淇	370(撰)
22	賈嵩	330(撰)	12	項廷吉	164(序)
27	賈島	350(著)	88	項篤壽	370(序)
30	賈定	440(誌)			
	賈宗魯	165(後序)	1122₇	彌	
44	賈某	372(著)	26	彌伽釋迦	302(譯語)
60	賈思勰	238(撰)			303(譯語)
80	賈公彥	75(疏)			
		76(疏)	1123₂	張	
			00	張彥遠	255(撰)
	貢			張齊賢	291(集)
34	貢汝成	210(撰)		張商英	316(註)
40	貢奎	359(著)		張應垣	323(編)
				張慶暘	166(編輯)
1090₄	栗				167(後序)
00	栗應宏	442(序)		張文仲	289(集)
30	栗永祿	168(編次)		張文柱	412(編)
				張衮	165(纂)
1111₄	班		02	張端義	269(撰)
60	班固	98(撰)	03	張詠	430(著)
		423(撰)	04	張詩(時)	369(著)
67	班昭(曹壽妻)	227(撰)	07	張毅	139(集)
				張翃	144(序)
1111₇	甄				231(纂)
48	甄敬	476(裁正)			496(序)
			08	張敦實	247(撰)
1118₆	項			張説	461(著)
04	項麒	398(序)		張謙	460(彙集)
10	項元汴	370(校)	10	張一鯤	110(閲)

33	夏浚	176(序)			66(識)
60	夏昺	99(補輯重刊)	41	石楷	246(撰)
64	夏時正	171(序)	60	石星	478(閱正并序)
		172(序)	80	石介	435(著)
66	夏昜	519(撰)			
71	夏原吉	137(撰)	1060_1	吾	
			60	吾冔	174(編集)
1040_0	于		72	吾丘衍	270(撰)
00	于弈正	197(撰)			
08	于謙	127(撰)	1060_3	雷	
		442(撰)	22	雷樂	68(撰)
40	于有甲	534(序)	34	雷遬	178(撰)
94	于慎行	189(序)	35	雷禮	126(序)
					164(修)
1040_9	平				498(序)
24	平統	404(後序)	60	雷思齊	67(撰)
61	平顯(仲微)	387(著)	67	雷鳴春	374(著)
			77	雷同	156(校)
1043_0	天			雷貫	492(編)
06	天親菩薩	303(造)			
12	天水逸人大信	332(註)	1073_1	雲	
80	天谷	331(傳)	08	雲謙	100(跋)
			99	雲鎣	453(讚)
1060_0	石				
10	石天柱	128(撰)	1080_6	賈	
18	石珤	113(和)	00	賈應春	177(後序)
27	石侯	387(刻)		賈應璧	173(序)
30	石淮	308(序)	03	賈誼	225(撰)
31	石遷高	415(識別)		賈詠	113(和)
37	石澗	64(後序)			136(序)

97 王忬	128(撰)	1021₁ 元	
王灼	294(撰)	24 元結	462(編)
		元積	299(撰)
1010₈ 靈		47 元好問	240(序)
76 靈陽子	332(撰)		343(著)
			521(輯)
1014₁ 聶			522(撰)
27 聶豹	119(序)		
	216(序)	1021₄ 霍	
	233(序)	11 霍冀(思齋)	202(撰)
	264(序)	42 霍韜	114(後序)
	443(序)		125(疏)
57 聶静	369(撰)		138(序)
77 聶賢	217(序)		233(奏進)
1020₀ 丁		1024₇ 夏	
00 丁應奎	429(序)	00 夏育材	208(撰)
24 丁特起	110(編集)	夏文彦	256(撰)
25 丁律	531(跋)	夏言	122(撰)
28 丁從堯	242(撰)		123(撰)
32 丁澎	420(序)		129(撰)
33 丁黼	158(序)		130(撰)
37 丁次臣	110(識後)		407(撰)
40 丁士美	203(校刊)		516(撰)
47 丁鶴年	439(著)	10 夏元鼎	320(編)
丁朝佐	432(校正)	21 夏儒	272(刻)
57 丁抑	75(序)	30 夏良勝	170(修)
60 丁易東	312(校正)		178(序)
67 丁鵬程	181(序)	夏寅	174(序)
			221(著)

60	王量	234(校)			390(著)
	王思誠	333(序)			400(著)
	王思明	218(重校)		王問臣	377(序)
	王昂	170(編)		王闢之	292(著)
	王景	451(序)		王與能	79(校正)
61	王顯孫	254(編)	80	王益朋	87(閱)
62	王懸河	319(撰)		王鈁	387(序)
64	王時儉	374(序)		王介夫	171(纂)
	王時槐	175(序)		王令	437(撰)
		177(序)		王無違	386(校)
	王時中	476(撰)		王無逸	386(校)
67	王明清	293(編)		王養端	374(序)
71	王厚之	486(編)		王養正	473(序)
	王原叔	267(撰)	81	王鉎	285(集)
	王臣	496(評)	84	王錡	294(著)
	王頤中	331(撰)	85	王鈍	464(校正)
72	王隱君	240(撰)		王鉢	180(編)
77	王鳳麟	98(叙)	86	王鐸	184(輯)
	王鳳靈	177(序)	87	王欽若	283(纂)
		381(序)		王欽臣	350(序)
	王覺	110(序)	88	王鑑之	164(序)
	王用檢	173(纂)		王節	440(贊)
		173(編)	90	王尚用	189(修)
	王用盛	449(序)		王省三	476(序)
	王履道	254(纂集)		王爌	192(序)
	王學	157(校正)	94	王慎中	374(序)
	王學漠	190(重刊)			386(序)
	王問	129(序)			444(序)
		272(著)			447(序)
		375(評選)			448(著)

	339(序)			369(校刊)
	364(著)			476(撰)
	368(序)	46	王觀	196(撰)
	390(序)		王恕	67(撰)
	408(著)		王柏	101(序)
	418(撰)	47	王翃	519(撰)
	444(著)		王鶴	443(序)
	445(撰)		王朝雍	476(輯)
	450(序)		王朝用	242(序)
	472(序)		王格	378(著)
	476(序)	48	王乾章	493(選)
	478(撰)		王松年	319(撰)
	504(序)		王梅	478(撰)
	530(著)		王梅齡	137(校輯)
王世懋	252(序)	50	王中陽	240(撰)
	290(批點)			240(著)
	409(序)		王夷	315(受)
	418(序)			315(序)
	468(序)	52	王挺	150(撰)
	500(撰)	56	王損之	332(章句)
	526(著)	57	王邦瑞	123(序)
王世美	410(著)			186(纂)
王褧	127(序)			399(序)
	150(序)	58	王輪	186(編)
	170(撰)		王鏊	81(序)
王材	446(序)			82(撰)
王蔡	279(序)			165(叙)
王林	427(序)			200(序)
王楸	265(撰)			339(刊)
45 王椿	369(序)		王敕	285(序)

	王洙	342(序)		王吉	237(序)
37	王逸	339(章句)		王吉甫	333(撰)
	王通	101(撰)		王壽衍	207(表進)
		227(撰)	41	王楷	213(校刊)
	王逢	155(點校)			526(校刊)
	王冥	442(著)		王槩	237(撰)
38	王遂	440(序)	42	王圻	207(撰)
	王道	204(梓)		王晳	78(撰)
	王道廣	190(重校)		王梃	166(編輯)
	王道純	127(編)			499(著)
	王道淵	330(續錄)	43	王越	387(著)
	王啓	404(序)	44	王萱	127(撰)
	王啓真	248(序)		王蓋	122(撰)
40	王十朋	121(撰)		王夢祥	452(刊)
		196(撰)		王芝珍	116(輯)
		435(序)		王芝封	234(撰)
	王雄	256(序)		王恭	123(撰)
	王九思	405(序)		王勃	304(撰)
		415(贊)			306(序)
		443(序)			341(撰)
		447(序)		王華	482(序)
		523(撰)		王英	300(序)
	王士祺	421(選)			410(撰)
	王士翹	197(撰)		王世貞	98(序)
		237(撰)			105(纂)
	王直	287(序)			130(撰)
		361(序)			163(序)
		451(著)			251(序)
		496(序、題)			286(選)
	王坊	492(編校)			299(著)

王寵	376(撰)		王宗沐	104(編)
王寵懷	178(纂修)			129(序)
王家佐	494(選評)			144(識後)
王家士	183(撰)			169(纂)
	185(修)			229(編次)
王之稷	275(跋)			309(批點)
王憲	133(校正)			429(刻)
王守	376(撰)			444(序)
王守誠	487(書)	31	王江	186(修)
王守正	313(集)		王禎	238(撰)
王守仁	231(撰)			451(刊)
	445(著)	32	王淵濟	486(識後)
	531(著)		王漸	183(後序)
王守中	256(校刊)			296(序)
王準	91(序)		王漸逵	382(序)
	462(序)			477(跋)
王安石	343(序)		王沂孫	518(撰)
	435(撰)	33	王心	168(編輯)
王安國	227(後序)		王心一	165(序)
王良佐	277(序)		王浤	74(校正)
王良樞	367(著)		王浚川	216(撰)
王官之	134(校)		王治	166(修)
王定保	291(撰)	34	王汝玉	421(撰)
王賓	193(撰)		王衲	176(序)
王寅	351(序)		王褘	246(序)
	373(序)			419(序)
王宗元	274(編次)			488(序)
王宗聖	165(序)		王祐	410(編集)
	460(彙)		王達善	271(撰)
王宗傳	56(撰)	35	王清	230(序後)

	王崟	510(識)		王純一	416(撰)
	王畿	172(序)		王積	165(序)
	王崇	167(纂修)	26	王伯芻	432(覆校)
	王崇慶	167(跋)		王伯辰	468(校錄)
		189(編集)		王伯興	272(編集)
		191(釋義)		王得臣	268(撰)
		389(序)		王臬	440(重刊跋)
	王崇古	369(著)	27	王修齋	370(刻)
	王崇雅	378(跋)		王象乾	458(刪訂)
	王崇獻	163(修)		王俣	162(序并跋)
	王繼洛	180(重修)			204(序)
23	王㻋	75(序)		王魯曾	519(編選)
	王允修	124(叙首)		王嶼	186(序)
	王獻芝	138(撰)			239(撰)
		183(撰)		王叔和	238(撰次)
	王岱翁	391(篆)		王穉登	81(序)
	王稼	229(編次)			252(撰)
24	王佐	187(序)			286(校)
		188(序)			369(撰)
		205(序)			398(序)
		273(校增)			446(撰)
		419(撰)			468(序)
		477(撰)			469(序)
	王德溢	206(校)	28	王以旂	126(序)
	王幼學	101(序)		王儀	123(梓行)
		103(編)			398(後序)
	王納言	381(序)		王綸	245(序)
25	王健	390(校)			245(著)
	王紳	127(序)	30	王宣	68(參訂)
		481(序)		王汶	149(序)

	王雲鳳	229(著)	17	王珣	187(序)
11	王璿	132(輯錄)		王瓊	122(撰)
12	王廷稷	187(重修)		王弼	55(註)
	王廷相	127(撰)			55(撰)
		191(撰)			66(著)
		351(序)			310(註)
		378(序)			345(序)
		382(序)		王弼(存敬)	415(著)
		442(著)		王承裕	354(序)
		448(序)		王子言	174(序)
	王廷幹	167(纂修)	18	王玠	314(纂圖)
		212(修)	20	王重賢	123(撰)
		408(著)		王孚	245(著)
	王廷表	84(序)		王禹偁	110(撰)
		406(序)			431(撰)
		407(序)		王禹錫	322(撰)
	王廷陳	369(撰)		王秉鉞	123(校刊)
13	王琮	184(修)			123(序)
14	王珪	519(撰)		王維	348(撰)
	王瑛	247(序)			349(著)
	王璜	182(修)			349(撰)
		206(校正)		王維城	233(編輯)
15	王瓚	174(編集)	21	王處一	191(撰)
		318(序)		王衡	494(校刊)
		437(序)		王衡峯	370(刊)
	王建	517(撰)		王縉	349(編輯)
		519(撰)	22	王従	147(纂)
16	王理	141(敘)		王偁	108(撰)
		487(序)			394(著)
	王環翁	437(序)		王幾	493(序)

90	許棠	453(著)			235(撰)
94	許慎	262(記上)			376(序)
97	許炯	187(修)			421(序)
98	許燧	180(撰)			519(撰)
99	許榮	249(續補)			534(跋)
					534(序)
0968_9	談			王庭欽	448(序)
21	談經	392(序)		王庭耀	171(修)
92	談愷	235(刊序)		王慶升	321(撰)
				王文獻	247(編著)
	1			王文光	199(重刊并序)
1010_1	正			王交	82(後序)
10	正一君	322(述)			162(跋)
					466(批點)
1010_3	玉				466(删訂)
77	玉几山人	342(校刊)			479(校)
				王言	185(修)
1010_4	王			王玄覽	332(口訣)
00	王立中	141(序)	01	王謳	379(著)
	王充	266(著)	04	王麒	186(序)
	王充棟	187(序)	07	王詢	244(序)
	王庸	468(補註)		王韶	165(後序)
	王應麟	284(撰)	10	王三錫	410(校)
	王應乇	91(著)		王三省	490(編)
	王應鵬	387(著)			531(跋)
		442(後序)		王元正	187(重編)
	王應鍾	233(序)		王元福	160(撰)
		445(選)		王震	243(編集)
	王廉	232(撰)		王天章	87(編次)
	王庭	172(序)		王晉溪	294(著)

23	施峻	407(著)	30	許進	114(著)
24	施德操	293(編)		許宗魯	90(校刊)
30	施肩吾	320(撰)			343(編)
		320(序)			369(序)
		320(傳)			383(序)
32	施漸	144(刊)			443(著)
38	施道隆	123(校刊)			450(序)
80	施介夫	439(編)			481(序)
			34	許浩	294(著)
0862₇ 論			37	許洞	236(著)
40	論志煥	331(編次)	40	許希周	245(編)
				許真君	329(述)
0864₀ 許				許來學	171(修)
00	許應亨	124(跋後)	44	許世昌	192(修輯)
	許應元(茗山)		46	許相卿	495(撰)
		369(校刊)	47	許穀	366(後序)
		449(著)			418(序)
04	許誥	104(著)			453(編輯)
		182(跋)	48	許翰	333(註)
	許讚	104(序)	50	許事卿	204(撰)
		245(進書表)		許本清	253(撰)
05	許諫	150(序)		許東望	172(修)
08	許論	191(撰)	53	許成	367(序)
	許謙	74(撰)		許成名	419(著)
		85(撰)			447(著)
		102(序)	57	許邦才	3661(著)
21	許衡	441(著)	67	許明	249(輯)
24	許勉仁	91(序)		許嗣董	114(刊)
25	許紳	239(跋)	77	許周	178(校刊)
27	許名奎	234(撰)		許卿相	402(序)

		346(註解)			296(註)
		444(著)		郭廷冕	216(序)
			17	郭子章	110(選)
0461₁	諶		20	郭維藩	419(序)
12	諶廷詔	188(纂)	26	郭伯寅	120(贊)
			27	郭鎜	202(序)
0466₀	諸			郭象	316(註并序)
44	諸葛亮(武侯)	262(撰)	33	郭必昌	105(序)
99	諸燮	155(編輯)	34	郭斗	190(重刊)
				郭波	465(序)
0512₇	靖			郭造卿	252(序)
31	靖江王府	343(刊)	40	郭大有	472(選)
				郭奎	359(著)
0722₇	廓				377(撰)
12	廓璠	171(編)		郭森卿	430(序)
20	廓舜陶	450(校刻)	44	郭基	299(校刊)
31	廓灝	260(編輯)		郭茂倩	521(編)
				郭若虛	255(撰)
	廓			郭世重	188(重修)
64	廓疇	310(記後)	50	郭春震	188(修)
			60	郭思貞	110(序)
0742₇	郭		64	郭勛	146(集)
00	郭應祥	518(撰)	77	郭鳳儀	384(撰)
	郭應奎	195(序)	81	郭鈺	499(著)
	郭京	66(撰)			
10	郭正表	514(題)	0821₂	施	
	郭雲鵬	347(重刊)	10	施一德	236(編)
		347(後跋)	21	施經	412(撰)
12	郭璞	90(註)	22	施山	191(序)
		191(傳)		施繼宗	187(序)

	謝庭桂	163(編)		謝遷	418(撰)
		377(重校)	38	謝肇淛	93(叙)
	謝章	75(序)	40	謝枋得	467(註)
		399(撰)			468(註)
	謝註	184(纂)			486(批點)
	謝雍	177(編纂)	42	謝彬	200(纂)
06	謝諤	81(序)	44	謝赫	254(著)
09	謝讜	400(序)		謝蕡	114(序)
		474(編)	45	謝榛	420(著)
10	謝丕	407(序)			446(著)
	謝于期	249(註)			495(撰)
12	謝瑞	288(校正)			498(著)
	謝廷諒	444(序)			512(著)
	謝廷桂	204(跋)	47	謝朝宣	490(選)
14	謝瑾	400(著)	50	謝肅	471(序例)
15	謝建傑	531(刊)		謝表	399(撰)
17	謝弼	176(修)		謝東山	341(撰)
	謝承祐	407(著)			480(輯)
	謝承舉	366(著)	60	謝昌	250(註)
	謝子期	503(註)	67	謝明	168(序)
18	謝瑜	187(序)	72	謝朓	340(撰)
20	謝爲霖	198(撰)	86	謝錫命	376(編選)
	謝秉秀	133(輯)		謝鐸	131(輯集)
		184(編)			131(序)
	謝維新	284(編)			140(序)
21	謝縉(孔昭)	377(著)			419(序)
27	謝翶	439(著)	88	謝鎰	442(跋)
	謝紹祖	166(修輯)	90	謝少南	121(後序)
28	謝徽	405(序)			191(序)
31	謝源	166(序)		謝省	345(註)

0040₈	交		0164₆	譚	
44	交蘆子	330(註釋)	10	譚元春	480(選)
			20	譚秉清	206(類編)
0073₂	褒		21	譚貞然	139(重校)
44	褒世家堂	120(刊)	24	譚德周	221(校)
			27	譚紹烈	
	玄				457(纂類并識後)
24	玄奘	303(譯)	40	譚大初	136(序後)
			44	譚某	406(刊)
0080₀	六		60	譚景昇	320(撰)
44	六老堂	76(刊)			
		84(刊)	0180₁	龔	
			20	龔秉德	372(序)
0121₁	龍		22	龔鼎孳	421(序)
00	龍衮	158(撰)	36	龔暹	169(編)
30	龍宗武	398(序)	38	龔道立	245(序)
40	龍大有	114(刊)	67	龔明之	196(撰)
	龍壽山	481(刊)	77	龔用卿	136(序)
76	龍陽山人	309(序)		龔居中	244(著)
			97	龔輝	125(序首)
0128₆	顏				
00	顏章其	234(輯)	0212₇	端	
21	顏師古	91(注)	53	端甫	407(編)
		98(注)			
24	顏幼明	252(註)	0460₀	計	
30	顏容瑞	174(編)	88	計敏夫	464(序後)
40	顏木	162(撰)			
		177(序)		謝	
		504(撰)	00	謝應徵	126(序)
80	顏公輔	178(校正)		謝應芳	363(撰)

		301(著)	78 辛敩	354(後序)
94	唐慎微	240(撰)		
			0040₆ 章	
0028₆	廣		00 章應成	252(註)
53	廣成子	309(撰)	章袞	88(撰)
57	廣蟾子	323(序)		443(序)
			章玄應	136(述)
0029₄	麻		02 章端	358(序)
00	麻衣道者	66(著)	10 章靄	139(錄)
			25 章律	163(編)
0040₀	文		28 章綸	127(撰)
10	文三畏	389(校并序後)	30 章安	311(撰)
17	文子	315(撰)	35 章沖	81(撰)
22	文峯堂	250(刊)	40 章士元	198(後序)
28	文徵明	99(序)		398(和詩)
		120(校)		475(序)
		121(校)	章希賢	332(衍義)
		139(撰)	章樵	486(序)
		368(題詞)	44 章懋	173(序)
		389(序)		437(跋)
		393(序)		497(著)
		405(序)	章藹	497(彙刻)
		480(序)	46 章如愚	284(編輯)
		497(著)	50 章接	136(述後)
		505(校)		136(編次)
			57 章拯	210(奏上)
0040₁	辛			252(校)
00	辛棄疾	507(著)		497(著)
		517(著)	80 章美中	345(序)
50	辛東山	530(序)		489(校選)

77	庚桑楚	316(撰)	03	唐贇	288(纂)
			14	唐瓚	328(識後)
	庚		17	唐子順	182(增修)
20	庾信	424(著)		唐瑤	156(纂集)
	庾季才	249(撰)	21	唐順之	82(序)
					165(序)
0026₇	唐				444(著)
00	唐庚	355(著)			447(點)
		431(纂)			449(序)
	唐庚	355(序)	30	唐淳	308(註)
	唐玄宗	199(撰)		唐之淳	514(著)
01	唐龍	122(奏)		唐良瑞	141(序)
		123(議)		唐寅	300(撰)
		125(序)	36	唐澤	124(撰)
		126(後序)	40	唐太宗	99(撰)
		127(撰)		唐堯賓	450(校刻)
		128(序)	41	唐樞	472(序)
		136(序)			476(撰)
		138(序)	44	唐夢賚	420(撰)
		146(撰)	45	唐椿	241(著)
		168(序)	50	唐冑	197(撰)
		187(序)			321(序)
		213(序)			381(著)
		216(撰)			442(校正)
		217(序)		唐肅	441(撰)
		378(序)	71	唐臣	168(序)
		387(序)	86	唐錦	123(序)
		398(序)			164(編集)
		442(序)			165(編纂)
		497(著)			288(序)

	高攀龍	82(著)		380(著)
	高世魁	97(校正)	卞榮紹	397(輯)
	高世泰	82(序)		
52	高播	475(批選)	0023₁ 應	
70	高璧	476(跋)	14 應劭	267(撰)
77	高鳳鳴	147(刊)	40 應大猷	173(序)
80	高公韶	156(序)	41 應檟	75(刊)
88	高銓	237(編)		197(序)
	高第	115(序)		203(編輯)
		339(校正)		216(撰)
	商		0023₂ 康	
12	商廷試	172(序)	09 康麟	464(集次)
31	商濬	269(校)	34 康浩	450(著)
		288(校)		523(識)
		292(校)	38 康海	147(序)
40	商大節	190(撰)		186(序)
42	商梴	422(撰)		193(序)
45	商䩄	237(撰)		340(序)
57	商輅	103(纂修)		378(序)
		133(序)		387(序)
		163(序)		405(序)
		173(序)		407(序)
		193(序)		415(序)
				447(著)
				523(撰)
	席		40 康太和	108(後序)
50	席書	211(編次)	78 康騈	297(撰)
0023₀ 卞				
99	卞榮(華伯)	363(序後)	0023₇ 庚	

10	方元禎	507(序)	00	高彥休	297(撰)
	方元煥	185(編)		高應芳	495(校刊)
	方震儒	289(序)		高廩	112(校正)
12	方廷璽	371(校刻)	02	高誘	262(訓解)
14	方珙	413(撰)	13	高武	244(撰)
18	方瑜	180(序)	22	高尌	176(序)
20	方爲謙	534(題詞)	23	高岱	106(編輯)
23	方獻夫	206(刊)	25	高仲武	453(集)
		452(撰)		高傑	441(刊)
25	方純	413(識)	27	高叔嗣	208(序)
27	方勻	293(撰)			312(序)
37	方深道	508(序)			379(著)
	方逢辰	283(批點)			461(序)
	方逢年	197(定)	28	高似孫	259(修撰)
38	方啟	178(參訂)	30	高適	426(撰)
40	方九	371(敘)	34	高汝行	186(纂)
44	方孝標	420(序)	37	高瀔	100(校刊)
47	方愨	357(註)	38	高道淳	277(著)
	方朝元	145(校正)		高啓	405(著)
60	方日乾	172(修)			416(著)
	方回	229(續并序後)			419(著)
		463(序)			482(著)
		470(編選)			498(著)
		470(增選)	40	高士	346(較閱)
61	方顯	407(後序)	42	高棟	464(編)
77	方鵬	165(纂修)			464(選)
	方賢	243(纂)			465(編選)
80	方介	468(選輯)			496(撰)
			43	高越	168(序)
	高		44	高孝忠	468(後序)

《天一閣書目》
撰校序跋刊者人名索引

0

00104 童
00	童應卯	321(序)
17	童珮	425(詮次)
	童承	177(序)
		398(敘)
30	童宗説	427(音註)
34	童漢臣	369(校刊)
44	童蒙吉	166(序)
51	童軒(士昂)	254(撰)
		398(著)
60	童品	82(撰)

00211 鹿
60	鹿園精舍	334(集刊)

龐
10	龐元英	268(撰)
22	龐嵩	201(纂修)
44	龐某	214(撰)
	龐蘊	307(撰)

00217 亮
67	亮明齋主人	346(識)

00222 廖
17	廖珣	125(序首)
24	廖侁	330(撰)
38	廖道南	142(撰)
		150(撰)
		197(撰)
40	廖希賢	123(序)
		475(序)
44	廖芝	175(修)
77	廖用賢	288(撰)

00223 齊
24	齊德之	241(纂)
30	齊之鸞	167(序)
	齊宗道	126(校刊)
60	齊思恭	78(序)
77	齊履謙	78(敘)

00227 方
00	方豪	122(序)
		499(著)
02	方新	453(著)
		494(著)
		500(著)
07	方詔	162(撰)

9592₇ 精	44 灼艾集、續集、餘集、
37 精選古今四六會編　505	別集　　　　274
	灼薪劇談　　　48
9601₃ 愧	
00 愧齋文粹　　　448	9884₀ 燉
	96 燉煌新錄　　　30
9680₀ 烟	
10 烟霞外集　　　533	9923₂ 滎
	76 滎陽縣大覺寺藏經記
9701₀ 恤	585
12 恤刑疏草　　　217	滎陽縣志　　180
恤刑錄　　　216	滎陽令潘君治蹟碑　585
9708₆ 懶	9960₆ 營
22 懶仙竹林漫錄　　301	22 營山縣志　　187
	34 營造法式　　　33
9725₆ 輝	
32 輝州宣聖廟外門記　581	9990₄ 榮
62 輝縣志　　　182	36 榮澤令常醜奴墓志　546
	40 榮壽詩編　　　480
9782₀ 灼	44 榮封雙壽錄　　535

9090₄ 米			30 頖宮禮樂疏	209
10 米元章書佛偈	564			
米元章晚年帖	596	9280₀ 剡		
38 米海嶽畫史	256	31 剡源文集	440	
44 米芾書第一山三字	564	剡源集	44	

棠
74 棠陵集　　　　　　499

9281₈ 燈
10 燈下閒談　　　　　50

9101₆ 恒
22 恒嶽甘泉書院志　　195
51 恒軒集　　　　　　416

9306₀ 怡
00 怡齋詩集　　　　　377

9106₁ 悟
38 悟道真詮　　　　　317
40 悟真編　　　　　　49
　　悟真篇　　　　　334

9383₃ 燃
77 燃犀集　　　　　　41

9408₁ 慎
00 慎言集　　　　　　442
　　慎言集訓　　　　233
12 慎刑錄　　　　　　237

9148₆ 類
17 類聚名賢樂府羣玉　523
　　類聚古今韻府續編　93
20 類雋　　　　　　　288
23 類編唐詩絶句　　　466
　　類編古賦　　　　503
　　類編草堂詩餘　515、517
37 類選箋釋草堂詩餘　516
88 類箋王右丞詩集、
　　文集　　　　　　349

9501₀ 性
00 性齋陰陽總要　　　254
16 性理要删　　　　　233
　　性理羣書句解　　230

9503₀ 快
50 快書　　　　　　　494

9581₇ 爐
88 爐餘錄　　　　　　454

9158₆ 頖

續集		443	04	常熟縣志	165
少林十一代珪公禪			22	常樂寺三世佛殿記	570
師碑		587	24	常德府志	179
少林寺靈運禪師功			32	常州府志續集	162
德塔碑銘		594		常州府無錫縣志	165
少林寺雪庭宗派		587			
少林寺聖旨碑		579		尚	
少林寺碑		547、550	08	尚論編	221、271
少林寺息庵禪師碑		585	40	尚友錄	288
少林寺免諸般科役記			50	尚書	73
		565		尚書詳解	28
少林寺賜田牒		549		尚書疏	69
少林寺厨庫記		553		尚書張後允碑	547
少林古今錄		41		尚書集傳纂疏	71
少林第九代還元禪				尚書疑義	28、70
師道行碑		579		尚書考異	28
				尚書摘註	73
9021₁	光			尚書全解	69
22	光山縣志	183			
	光山學記	568	9050₀	半	
24	光化縣志	177	32	半洲詩集	381
32	光州知州王公去思碑				
		583	9060₂	省	
	光州光山縣志	183	21	省愆錄	217
36	光澤縣志	176	33	省心詮要	230
37	光禄卿王訓墓志銘	595	37	省過錄	234
72	光岳英華	43			
80	光公塔銘	588	9080₉	炎	
			28	炎徼紀聞	106
9022₇	常				

8851₂ 範
60 範圍數　　　　47、248

8864₁ 籌
36 籌邊一得　　　　115
64 籌時要畧　　　　116

8871₃ 篋
50 篋中集　　　　　461

8872₇ 節
20 節愛汪府君詩集　45
27 節解補畧　　　　332

8877₇ 管
72 管氏弟子職　　　234

8879₄ 餘
27 餘冬序錄　　　　402
40 餘杭縣志　　　　171
42 餘姚海堤集　　　 34
　　餘姚縣志　　　　173

8890₂ 策
08 策論膚見　　　　506
77 策學輯畧　　　　506

9000₀ 小

12 小孤山記　　　　 50
22 小山詞　　　　　517
　　小山樂府　　　　521
26 小泉林公奏稿　　123
77 小學　　　　　　229
　　小學章句　　　　229
　　小學史斷　　 220(2)

9003₂ 懷
00 懷慶府志　　　　182
21 懷仁集右軍書聖教序
　　　　　　　　　548
34 懷遠縣志　　　　168
44 懷麓堂詩話　　　 38
50 懷忠錄　　　　　 31
77 懷賢錄　　　　　138

9003₆ 憶
48 憶梅吟三十首　　421

9020₀ 少
22 少嶽山人詩集　　370
26 少泉詩集　　　　378
　　少保于公奏議　　127
　　少保李康惠公奏草 125
　　少保林莊敏公奏議 123
　　少保胡端敏公奏議 128
28 少微通鑑外紀、節要 102
30 少室神道石闕銘　 592
44 少華山人文集、後集、

8778_2 飲

78 飲膳正要 38

8810_4 坐

00 坐忘論 318

8810_8 笠

80 笠翁一家言 420

䇢

88 䇢篋理數日鈔 46

8812_7 鈐

22 鈐山堂詩選 412

鈐山堂詩鈔 418

鈐山堂集 498

筠

32 筠溪家藏集 45

8822_0 竹

00 竹廬詩集 384

竹齋詩餘 515

10 竹下寤言 40

22 竹巖先生文集 451

竹山詞 518

43 竹垞文類 420

44 竹莊詩話 41

竹坡老人詞 518

竹坡吟嘯集 413

竹林寺五百羅漢記 560

50 竹書紀年 100

60 竹邑侯相張壽碑 542

91 竹爐新咏 42

8822_7 簡

02 簡端録 274

88 簡籍遺聞 40

8823_2 篆

00 篆文楚騷 340

31 篆江存稿 451

46 篆楊名父早朝詩 391

8824_3 符

21 符經 249

8843_0 笑

88 笑笑詞 518

8844_6 算

34 算法大全 247

8850_3 箋

00 箋註唐賢三體詩法 463

8850_7 筆

34 筆法記 254

44 筆花集 500

88 筆籌 265

8652₇ 羯
44 羯鼓錄 49

8660₀ 智
50 智囊全集 277

8712₀ 鈞
32 鈞州廟學記 576
　 鈞州長春觀碑 587
　 鈞州學復田記 585

銅
33 銅梁縣志 187
74 銅陵縣志 167
80 銅人鍼灸經 47、239
82 銅劍讚 36、259

8712₀ 釣
40 釣臺集 138

8713₂ 録
60 録異記 297
80 録公摘要 132

8716₁ 鉛
22 鉛山縣志 170

8718₂ 欽
32 欽州志 188
50 欽奉堂記 560

97 欽恤録 50

8722₇ 邠
60 邠國公功德頌 554、595

8742₀ 鄃
27 鄃修泉池記 570
　 鄃修東嶽泰山廟記 578

8742₇ 鄭
32 鄭州志 180(2)
　 鄭州超化寺帖 572
　 鄭州劉使君遺愛碑 584
　 鄭州知州劉公德政碑 577
38 鄭澣宿少林寺詩 554
60 鄭思齋文 44
72 鄭氏家範 230
80 鄭善夫集 499
90 鄭少白詩集 407
　 鄭少谷詩 418

8752₀ 翔
37 翔鴻集 372

8762₀ 卻
57 卻掃編 269

8762₇ 郃
76 郃陽令張君頌 543

8091₇　氣	46　錢勰謁文宣王廟題名
27　氣候集解　160	560
60　氣圖　334	72　錢氏私志　37
	錢氏小兒直訣　239
8141₇　矩	
32　矩洲九仙詩　477	8377₇　館
	77　館閣漫錄　31
8211₄　鍾	90　館省書疏　129
29　鍾嶸詩品　508	
60　鍾呂二先生修真傳	8418₁　鎮
道集　320、335	10　鎮平世系紀　32
	31　鎮江府丹徒縣志　166
8280₀　劍	34　鎮遠府志　189
76　劍陽名儒錄　41	
	8471₁　饒
8315₀　鐵	32　饒州府志　169
22　鐵崖先生古樂府　522	
27　鐵像頌　550	8612₇　錫
60　鐵圍山叢談　293	錫山遺響　198、474
鍼	錦
27　鍼灸玉龍經　47	25　錦繡萬花谷前集、後
鍼灸聚英　244	集、續集　283
	27　錦身機要　318
8315₃　錢	44　錦帶補註　37
26　錢伯言題名　565	
38　錢海石裒忠錄　139	8640₀　知
40　錢塘先賢祠傳贊　48	00　知府馬公謁林廟記　574
44　錢考功集　351	60　知罪錄　116

8060₂ 含		丹節要	328
50 含春堂稿	365		
		8073₂ 公	
8060₅ 善		12 公孫龍子	261
21 善行續錄	36	27 公候簿	32
善行錄	36、146	77 公卿上尊號奏	544
		88 公餘漫稿	369
8060₆ 曾		公餘目錄	299
17 曾子誌	134		
		食	
會		24 食貨志選	211
23 會稽三賦	196	60 食品集	245
會稽續志	33		
會稽志	33	養	
會稽縣新志	172	25 養生主論痰症方法	240
會稽懷古詩	45	養生秘錄	332
33 會心編	491	養生大要	245
40 會真記	299	80 養命機關金丹真訣	333
會真集	333	95 養性延命錄	318
80 會善寺重修佛殿記	556		
83 會館印正古今合璧		8077₂ 缶	
事類前集	284	67 缶鳴集	405
8060₈ 谷		8090₄ 余	
00 谷音	470	00 余文敏公文集	447
35 谷神賦	332	31 余遷江集	446
90 谷少岱歲稿	371	50 余青陽先生忠節附錄	
			139
8062₇ 命		余肅敏公經署邊修	190
30 命宗大乘五字訣內		余肅敏公奏議	122

8024₇ 夔			8040₄ 姜		
32 夔州府志		187	31 姜源公劉廟碑		553
			37 姜遐碑		547
8025₁ 舞			88 姜節婦蔣氏遺稿		150
76 舞陽縣志		183			
			8042₇ 禽		
8033₁ 無			26 禽總法		50
10 無憂王寺真身塔碑		553	60 禽星易見		47
20 無為章居士墓表		563			
無為州志		168	8044₆ 弇		
無為清淨長生真人			32 弇州山人四部稿		445
至真語録		331			
21 無上宮主訪蔣暉詩		568	8055₃ 義		
無上赤文洞古真經		335	27 義烏人物志		34
27 無名詩稿		422	28 義溪世稿		407
86 無錫縣志		165	80 義命彙編		277
			義命箴規		277
8033₃ 慈					
22 慈利縣志		179	8060₁ 普		
28 慈溪量實田地文册		212	00 普庵語録		306
37 慈湖先生遺書		430	30 普濟方		47
			普安州志		189
8033₇ 兼					
67 兼明書		36	首		
			22 首山十方寺碑		581
8034₆ 尊			46 首楞嚴經玄覽		302
16 尊聖集		29	首楞嚴經會解		302
尊聖録		233			
17 尊孟辨		85	合		
79 尊勝陀羅尼經		555(2)	70 合璧集		376

	金剛經論	303(2)	
74	金陵志	34	
	金陵古今圖考	34、162	
	金陵世紀	34、162	
	金陵攝山棲霞寺碑銘		
		592	
	金陵勝覽詩	45	
77	金丹辨惑	322	
	金丹詩訣	320	
	金丹正理大全	329	
	金丹正理大全周易		
	參同契通真義	317	
	金丹百問	331	
	金丹大成	335	
	金丹大成集註	321	
	金丹直指	322	
	金丹賦	335	
	金丹節要	326	
80	金鐘李氏譜圖	136	
90	金小史	157	
95	金精直指	328	

8011_4　鐘
| 22 | 鐘鼎逸事 | 32 |
| 25 | 鐘律通考 | 29 |

8012_7　翁
| 31 | 翁源縣志 | 188 |
| 94 | 翁忱題龍虎軒詩 | 567 |

　　翦
| 79 | 翦勝野聞 | 31、295 |
| 92 | 翦燈餘話 | 300 |

8020_7　今
00	今言	114
23	今獻彙言	278
75	今體臺閣集	483
77	今賢彙説	279

8022_0　介
00	介立詩	422
	介立詩集	383
	介庵詞	518

8022_1　前
| 34 | 前漢書 | 98(2) |
| 77 | 前聞記 | 294 |

8022_7　剪
| 22 | 剪綵集 | 390 |

　　分
24	分科事宜	202
91	分類補註李太白詩	
	文集	347
	分類補註李太白詩集	
		346
	分類通鑑	155

八關齋會報德記	552	

人

17	人子須知地理心學	
	統宗	251
23	人代紀要	104
27	人象大成	253
	人物志	262

入

10	入晉稿	530
26	入魏稿	530
32	入浙稿	530
44	入楚稿	530
	入楚吟	401

8010₄ 全

00	全唐詩話	508
	全唐風雅詩	467
26	全吳水畧	34
30	全室外集	44
32	全州志	188
34	全遼志	197
40	全真開教秘語碑	589
44	全芳備祖	283
47	全懿堂集	454
74	全陝政要	33

8010₇ 益

| 32 | 益州名畫錄 | 255 |

8010₉ 金

00	金文靖前後北征錄	112
10	金石例	218
	金石古文	218、219
	金石錄	37
	金石簿五九數訣	335
16	金碧五相類參同契	317
	金碧古文龍虎上經	310
17	金子有集	418
22	金山志	192
	金仙長公主碑	551
23	金佗續編	134
27	金御史程震墓碑	597
	金鄉長侯成碑	543
30	金漳簡譜	37
32	金溪縣志	170
40	金臺乙丑稿	500
	金臺十八子詩署	472
	金臺甲子稿	500
	金臺雅會稿	473
	金志	30
44	金薤琳琅	219
	金華府志	173
	金華文統	43、147
	金華赤松山志	336
	金華賢達傳	34
47	金聲玉振集	454
50	金史	100
72	金剛經	302(2)、548、557
	金剛經註解	303

7821₁ 阼
43 阼城縣宣聖廟碑　588

7821₆ 脫
78 脫脫木兒師正堂漫
　　成詩　588

7823₁ 陰
40 陰真君還丹歌　317
　　陰真君還丹歌註　335
　　陰真君金石五相類　317
76 陰陽雜法　254
　　陰陽備用三元節要　254
77 陰丹內篇　333
88 陰符經註　46、308
　　陰符經講義　51
　　陰符經三皇玉訣　308
　　陰符性命集解　308
90 陰常侍集　424

7826₅ 膳
50 膳夫經　260

7829₄ 除
21 除紅譜　529
27 除夕倡和詩　477

7838₂ 驗
00 驗方集錄　244
44 驗封條例　201

7876₆ 臨
00 臨高寺重修菁碑　550
21 臨穎縣志　181(2)
22 臨川先生文集　435
　　臨川吳文正公集　441
30 臨淮王李光弼碑　552
　　臨淮縣志　168
　　臨漳縣志　182
31 臨江府志　170
34 臨汝郡公神道碑　581
35 臨清州志　185
38 臨海仙巖文信公新
　　祠錄　137
　　臨海縣志　173
77 臨朐縣志　185

7923₂ 滕
10 滕王閣集　43
31 滕涉題靈巖寺詩　558

8

8000₀ 八
10 八面鋒　283
21 八行八刑碑　564
23 八代詩乘　461
38 八道始終　242
40 八大家文歸　485
77 八閩政議　33
　　八閩通志　174

7760₇	問			興	
12	問水集	48	24 興化府志		176
			30 興寧縣志		188
7771₇	巴		興宮營建圖式		210
50	巴東縣志	178(2)	31 興福寺半截碑		549
			60 興國忠敏公安公神		
7772₇	鷗		道碑		580
31	鷗汀漁嘯集	382			
				與	
	鄢		26 與泉先生詩集		382
43	鄢城縣志	181			
62	鄢縣城五老堂記	579	7780₆	賢	
			03 賢識錄		31
7774₇	民		17 賢己集		386
50	民事錄	33			
			7782₇	鄧	
7777₂	關		77 鄧峯漫錄		43
10	關天帝紀	137			
38	關遊稿	381	7790₄	閑	
50	關中集	453、494	77 閑居錄		270
	關中奏議	126			
72	關氏易傳	68	7810₇	鹽	
			18 鹽政志		213
			34 鹽法志		213
7778₂	歐		鹽法奏議		213
76	歐陽文忠公全集	432	83 鹽鐵論		225
	歐陽公齊州舜泉詩	566			
				監	
7780₁	具		62 監縣大禮普化去思碑		
44	具茨集	355			582

50	學史	36、221	44	開封府請靈巖確公主淨因院疏	561
				開封府杞縣志	179

閔

22	閔鄉縣志	183

77480 册

| 00 | 册府元龜 | 283 |

77482 闕

| 60 | 闕里志 | 133 |

77601 醫

00	醫方選要	243
	醫方考	243
21	醫經小學	243
50	醫史	47
77	醫學正傳	47
	醫學集成	242
	醫學統旨	242
	醫學各種子	242
	醫學綱目	242
	醫學指南	243
	醫學入門	243
	醫開	47
	醫印	243
78	醫驗	243
80	醫貧集	300

丹

00	丹方鑑要	330
22	丹崖集	441
24	丹徒縣志	166
30	丹房須知	335
	丹房奧論	322
32	丹溪朱先生醫案	240
	丹溪心法	240
	丹溪纂要	240
76	丹陽子得遇化行吟圖詩	570
	丹陽真人語錄	331
87	丹鉛續錄	267
	丹鉛總錄	39、266
	丹鉛摘錄	266
	丹鉛餘錄	266

77602 留

| 88 | 留餘堂詩 | 420 |

77441 開

00	開慶己未獎諭勅	569
01	開顔錄	37
32	開州政蹟	217
	開州志	189

77604 閣

| 08 | 閣諭錄 | 31 |

周公廟潤德泉碑		589
周公廟潤德泉復湧記		574
周公祠碑		593

7722₂ 膠
44	膠萊新河議畧	33

7722₇ 閒
30	閒窓括異志	298
43	閒博錄	50
50	閒中古今錄	300(2)
77	閒居漫讀新得記	278

7724₇ 履
00	履齋示兒編	230

殿
77	殿閣詞林	142
	殿閣詞林記	32

服
80	服氣經訣歌論銘錄	330
	服氣口訣	333

7726₄ 居
88	居竹軒詩集	360

屠
32	屠漸山集	494
71	屠長卿集	412
88	屠簡肅公文集	452
90	屠少司馬竹墟年譜	136

7726₇ 眉
32	眉州青神縣志	187
44	眉菴集	498

7728₂ 欣
90	欣賞編	279

7736₄ 駱
10	駱兩溪遺集	390
17	駱丞集	426
	聞見類纂小史	36

7740₀ 閿
27	閿鄉縣顯聖廟碑	578

7740₁ 聞
37	聞過齋集	361
47	聞鶴亭漫集	448
60	聞見錄	48

7740₇ 學
00	學庸口義	88
04	學詩權輿	503
	學詩管見	512
27	學約古文	493
40	學古書院記	580

陶

05	陶靖節集	423
20	陶集	424
21	陶貞白先生文集	425
40	陶真人內丹賦	335
60	陶園後集	478
72	陶隱居重定甘巫石氏星經	45
	陶隱居集	425
77	陶學士集	478
80	陶公還金術	331
95	陶情樂府四卷續集	523

同

00	同文備考	40、91
47	同聲堂詩選	482
50	同春堂遺稿	500
80	同年敦誼錄	151
	同年錄	151

月

31	月河所聞集	40
77	月屋樵吟	360

周

04	周詩遺軌	460
20	周季珍年譜	148
21	周此山先生詩集	362
35	周禮註疏	75
	周禮集說	75
	周禮傳	48
	周禮句解	28、75
	周禮圖說	28
	周禮鄭註	75
41	周顛仙人傳	148
60	周易	55
	周易要義	23、27
	周易翼傳	67
	周易集說	57
	周易占法節要	253
	周易參同契	317(2)
	周易參同契發揮、釋疑	317
	周易參同契集註	317
	周易參同契本義	317
	周易參義	67
	周易傳義	66、67(2)
	周易大全	67
	周易古占法	66
	周易古經	68
	周易本義通釋	56
	周易贊義	28
	周易署例	66
	周易圖	68
	周易舉正	66
	周易兼義	55
	周易義海撮要	56
65	周蹟山詩文	479
74	周尉遲迴廟碑	550
80	周益國文忠公文集	438

86	陳知質等題名	564	76	邱隅集	498

7621₄　朧
22	朧仙詩譜	417	7721₀	風	
	朧仙運化元樞	327	27	風紀集覽	237
			28	風俗通義	267
			30	風憲事宜	203

7622₇　陽
				風憲忠告御史箴	205
13	陽武縣志	179、180	70	風雅遺音	42
17	陽翟馮氏先塋碑	579		風雅逸篇	473
	陽翟縣主簿李公碑	571	72	風后握奇經	235
	陽翟縣學記	585	77	風月堂詩話	508
	陽翟縣鹽縣明格公				
	去思碑	573		鳳	
30	陽宅傳心	249	22	鳳巢小鳴稿	390
44	陽華巖銘	552	67	鳳鳴後集	500
50	陽春集	519	76	鳳陽府臨淮縣志	168
	陽春白雪	532	87	鳳翔府志	186
67	陽明文錄	493	88	鳳竹先生奏疏稿	129
	陽明先生文錄、外集	493			
	陽明先生文錄、外錄、		7721₄	隆	
	別錄	493	00	隆慶志	163
	陽明先生年譜	136	10	隆平集	107
	陽明洞天圖經	336	77	隆闡法師碑	594
80	陽羨諸遊藁	418			
	陽羨稿	444	7721₆	閱	
			36	閱視三鎮奏議	129

7624₀　脾
60	脾胃論	240	7722₀	脚	
			80	脚氣集	38

7712₇　邱

22	肘後神經	46

尉

37	尉遲汾狀嵩高靈勝詩	554
72	尉氏縣志	179
	尉氏令鄭君碑并陰	543

7421₄ 陸

17	陸子野集	412
	陸子餘集	443
27	陸象山粹言	429
	陸魯望文集	426
30	陸宣公奏議	120(2)

7422₁ 陁

90	陁堂摘稿	449

7422₇ 隋

50	隋書	99

7423₂ 隨

40	隨志	162
72	隨隱漫錄	294

7423₈ 陝

10	陝西行都司志	49
	陝西鄉試錄	153(2)
	陝西通志	186
	陝西奏議	123
	陝西鎮考	35
32	陝州新建府學記	563
	陝州靈寶縣志	183
	陝州孔子廟碑	555
	陝州重修廟學記	581

7430₀ 駙

71	駙馬都尉史匡翰碑	556

7521₈ 體

21	體仁彙編	242
	體仁彙編試效要方	243

7529₆ 陳

10	陳兩湖文集	444
	陳石亭雜錄	39
21	陳虛白規中指南	329
22	陳山人小集	371
23	陳允平詞	519
32	陳州府志	180
34	陳祐琴堂詩	573
40	陳堯叟麻制	559
44	陳芳洲集	386
	陳芳洲先生年譜	136
	陳恭愍公傳	138
50	陳書	99
72	陳剛中詩集	362
	陳后岡文集	450
	陳后岡詩集	375
77	陳眉公秘笈	299

7210₀	劉			28	后溪詩稿	398
00	劉賡百門山詩	576		78	后鑒錄	114
	劉文靖公遺事	30				
	劉文恭公詩集	404		7242₂	彤	
17	劉豫游蘇門山詩	564		88	彤管遺編	150
	劉子	330			彤管遺編後集	150
	劉子新論	262				
	劉子威文集	450		7277₂	岳	
21	劉須溪批點杜詩	343		12	岳飛送張紫巖北伐詩	566
	劉經	330				
22	劉後村先生大全集	438		17	岳郡圖說	50
24	劉先生邇言	29		20	岳集	137
25	劉傑等題名	574		32	岳州府志	178(2)
30	劉賓客文集	427		38	岳遊紀行錄	526
	劉賓客外集	350			岳遊漫稿	418
	劉宋二子	325		44	岳林寺塔記	595
48	劉翰林斐然稿	481		76	岳陽風土記	196
66	劉器之書杜子美義					
	鶻瘦馬行	563		7280₁	兵	
72	劉氏一粒粟葬法	251		07	兵部續議條例	213
74	劉隨州詩	350			兵部見行事宜	200
	劉隨州集	350		18	兵政紀畧	214
80	劉公是集	440				
				7321₁	院	
7223₂	脈			03	院試平苗善後策	115
05	脈訣	239				
	脈訣琮璜附方	239		7332₂	驂	
77	脈學奇經	241		22	驂鸞錄	148
7226₁	后			7420₀	肘	

7121₄ 雁
22 雁山志 192
30 雁字十咏 533
44 雁蕩山樵詩集 382

7122₀ 阿
00 阿育王寺碑後記 554
　　阿育王寺常住田碑 554

7123₄ 厭
37 厭次瑣談 38

7124₇ 厚
24 厚德錄 146

7126₉ 曆
37 曆通要覽 247

7129₆ 原
00 原病集 241
42 原機啟微集 242
43 原始秘書 38
80 原人論 303
88 原篆齋後集 390

7132₇ 馬
00 馬市奏議 128
02 馬端肅公三記 32
　　馬端肅公奏議 122、126
18 馬政志 214

67 馬跑泉禱雨記 589
90 馬券 561

7171₁ 匡
40 匡南詩集 403

7171₄ 既
26 既白詩集 417

7173₂ 長
22 長樂縣志 174
30 長安縣志 186
32 長洲縣志 165
34 長社縣□□廟記 557
　　長社縣創建天寶宮碑 575
35 長清令白彥惇詩 565
39 長沙府志 178
　　長沙縣志 178
41 長垣縣志 164
44 長葛縣志 181
　　長蘆運司志 204
　　長蘆鹽法志 213
50 長泰縣志 176、177
67 長明燈記 580
84 長鋏齋稿 373

7178₆ 頤
22 頤山詩話 42
90 頤堂詞 519

10	贈工部尚書臧懷恪碑	
		551
21	贈比干太師詔并祭文	
		546
23	贈參知政事張公神道碑	580
31	贈河南行省參知政事張公思忠碑	585
40	贈太師孔宣公碑	547
44	贈夢英大師詩	557

6902₇ 哨
30	哨守條約	191

7

7010₃ 璧
12	璧水羣英待問會元選要	285

7021₄ 雅
00	雅音會編	464
22	雅樂考	29
33	雅述	442
81	雅頌正音	470

7022₇ 防
27	防禦條欵	213
	防禦火患事宜	214

7121₁ 歷

23	歷代帝王紀年纂要	103
	歷代文選	492
	歷代君鑒	274
	歷代制度詳說	283
	歷代傳統	105
	歷代將鑑博義	46
	歷代名畫記	255
	歷代名臣奏議	131
	歷代紀年甲子圖	105
	歷代志畧	156
	歷代史譜	103
	歷代忠義錄	36
	歷代臣鑒	274
	歷代兵制	33
	歷代叙畧	155
30	歷官表奏	125
47	歷朝翰墨選註	41
	歷朝捷錄	156
80	歷年條例	215

隴
32	隴州吳山志	192
50	隴東王感孝頌	545

阮
67	阮嗣宗詩集	341

7121₂ 陋
44	陋巷志	133

明同年錄	153
80　明會試錄	151
明會典	207
90　明堂令于大猷碑	548

6702$_7$　鳴

10　鳴玉集	453
47　鳴鶴餘音	323
53　鳴盛集	413

6703$_2$　喙

67　喙鳴詩集	417

6706$_2$　昭

23　昭代典則	105
67　昭明太子集	424
78　昭鑒錄	32

6708$_2$　吹

82　吹劍錄	269
吹劍錄外集	41

6710$_4$　墅

09　墅談	41、295

6712$_2$　野

07　野記	294
30　野客叢書	265
62　野眺樓近草	529

6716$_4$　路

50　路史	108

6722$_7$　鄂

32　鄂州刺史盧府君神道碑	594

6772$_7$　鶡

37　鶡冠子	261

6782$_7$　鄖

40　鄖臺志	34

6802$_7$　吟

30　吟窗雜錄	530
90　吟堂博笑集	41

6804$_6$　唫

64　唫囈棄存	454
唫囈語	438
唫囈集	438

6805$_7$　晦

44　晦菴文鈔	429
晦菴文鈔、後集	429
晦菴先生詩話	509
晦菴朱文公詩集	353
80　晦翁詩	567

6886$_6$　贈

6604₄	嚶			13	明武宗毅皇帝實錄	109
67	嚶鳴集喁吟篇		534	14	明功臣封爵表	114
				15	明珠集	49
6624₈	嚴			16	明理學名臣言行錄	144
32	嚴州府新志		174	21	明仁宗昭皇帝實錄	109
	嚴州府志		174		明儒論宗	234
38	嚴滄浪詩話		510		明儒傳	143
74	嚴陵集		42	22	明山書院私志	194
				25	明律釋義	215
6640₄	嬰			26	明穆宗莊皇帝實錄	109
00	嬰童百問		245	27	明名臣言行錄	144
				28	明倫大典	209(2)
6650₆	單				明徵君碑	548、593
32	單州琴臺記		576	30	明宣宗章皇帝實錄	109
					明憲宗純皇帝實錄	109
6702₀	叩				明良集	114
11	叩頭蟲賦		503	32	明州桃源保安院大界相碑	559
	明				明州奉化縣岳林寺塔銘	595
00	明文臣爵		533			
04	明詩正體		472	38	明道雜志	197
	明詩粹選		475	40	明吉安進士錄	153
	明詩類選		476	44	明孝宗敬皇帝實錄	109
08	明謚法		211		明英宗睿皇帝實錄	109
10	明一統志		161		明世宗肅皇帝實錄	109
	明一統賦補		162	50	明吏部職掌	200
	明疏鈔		131	53	明成祖文皇帝實錄	109
	明百家文範		493	60	明圖穴情賦	250
12	明登科錄		151	77	明月山新印藏經記	575
	明水陳先生集		447		明同姓諸王表	114

48 景教流行中國碑	553
景教流行中國碑頌	594

60914 羅
00 羅文莊完名集壽祺錄	496
10 羅一峯先生文集	443
22 羅山詩稿	422
羅山奏疏	130
32 羅浮山志	192
60 羅田縣志	178
67 羅昭諫集	426
羅鄂州詩文集	43

61032 啄
14 啄酏言	300

61808 題
11 題張子房廟詩	565
42 題橋集	372
67 題明月堂詩	597
68 題贈錄	417

62339 懸
27 懸解錄	335

62400 別
21 別行疏	304

62800 則
00 則言	231

62993 縣
17 縣尹李公去思碑	588

63032 咏
27 咏物新題詩	392

63334 默
44 默菴詩集	385
默菴記	584

63550 戰
60 戰國人才言行錄	36
戰國策	110

63840 賦
08 賦論	504
44 賦苑聯芳	504

64027 晞
72 晞髮集	439

65027 嘯
21 嘯旨	257
90 嘯堂集古錄	37

66027 暘
80 暘谷空音	454

呂

16	呂聖求詞	518
20	呂季子甬東雜詠	418
21	呂衡州文集	428
33	呂梁廟碑	579
47	呂期齋集	453
50	呂東萊左氏博議	78
72	呂氏摘金歌	47
	呂氏春秋	262

6060₄ 固

43	固始縣志	183
71	固原州志	187

畧

76	畧陽縣志	186

圖

50	圖畫見聞志	255

6071₁ 毘

74	毘陵志	162
	毘陵人品記	34

6073₁ 曇

76	曇陽大師傳	306

6080₀ 貝

44	貝葉齋稿	418

6080₁ 異

27	異魚圖贊	260
	異物彙苑	287
43	異域志	35
	異域圖志	35

6080₆ 圓

42	圓機活法	289
44	圓菴集十卷附錄	492
77	圓覺經畧疏	303

6090₃ 累

47	累朝榜例	214

6090₄ 呆

00	呆齋續稿	497
	呆齋存稿	497
	呆齋周易圖釋	27

困

77	困學齋雜錄	270
86	困知記	233

杲

90	杲堂詩鈔	420

6090₆ 景

01	景龍觀鐘銘	549
10	景王供應事宜	217
21	景行錄	29

50	見素詩集	366
77	見聞隨錄	40

6022₇ 易
08	易論	28
21	易占經緯	28
	易經註疏	55
27	易象解	47
32	易州志	164
33	易演	68
58	易數鈎深圖	27
60	易圖識漏	27
	易圖通變	67
77	易學本原啟蒙意見	67
88	易筮通變	27
	易簡經驗方	244

6033₀ 恩
28	恩綸錄	150
36	恩遇集	150
62	恩縣志	185
97	恩卹錄	154

思
33	思補軒漫稿	446
40	思南府志	189
77	思賢錄	30

6033₂ 愚
00	愚齋詩	567

6040₀ 田
21	田秬山稿	44
37	田深甫詩集	393
50	田表聖奏議集	43
72	田兵部集	383
77	田間次集	413

6040₁ 囹
80	囹令趙君碑	543

6040₄ 晏
17	晏子春秋	134
80	晏公類要	37

6042₇ 禺
22	禺山律選	406

6043₀ 因
02	因話錄	290

6044₀ 昇
22	昇仙太子碑	548

6060₀ 昌
60	昌國州圖志	35

回
37	回瀾文鑑	493
60	回回曆法	46

6015₃ 國

01	國語	110(2)
17	國子祭酒孔穎達碑	546
	國子學石經	554
20	國秀集	462
30	國寶新編	146
37	國初禮賢錄	31、111
	國初事蹟	30、111
47	國朝謨烈輯遺	113(2)
	國朝祥符文獻志	146
	國朝祥符鄉賢傳	146
77	國醫宗旨	242

6021₀ 四

00	四六雕龍	286
17	四子會真圖	576
22	四川總志	187
	四川鄉試錄	153
25	四傑詩選	478
30	四家錄	304
37	四溟詩集	420
	四溟全集	420、495
40	四大家文選	492
47	四聲等子	38
	四都賦	162
50	四書章句集註	84
	四書說約	87
	四書集註	84(2)
	四書衍註	88
	四書經疑貫通	28
	四書備考	88
	四書解畧	88
	四書宗註	87
	四書叢說	85
	四書湖南講	88
	四書通證	86
	四書通旨	86
	四書通義	86
	四書通義輯釋	85
	四書大全	87
	四書直解	87
	四書蒙引初稿	86
	四書口義	87
60	四景詩集	356
64	四時氣候集解	160
67	四明文獻志	145
	四明文獻錄	34
	四明延慶寺十六羅漢碑	565
	四明甬東錢氏族譜	150
	四明寶積院記	569
	四明洞天丹山圖詠	336
	四明祖庭世統題名記	584
	四明薛氏端室錄	234
	四明風雅	43
	四明尊者教行錄	304

見

22	見山堂雜鈔	278

	撫州南城縣麻姑仙壇		31	日涉編	160
	記	552	50	日本考畧	35、199
40	撫臺奏議	122、126		日本朝貢考畧	35
				日本圖纂	36
5806₁	拾		56	日損齋筆記	230
35	拾遺書	31	90	日省錄	528
5815₃	蟻		6010₄	墨	
21	蟻術詩選	361	08	墨譜法式	37、259
			17	墨子	261
5844₀	數		34	墨池璅錄	91
50	數書	248	43	墨娥小錄	529
	數書致遠	248	44	墨莊漫錄	269
	數書索隱	248		墨藪	255
	數書探賾	248			
	數書鉤深	248		星	
			48	星槎勝覽	198
5894₀	敕		80	星禽直指	47
08	敕議	211			
66	敕賜崇孝祠錄	140	6011₃	晁	
77	敕留魏光林寺記	559	72	晁氏客語	268

6

			6012₇	蜀	
6000₀	口		17	蜀丞相諸葛武侯祠	
21	口齒類要	241		堂碑	553
			34	蜀漢本末	30
6001₄	睢				
32	睢州志	181(2)	6014₇	最	
			22	最樂編	277
6010₀	日				

5609₄ 操
27 操舟稿 496

5701₂ 抱
10 抱一函三祕訣 332
43 抱朴子 317、318
　　抱朴子外篇 317
　　抱朴子內篇 317

5702₀ 拘
41 拘墟詩談 513
　　拘墟集 367

5703₂ 掾
55 掾曹名臣錄 32

5704₇ 搜
10 搜玉小集 461
35 搜神記 296

　　　　投
53 投轄錄 48
80 投金龍玉冊記 573

5705₆ 揮
00 揮塵前錄、後錄、餘話 293

5706₂ 招
72 招隱十友傳 148

5708₁ 擬
40 擬古詩七十首 364
　　擬古樂府 523(2)

5712₇ 蝸
31 蝸濡集 400

5725₇ 靜
00 靜齋詩集 386
17 靜君集 498
27 靜修先生遺詩 362
30 靜安八詠 422
31 靜江路學記 584
44 靜芳亭摘稿 393

5743₀ 契
77 契丹國志 108

5790₃ 繫
20 繫辭演 68

5802₇ 擒
00 擒玄賦 335

5803₁ 撫
21 撫上郡集 416
　　撫虔奏稿 130
27 撫彝節署 116
30 撫安東夷紀 115
32 撫州府志 170

威
62 威縣志　　　　　164

5408₁ 拱
41 拱極觀記　　　　567

5414₇ 蠖
44 蠖菴疏稿　　　　123

5415₃ 蟻
54 蟻蠓集　　　　　480

5492₇ 勅
27 勅修文宣王廟牒　557
66 勅賜空相院牒　　560
　　勅賜常樂院牒　　559

5503₀ 扶
35 扶溝縣孔廟碑　　579
　　扶溝縣志　　　　180
58 扶輪廣集　　　　483

5504₃ 轉
00 轉註古音畧　　　 39

5523₂ 農
50 農書　　　　　　238

5560₀ 曲
05 曲靖府尋甸縣志　189

32 曲沃縣志　　　　186
34 曲洧舊聞　　　　268

5560₆ 曹
00 曹文進詩集　　　 43
17 曹子建集　　　　423
32 曹州府范縣志　　184
37 曹祠部詩集　　　353
40 曹大姑女誡　　　227

5580₆ 費
00 費文憲公集　　　499

5602₇ 揚
17 揚子　　　　　　226
　　揚子法言　　　　226
32 揚州瓊華集　　　 45
　　揚州府儀徵縣志　166
　　揚州賦　　　　　196

5605₀ 押
06 押韻釋疑　　　　290

5608₁ 提
27 提督條規　　　　203
　　提督學校　　　　203
77 提學敕書　　　　204

5608₆ 損
00 損齋備忘錄　　　 32

54 軒轅鑄鼎原碑	553	

5104₁ 攝
22 攝山棲霞寺志	194
25 攝生要義	330
攝生衆妙方	243
攝生纂錄	332

5106₁ 指
27 指歸集	330

5114₆ 蟬
95 蟬精雋	38、270

5202₁ 折
43 折獄龜鑑	528

5204₇ 援
35 援神契	316

授
64 授時曆算撮要	247

5206₄ 括
44 括蒼彙紀	34
括菴先生詩集	380

5207₂ 拙
72 拙隱園可人集	483

5210₀ 蚓
30 蚓竅集	411

5212₂ 蟛
54 蟛蜞集	499

5304₄ 按
00 按摩法	334

5315₀ 蛾
21 蛾術詞選	520

5320₀ 成
24 成化條例	215
成化杭州府志	34
30 成憲錄	31
47 成均語錄	233

感
00 感應篇集註	315
感應類從志	36
45 感樓詩	364
64 感時論	272

盛
44 盛世新聲	522
67 盛明百家詩	43
盛明十二家詩選	476
77 盛陶與靈巖長老書并詩	560

30	東流縣志	168		東萊先生雜説	229
	東家雜記	29		東萊先生左氏博議	78
31	東滙詩集	407		東萊先生博議	229
32	東溪漫語	39		東萊書説	28
	東巡雜詠	422		東林寺碑	550
34	東漢文類	484	46	東觀奏記	30
	東漢文類目	218		東觀餘論	265
	東漢詔令	118	47	東都事畧	108
	東漢會要	33	51	東軒筆録	292
36	東澤綺語	300	60	東里文集、詩集、續集	
37	東湖西巡奏疏	121			450
	東祀録	148		東里詩集	399
38	東遊小稿	341		東田漫稿	389
40	東塘詩集	44		東昌府博平縣志	185
	東塘集	398		東園詩集續篇	44
	東南防守利便	191		東園客談	41
41	東垣珍珠囊	47	67	東墅詩集	44、411
	東垣十書	240	76	東陽縣志	173
	東垣藥性賦	240	80	東谷贅言	38
43	東越證學録	29		東谷無盡燈碑	566
44	東封朝覲頌	550	90	東堂詞	517
	東坡詞	517			
	東坡集	433	5101_0	批	
	東坡先生詩話	509	61	批點明詩七律	478
	東坡先生書傳	70	74	批駁鈔畧	217
	東坡先生長短句	563			
	東坡先生年譜	135	5101_1	排	
	東坡書歸去來辭	562	06	排韻增廣氏族大全	286
	東坡書蒲庭芳詞	561			
	東坡題跋、詞牘	505	5104_0	軒	

春秋類編	28
34 春渚紀聞	268
44 春草齋集	496
67 春明退朝録	37

5073_2 表
50 表忠記	145
表忠觀碑	560

5080_6 責
24 責備餘談	36

貴
32 貴州通志	189
76 貴陽府開州志	189

5090_0 未
00 未齋雜釋	48
51 未軒集	449

5090_3 素
10 素王記事	132
51 素軒吟稿	419
77 素履子	227
素問六氣玄珠密語	319
素問鈔補正	50

5090_4 秦
17 秦子文諫	120
26 秦泉鄉禮	210

34 秦漢文	483
秦漢文評林	483
秦漢文歸	483
秦漢疏書	119
秦漢晉魏文選	484

5090_6 東
00 東方朔占書	46
東方朔畫像贊	551
東京右街等覺禪院記	557
東京夢華録	196
07 東郭先生文集	445
10 東石講學録	29
東石續集	443
東石近藁	443
東石類藁	442
12 東水質疑	222
22 東巢雜著	270
東樂軒詩集	397
東嶽廟碑	571
東嶽仁聖宮昭德殿碑	582
東山集	365
東山志	195
23 東岱山房詩録	406、409
26 東白草堂集	390
東皋雜記	42
27 東鄉縣志	170
東嶼海和尚塔銘	588

34	書法鉤玄	48		春秋經解	28
44	書苑菁華	256		春秋經筌	79
	書苑菁華撮要	256		春秋私考	82
	書林外傳	441		春秋傳	79
50	書史會要	91		春秋皇綱	78
77	書學正韻	93(3)		春秋通說	79
80	書義矜式	28		春秋啟鑰	82
	書義卓躍	28		春秋左傳註疏	77
88	書纂	48		春秋左傳詳節解句	81
				春秋左傳詳節句解	28
5060₃ 春				春秋左傳杜林合註	77
10	春雨軒詩集	383		春秋左傳類解	28
	春雨堂隨筆	42		春秋左史捷徑	82
29	春秋意林	79		春秋左氏傳補註	81
	春秋辨疑	78		春秋標題要旨	83
	春秋諸傳辨疑	28		春秋世學	80
	春秋諸傳會通	28		春秋權衡	79
	春秋諸國統紀	78		春秋胡傳	82(3)
	春秋詞命	82		春秋胡傳集解	82
	春秋王霸列國世紀	28		春秋本例	79
	春秋五論	80		春秋本義	81
	春秋列傳	82		春秋或問	28
	春秋孔義	82		春秋提綱	78
	春秋集註	79		春秋四傳	82
	春秋集傳大全	77		春秋金鎖匙	81
	春秋集傳纂例	77		春秋尊王發微	78
	春秋集解	79		春秋公羊傳疏	77
	春秋經傳	77		春秋錄疑	28
	春秋經傳辨疑	82		春秋繁露	83
	春秋經傳集解	77(2)		春秋繁露求雨止雨直解	83

44	青藍集	376		忠孝集	145
	青藜閣初稿	372	80	忠義實紀	145
	青蘿館詩集	367		忠義錄	145
	青林雜錄	49			
60	青羅曆	45	50430	奏	
88	青箱雜記	292	04	奏謝錄	130
90	青雀集	252	08	奏議	533
				奏議擇稿	122
	肅		10	奏疏摘錄	132
88	肅敏奏議	130	24	奉先寺大盧舍那像龕記	594
50230	本		25	奉使高麗記	35
44	本草集要	245(2)	34	奏對稿	129
	本草綱目	241	80	奉慈院勤蹟碑	574
	本草權度	245			
	本草摘要	245	50600	由	
47	本朝奏疏	128	90	由拳集	454
50333	惠		50601	書	
30	惠安縣志	174	05	書訣	41
32	惠州府志	188	08	書說	70
			21	書經主意	71
50336	忠			書經註疏	69
12	忠烈編	32、138		書經新說	72
21	忠經	227		書經講義會編	71
23	忠獻韓魏王家傳	135		書經集註	70(4)
	忠獻韓魏王遺事	135		書經大全	72
	忠獻韓魏王別錄	30		書經直指	28
30	忠定公奏議	120		書經尊朱約言	72
44	忠勤錄	139	25	書傳大全	71

50	中書平章祀宣聖廟記		5010_6	畫	
		588	22	畫繼	256
	中書平章知院中丞			畫繼補遺	41
	祀宣聖廟記	598	40	畫志	41
	中書侍郎景範碑	556	46	畫墁錄	292
	中書令馬周碑	548	50	畫史	257
71	中原音韻	532	88	畫鑑	256
72	中岳廟碑	544			
	中岳醮告文	596	5013_2	泰	
	中岳嵩陽寺碑銘	545	22	泰山刻石	541
	中岳永泰寺碑頌	594		泰山志	191
	中岳祀香記	578		泰山都尉孔宙碑	542
77	中興禦侮錄	48	26	泰泉集	367、400
	中興間氣集	454	30	泰寧縣志	176
				泰定養生主論	240
5000_7	事		32	泰州新志	166
00	事文類聚翰墨大全	285			
43	事始	41	5013_6	蠹	
91	事類賦	282	36	蠹遇錄	125
5001_4	推		5022_7	青	
60	推恩裕國詩	150	00	青帝廣生帝君讚	557
88	推篷寤語	39	10	青霞選稿	389
				青天歌註釋	335
5003_0	夫		19	青瑣高議	297
17	夫子廟堂記	557	22	青崖奏議	127
30	夫容社吟稿	475	32	青州府志	185
				青溪暇筆	301
5003_2	夷		35	青神縣志	187
00	夷齊錄	36	43	青城山人詩集	421

	吏部四司條例	201		89 史鈔	156
	72 吏隱錄	41		92 史剡	36
	77 吏學指南	205			

申

67	申明憲綱	201
	申明賞罰	214
78	申鑒	226
80	申公高士廉塋兆記	548
88	申飭學政事宜	203

史

00	史鹿野雲中奏議	124
07	史記	97
	史記評林	97
	史記正義	97
	史記大全	97
	史記考要	98
	史記題評	97
	史記鈔	156
10	史要編	36
21	史衡	222
22	史斷	221
34	史漢異同	98
37	史通	219(2)、220
58	史拾	107
60	史晨謁孔廟碑	542
	史晨後碑	542
80	史義拾遺	221
83	史鉞	156

中

00	中庸緝畧	89
	中庸思問錄	88
	中唐十二家詩集	466
08	中説	227
	中論	227(2)
10	中天崇聖帝廟碑	558
22	中嶽醮告文	558
	中嶽中天崇聖帝碑	558
	中嶽投龍簡記	577
	中嶽隱居瑯琊王徵 君□授銘	593
	中峯應制稿	449
23	中牟縣廟學記	577
	中牟縣志	179
26	中吳紀聞	196
	中和集、後集	323
32	中州樂府	521
	中州名賢文獻表	147
	中州題詠集	154
	中州人物志	143
44	中麓山人拙對	289
	中麓畫品	41
	中華古今注	266
	中黄真經	333
47	中都儲志	211
	中都志	34、162

4860₁ 警		44 梅花百詠	361
64 警時新錄	48	梅花集詠	480

4864₀ 故		4928₀ 狄	
50 故事備要	296	21 狄仁傑奏免民租疏	585

敬		4942₀ 妙	
10 敬一錄	234	27 妙絕古今	487
50 敬事草	130	38 妙道要署	330
		40 妙喜泉銘	566

4891₁ 槎		4980₂ 趙	
51 槎軒集	498	00 趙文烱拜林廟題名	585
80 槎翁文集	452	17 趙子昂遊天冠山詩	597
		趙子昂書歸去來辭	580
4893₂ 松		趙子昂書道德經第	
10 松雨軒集	387	五十二碑	586
松石軒詩評	510	32 趙州志	164(2)
30 松窗雜錄	37	35 趙清獻公文集	431
31 松江府志	165	40 趙太史詩鈔	423
32 松溪縣志	175	44 趙莊靖公奏議	121
74 松陵集	351	50 趙東山文集、詩集	441
		51 趙攄趙揚蒙游百泉	
4894₀ 枚		山詩	571
80 枚命□	135		

5

4895₇ 梅		5000₆ 吏	
17 梅磵詩話	513	07 吏部職掌	203
22 梅仙觀記	336	吏部集	127
32 梅溪奏議	121	吏部獻納稿	128
37 梅初詩集	377		

4791₀　楓
22　楓山章文懿公年譜　136
　　楓山語録　29
　　楓山先生實紀　136

4791₇　杞
62　杞縣主簿王公惠愛記
　　　585
　　杞縣譙樓記　586
　　杞縣志　179

4792₀　柳
00　柳文　427(3)
32　柳州倡和詩　421
　　柳溪遺稿　400
50　柳屯田樂章　89

　　　桐
22　桐山老農集　44

4792₇　橘
22　橘山四六　505

　　　郴
32　郴州志　179

4794₇　穀
33　穀梁傳註疏　77
71　穀原詩集　372
　　穀原詩續集　372

4814₀　救
44　救荒活民補遺書　33
　　救荒活民書　33
　　救荒本草　238
　　救荒録　218
80　救命索　327

4816₆　增
01　增訂羣書備考　288
02　增刻醫便　243
27　增修東萊書説　28

4824₀　散
74　散騎常侍褚亮碑　548

4841₇　乾
45　乾坤變異録　246
　　乾坤鑿度　68

4842₇　翰
44　翰苑詩鈔　470
　　翰苑叢鈔　38、278
　　翰林詩選　383
　　翰林記　200
60　翰墨新書　285

4844₀　教
30　教家要畧　234
77　教民榜　213

32	均州志	177		67	朝野新聲太平樂府	522
					朝野類要	265

4712₇ 鄞

62	鄞縣重修儒學記	589		4748₆	嬾	
	鄞縣儒學重修記	587		22	嬾仙心印	254
	鄞縣丈量田總	212		40	嬾真子	268

4721₀ 帆　　　　　　　　　　4753₂ 艱

80	帆前集	403		21	艱征集	410

4722₇ 鶴　　　　　　　　　　4762₀ 胡

31	鶴江先生頤貞堂稿	453		00	胡文穆公雜著	39
44	鶴林玉露	269		02	胡端敏公奏議	124
60	鶴田集	454		11	胡礪碑	571
				25	胡仲子文集	445
				44	胡莊肅公奏議	129
4734₇ 縠					胡蒙溪詩集四卷文	
00	縠音集	367			集、續集	369
				48	胡梅溪居業錄	232
4740₁ 聲				90	胡少司馬傳	138
00	聲音文字通	38				
06	聲韻會通	94				
50	聲畫集	469		4762₇	都	
				00	都玄敬詩話	513
4742₀ 朝				30	都憲徐公奏議	121
28	朝鮮雜志	35		43	都城紀勝	38
	朝鮮紀事	50		80	都公譚纂	298
	朝鮮志	35、199				
	朝鮮賦	35、199		4780₆	超	
43	朝城縣志	184		24	超化寺詩	564
44	朝勤事例	210			超化寺僧仁公詩	587

加封忠佑廟神之碑　589
61　加號大成碑　　　　583

4614₀　埤
70　埤雅　　　　　　91(2)

4621₀　觀
18　觀政集　　　　　　45
24　觀化集　　　　45、328
44　觀林詩話　　　　　37
77　觀風輯畧　　　　　126

4622₇　獨
60　獨異志　　　　　　298

4633₀　恕
00　恕齋原病集　　　　241
26　如皋縣志　　　　　166
30　如宜方　　　　　　49
90　如堂邵家河純陽觀碑
　　　　　　　　　　　575

4643₄　娛
50　娛書堂詩話　　　　37

4680₆　賀
23　賀秘監祠堂記　　　588
86　賀知章畫像并贊　　569

4690₀　柏

00　柏齋文集　　　　　453
　　柏齋三書　　　　　41

4690₀　相
30　相宗纂要　　　　　254

4691₃　槐
90　槐堂詞　　　　　　519

4692₇　楊
00　楊文定公詩集　　　44
　　楊文敏公年譜　　　136
17　楊盈川集十卷附錄　425
24　楊侍讀存稿　　　　452
　　楊升菴詩　　　　　406
50　楊東里詩集　　　　366
80　楊公筆錄　　　　　40

　　　　楞
26　楞伽阿跋多羅寶經　302
　　楞伽阿跋多羅寶經
　　　註解　　　　　　302

4702₇　郯
43　郯城縣宣聖廟講堂記
　　　　　　　　　　　571

4712₀　均
00　均奕詩集　　　　　384

40	杜壽域詞	518	4499₀	林	
72	杜氏通典	206	17	林子	263
	杜氏通典詳節	208(2)	26	林泉高致集	37
76	杜陽雜編	296		林泉隨筆	42
87	杜欽□靈巖行	565		林和靖集	356
			33	林心泉集	445
4491₂	枕		43	林榕江先生詩集、文集	365
50	枕中記	334			
53	枕戈雜言	272	77	林間錄	305
4491₄	桂		4541₀	姓	
00	桂文襄公奏議	125	71	姓原珠璣	287
32	桂州詩餘	516			
	桂洲集	407	4593₂	棣	
	桂洲奏議、外集	129	32	棣州刺史西平郡公石守信神道碑銘	596
38	桂海虞衡志	34、196			
44	桂苑叢談	296			
	桂林府全州志	188	4594₄	樓	
51	桂軒稿、續集	496	40	樓太師廟記	584
72	桂隱集	441	46	樓觀繫牛柏碑記	575
4492₇	菊		4600₀	加	
44	菊坡叢話	531	27	加句尊勝陀羅尼經	555
	菊菴集	398	44	加封文宣王記	580
				加封顏曾思孟四子及豫洛二公制	582
4494₇	菽				
60	菽園雜記	299		加封至聖文宣王詔	577
				加封孔子詔	577、583(2)
4496₀	楮			加封孔子父母及夫人并官氏制	582
07	楮記室	287			

04 黄詩内篇	357	
10 黄石公行營妙法	49	
黄石公素書	316	
黄石公素書集解	316	
22 黄巖縣志	173	
黄山谷歸靈堂三大字	562	
黄山谷浯溪詩	563	
黄山谷書面壁頌	562	
32 黄州府志	178	
44 黄華老人詩	572	
黄葉村莊詩集	420	
53 黄輔國謁林廟題名	564	
60 黄四如文藁	438	
黄四如先生集	437	
81 黄矩洲詩集	382	

4490₁ 蔡

02 蔡端明文集	435
21 蔡虛齋蒙引	87
30 蔡安持詩	561
蔡安時題靈巖寺詩	562
50 蔡中郎集	423
72 蔡氏集傳	70

4490₄ 藥

00 藥方并論	240
10 藥石爾雅	319
95 藥性麤評	245

葉

38 葉海峯文	44
40 葉有道碑	549
62 葉縣志	183
80 葉八白易傳	27

茶

71 茶馬類考	33
74 茶陵州志	178

4490₈ 萊

32 萊州府志	185

4491₀ 杜

04 杜詩五七言律註解	346
杜詩集註	343(2)
杜詩選註	345
杜詩單註	344
杜詩長古註解	345、346
杜詩分類全集	346
杜詩類集	345
10 杜工部詩	343
杜工部詩集、文集	342
杜工部七言律詩	343
25 杜律二註	345
杜律測旨	344
杜律演義	344
杜律鈔	346
30 杜審言集	342
38 杜道元住持中嶽廟聖旨	579

4473₁ 藝

00	藝文類聚	281
24	藝贊	260
44	藝苑卮言	299
60	藝圃萃盤錄	288

4474₁ 薛

00	薛文清公要語外篇	232
04	薛詩拾遺	409
08	薛許昌詩集	352
10	薛元卿畫像贊	583
	薛西原集	420
44	薛考功集	452
67	薛嗣昌題名	562
72	薛氏醫案	241
	薛氏醫錄	241
80	薛公阿史那忠碑	548
90	薛尚功篆消災護命經	597

4477₀ 甘

12	甘水仙源錄	323
26	甘白先生詩集	388
	甘泉子古詩選	376
	甘泉先生兩都風詠	381
	甘泉先生年譜言行錄	136
36	甘澤謠	297

4477₇ 舊

00	舊唐書	99

4480₁ 楚

07	楚詞	339
20	楚辭	339(2)
	楚辭集註離騷、續離騷、後語、辨證	340
27	楚紀	34、197
67	楚昭王行實	114
77	楚騷協韻	42、340
88	楚範	42

萐

44	萐莆集	525

4480₆ 黃

00	黃帝九鼎神丹經訣	308
	黃帝奇門遁甲圖	46
	黃帝素問靈樞經	240
	黃帝陰符經註	308
	黃帝陰符經集注	235
	皇帝陰符經解	308
	黃帝陰符經演	235
	黃帝鑄鼎原銘	595
	黃庭經	335
	黃庭遁甲緣身經	335
	黃庭內景玉經	310
	黃庭內景五藏六腑圖	310
	黃文獻公筆記	38

72	華氏傳芳集	141
76	華陽圖志	158
	華陽陶隱居傳	330
	華陽頌	594

4450₆ 革
27	革象新書	246
47	革朝遺忠録	31
	革朝忠遺録	112
78	革除編年	31
	革除遺事	31(2)、112

4452₁ 蘄
12	蘄水縣志	178
32	蘄州志	178

4453₀ 英
24	英德縣志	188
80	英公李勣碑	548

4460₁ 耆
28	耆齡集	507
44	耆舊續聞	39、293

昔
38	昔遊集	43

4460₂ 苕
32	苕溪詩話	509
	苕溪詞	518

4460₈ 蓉
40	蓉塘詩話	510

4462₇ 蔀
00	蔀齋先生文集	448

荀
17	荀子	225

4471₁ 老
17	老子	311
	老子説五厨經註	314
	老子集解	312
	老子通義	312
	老子故宅碑	577
	老子顯道經	314
77	老學菴筆記	269

4471₇ 世
08	世説新語	290(3)
	世譜增定	29
24	世緯	44
50	世史正綱	104
	世史積疑	36、221

4472₇ 葛
22	葛仙翁肘後備急方	46

勘
27	勘彝集	127

21	孝經集講	28
44	孝藩永慕詩	530
48	孝敬皇帝叡德記	548
67	孝明高皇后碑	549

4440₈ 萃
80	萃美亭記	574

4441₇ 執
80	執金吾丞武榮碑	542、543

4442₇ 孋
30	孋窟詞	518

募
27	募緣雜錄	307

萬
00	萬文一統內外集	485
27	萬物數	248
30	萬安寺茶牓	578
	萬安橋記	559
33	萬治齋文畧	452
37	萬軍門勘處夷情	216
80	萬首唐人絕句	465(2)
90	萬卷菁華前集	41

4443₀ 葵
51	葵軒詞	519

樊
72	樊氏集	407

4445₆ 韓
00	韓文	427
10	韓五泉先生集	415
11	韓非子	237
17	韓子五箴	596
	韓子迂評	237
34	韓汝慶詩集	415
50	韓忠獻公遺事	135
	韓忠獻公祠堂事跡記	561
	韓忠獻公別錄	135

4446₀ 姑
32	姑溪詞	517
44	姑蘇雜詠	416
	姑蘇新刻彤管遺編 後集	151
	姑蘇志	34

4450₄ 華
00	華亭船子和尚機緣詩	307
22	華嶽祈雨記	551
	華嶽頌	545
	華嶽精享昭應碑	549
66	華嚴法界觀通玄記	302
	華嚴懸談會元記	302

30	蓬窗類記	39		08	蘇許公詩集	401
32	蓬州志	187		09	蘇談	299
44	蓬萊集	194		10	蘇平仲文集	451
	蓬萊觀海亭集	43		32	蘇州府吳縣志	165
					蘇州常熟縣令孝子太原郭府君墓志銘	594

4430_7 芝

22 芝山梅約倡和詩　423
60 芝園定集、外集　494

4432_0 薊

32 薊州志　163
　 薊州鎮考　163

4433_1 燕

00 燕市集　369
10 燕王令旨　119
34 燕對錄　113
80 燕公于志寧碑　547
90 燕堂記　596

4433_8 恭

23 恭獻侍郎兩公奏議　121

4439_4 蘇

00 蘇文忠公文　434
　 蘇文忠公文集、奏議、外制集、內制集、後集、卷續集　433
　 蘇文忠公表啟　505
　 蘇文忠公全集　434

50 蘇東坡海市詩　561
58 蘇轍題靈巖寺詩　560
72 蘇氏易傳　56
77 蘇門集　379

4440_1 莘

62 莘縣志　185

4440_6 草

00 草廬輯粹　29
30 草窗詞　518
　 草窗集　44
40 草木子　263
50 草書集韻　92
78 革除逸史　31
90 草堂詩餘　517、532
　 草堂詩餘別錄　517
　 草堂集　402
　 草堂續稿　382

4440_7 孝

00 孝文皇帝弔殷比干文　544
17 孝子郭巨墓碑　545

04	苑詩類選		479
74	蘭陵長公主碑		547
76	蘭陽縣志		180

4421_4 薩
10	薩天錫詩集	361

莊
17	莊子諸家註	316
	莊子義海纂微	38
30	莊定山集	481
31	莊渠先生書稿全篇	446
62	花影集	500
77	莊周氣訣解	333

4421_8 茝
78	茝陛典要	208

4422_1 芹
32	芹溪議藳	129

4422_2 茅
22	茅山紫陽觀碑銘	595
	茅山志	192

4422_7 芮
80	芮公豆盧寬碑	547

蘭
00	蘭亭序	544
28	蘭溪縣志	173(2)
32	蘭州志	187

莆
60	莆田集	497
76	莆陽文獻	35、146
	莆陽科第錄	49
	莆陽黃御史集	428

勸
44	勸世方言	277
80	勸善書	274

蕭
22	蕭山縣志	172

4423_2 蒙
26	蒙泉雜言	41
43	蒙城縣志	169

4424_7 蔣
12	蔣璞山政訓	206

4425_3 藏
50	藏春詩集	422

4426_7 蒼
41	蒼梧軍門志	203

4430_4 蓬

	地理括要	251	17	勤忍百箴考註	234
	地理八山斷	251	40	勤有文集、詩集	492
	地理分合總論	251			

范

蕩

00	范文正公集	435	78	蕩陰令張君頌	543
	范文正公神道碑銘	596			
	范文正公奏議	120	4414₇	鼓	
	范文正公書牘	505	67	鼓吹續編	39
	范文正公尺牘	504(2)			
	范文正公年譜	135	4416₉	藩	
18	范致冲桃源洞詩	564	00	藩府政令	203
24	范德機集	43			
	范德機批選李翰林詩		4420₇	考	
		530	00	考亭朱氏文獻全譜	135
43	范式碑	592		考亭淵源錄	141
44	范孝子傳	140	10	考工記	75
46	范坦題子晉祠詩	565	40	考古辭宗	287
50	范忠宣公奏議	121		考古會編續集	494
62	范縣志	184			
76	范陽郡新置文宣王廟碑			夢	
		553	00	夢齋筆談	301
77	范賢良文集	437	32	夢兆要覽	40
				夢溪筆談	268
4412₇	蒲		33	夢粱錄	197
30	蒲室集	500、529	36	夢澤集	370
32	蒲州志	186	38	夢游軒記	572
50	蒲東珠玉詩	529	40	夢真容碑	550
			60	夢墨稿	498

勤

4421₂ 苑

74	博陵太守孔彪碑并陰	543		30	董宣傳	590

臺

40	臺壽錄	476

荃

87	荃錄	42

4315₀ 城

76	城隍廟壁記	578

4347₇ 妒

21	妒經解	303

4380₅ 越

07	越望亭集	50
22	越嶠書	35
27	越絶書	158
44	越草	45
68	越吟	418

4385₀ 戴

33	戴遂谷集	499
72	戴氏詩集	388

4410₀ 封

30	封宗聖侯孔羨碑	544
36	封禪朝覲壇頌	558
72	封丘縣志	180
	封氏聞見記	267
80	封善政靈德侯勅	569
	封善政侯勅	564

4410₄ 董

17	董子故里志	138

4410₇ 藍

77	藍關記	320

4411₂ 地

16	地理正宗集	252
	地理玉鑰三元	252
	地理雪心賦	249
	地理天機會元	251
	地理發微	250
	地理發微釋義、問辨	250
	地理珍要	251
	地理統會大成	249
	地理參贊玄機	251
	地理心法	252
	地理大成	249
	地理大成通書	251
	地理大全	250
	地理大全鴻囊經	250
	地理大全土牛經	251
	地理直說	252
	地理真機	251
	地理樞要	251

4094₁ 梓	27 蒯緱集	403
32 梓州刺史馮公神道碑 593	4223₀ 狐	
梓溪文集 443	26 狐白裘	277
4111₆ 垣	4240₀ 荆	
44 垣菴長短句 507	32 荆州府志	178
	荆溪倡和	421
4126₀ 帖	荆溪林下偶談	42
04 帖謨爾普化謁名公 廟詩 586	荆溪唱和詩	43
	40 荆南権志	212
4196₀ 柘	4241₃ 姚	
43 柘城主簿埜仙公德 政碑 587	00 姚文獻公碑	549
柘城守令劉公德政碑 581	姚文獻公墓大字	589
	姚文獻公墓題字	589
柘城縣志 181	姚文忠公墓大字	589
柘城令李公德政頌 551	4292₇ 橋	
	77 橋門聽雨詩	43
4199₁ 標		
61 標題詳註十九史音 義明解 155	4301₀ 尤	
	32 尤溪縣志	175
標題補注蒙求 281		
	4304₂ 博	
4212₂ 彭	10 博平縣志	185
10 彭王傳徐浩神道碑 595	27 博物志	299
28 彭給事奏議 125	博物策會	147
	32 博州重修廟學記	570
4220₀ 蒯	37 博選唐七言律詩	468

77 奇門說要	46	**4080₁ 真**	
奇門要畧	46	00 真文忠公讀書丁記	
奇門總括	50	重雕	229
奇門遁甲賦	46	04 真誥	318
		13 真武經	597
4064₁ 壽		15 真珠船	270
06 壽親養老書	240	30 真定府志	164
30 壽寧縣志	177	42 真獵風土記	35
32 壽州志	168		
48 壽梅集	393	**4090₀ 木**	
99 壽榮錄	494	44 木蘭堂類鈔	278
4071₀ 七		**4090₃ 索**	
10 七元六甲書	46	40 索奇志	298
17 七子纂要	275		
25 七佛偈	561	**4090₄ 橐**	
27 七修類稿	270	88 橐籥子	263
40 七十二子粹言	275		
七十二賢贊	566	**4091₇ 杭**	
七真仙傳	324	32 杭州府志	34、171
48 七松遊	533		
80 七人聯句記	148	**4092₇ 橋**	
		40 橋李金明寺放生唱	
4073₂ 袁		和詩集	534
00 袁文榮公詩集	422		
30 袁永之集	479	**4093₁ 樵**	
32 袁州府志	171	22 樵川記義	154
47 袁柳庄傳	149	72 樵隱詩餘	517
50 袁中郎集	500	77 樵風	454

22	古樂府	522		古今注	265
	古樂苑	523		古今源流至論	285
	古仙指南玉書賦	326		古今治平畧	208
	古山感雨記	588		古今通畧	222
37	古逸書	73		古今遊名山記	198
40	古直存稿	419		古今考	229
	古杭雜記詩集	423		古今書繪寶鑑	256
44	古老子	575		古今四六會編	505
45	古樓觀紫雲衍慶集	453		古今圖書集成	19
46	古柏行	572		古今歷代大統易見錄	105
50	古史	107		古今風謠	482
	古史本紀	107		古今尺牘聞見拔尤	504
	古史餘論	36		古今合璧事類備要	
	古畫品	254		後集、續集、別集、	
	古書世學	70		外集	284
63	古賦辨體	503		古今合璧事類備要	
77	古學彙纂	289、493		前集	284
80	古今諺	533	88	古篆	91
	古今詩刪	476			
	古今韻會	92	4060₁	吉	
	古今說海	288	30	吉安府志	170
	古今元屑	494	60	吉日癸巳	591
	古今列女傳	142			
	古今歲時雜詠	159	4060₉	杏	
	古今備要史鑑提綱	157	40	杏壇二大字	571
	古今將畧	236	44	杏花書屋自娛集	499
	古今名喻	286			
	古今名喻全編	491	4062₁	奇	
	古今名賢詠物詩選	472	08	奇效良方	243
	古今紀夢要覽	254	50	奇書	50

	李克用北嶽題名	555	77 嘉興府志	171(2)
	李存進碑	555	嘉興府圖記	49
	李古廉詩集	406	嘉興路重修儒學記	577
44	李杜詩選	468		
48	李翰林詩類編	347	4050₆ 韋	
	李翰林酒樓記	589	31 韋江州集	350
	李翰林分類	347	44 韋蘇州集	350
	李梅亭先生四六標準			
		505	4060₀ 古	
50	李中麓閒居集	500	00 古文辨體、外集	489
71	李長吉詩集	353	古文識鑒	39
72	李氏易傳集解、王		古文讀	490
	氏畧例	55	古文集	490
	李氏居室記	41	古文集要	490
76	李陽冰瘦公德政記	552	古文選正	490
	李陽冰謙卦碑	552	古文奇畧	491
	李陽冰三墳記	552	古文苑	37、486
	李陽冰遷先塋記	552	古文雅錄	489
	李陽冰書般若臺字	553	古文會編	490
80	李公紀功載政頌	552	古文會選	490
	李公決水修街記	574	古文短篇	490
88	李策宿蘇門城樓詩	572	古文類選	490
			古文類鈔	490
	4046₅ 嘉		古言	39、265
00	嘉應州興寧縣志	188	古音叢目	48
05	嘉靖集	366、405	古音獵要	92
	嘉靖維揚志	34、162	古音餘、後語	92
30	嘉定府洪雅縣志	187	12 古列女傳	140
34	嘉祐雜志	30	20 古穰雜錄	40
40	嘉南集	375	21 古虞文錄	43

77	南丹三要	324		赤	
78	南覽集	416	24	赤牘清裁	504(2)
88	南籠府普安州志	189	43	赤城新志	34
91	南恒疏議	129		赤城詩集	475
				赤城論諫	131

希

10	希元觀妙先生碑	564
16	希聖先生范公小傳	148
	希聖堂講義	534

赤城集	45
赤城志	34
赤城會通記	34

4040₀ 女

02	女訓	233
44	女孝經	227

有

50	有本亭集	414

4024₇ 存

33	存心錄	48
35	存神固氣論	332
40	存真訾仙翁實錄碑	573
	存真仙翁舊隱碑	573
	存真宮趙公大師行實碑	575
60	存愚錄	41

4040₇ 李

00	李文定游靈巖詩	562
	李文饒文集、別集、外集	427
05	李靖告西嶽大王文	592
10	李元賓文集	428
21	李何精選詩	477
22	李山人詩集	44、420
25	李仲琔修孔廟碑	545
28	李給事端本策	525
31	李江才詩集	422
40	李太白半月臺詩	562
	李堯文留題證明龕詩	566
	李克齋平倭事略	115
	李克齋督撫經畧	213、526

4030₀ 寸

80	寸金易鑑	47

4033₁ 志

00	志齋醫論	47
27	志壑堂集	420
70	志雅堂雜鈔	278

	南唐近事	291		南宋中興以來絕妙	
	南唐書	159		詞選	519
	南京刑部志	201	31	南遷錄	30
	南京大相國寺建圍		32	南溪詩話	42
	墙記	574	36	南還稿	500
	南京太常寺志	201	38	南海神廣利王廟碑	554
	南京兵部營規	201		南滁會景編	34、196
05	南靖縣志	176	40	南太紀署	32
07	南贛督撫奏議	127		南臺集	127
	南部新書	30、291		南內記	31
	南詔事署	35、159		南雄府志	188
10	南平縣志	175	43	南城召對錄	32
11	南北二鳴編	408	44	南華經	316
	南北朝文歸	485		南華真經註疏	316
20	南雋集	496		南華真經義海纂微	316
21	南征錄	31	50	南史	99
22	南嶽總勝集	336		南中集	369、406
	南嶽九真人傳	330		南中續集	407
	南嶽金丹暢旨	331		南中志	35、158
	南畿志	163		南夷書	35
	南山集	421	60	南昌府豐城縣志	169
	南山居士年譜	136		南園漫錄	270
30	南濠詩話	38	67	南明紀遊詩	198、475
	南寧府志	188		南明紀遊詩集	398
	南安府南康縣志	171	72	南岳宣義大師夢英	
	南宮疏署	126		十八體書	595
	南宮奏謝錄	124		南兵集	127
	南宮奏議	125	74	南陵王奏議	130
	南窗紀談	42	76	南陽府志	183
	南宋名臣言行錄	30		南陽寺碑	545

40	太古土兊經	310	43	墉城集仙錄	319
41	太極圖分解	29、227			
71	太原府太原縣志	185	4418$_1$	填	
	太原縣志	186	07	填詞圖譜、續集	520
72	太岳太和山志	191			
	太岳志畧	191	4021$_4$	在	
77	太丹記	334	37	在澗集	386
80	太倉文畧	450、493	67	在野集	381
	太倉州新志	165			
	太倉州志	165	4022$_7$	布	
	太公呂望碑	545	10	布粟集	42
	太公呂望表	544	18	布政司議稿	212
	太公兵法	45			
				內	
4004$_7$	友		00	內府古器評	37
77	友問集	233	21	內經素問	238
			23	內外摘要	241
4010$_0$	士		24	內侍李輔光墓誌	554
00	士齋詩集	394		內科摘要	241
17	士翼	232	40	內臺集	442
27	土魯番哈密事蹟	32	77	內閣行寔	32
44	士林詩選	478	85	內鍊延壽捷徑祕訣	325
			88	內簡尺牘	43
4010$_4$	臺				
90	臺省疏稿	129		南	
			00	南雝志	201
4010$_7$	直			南齊書	99
08	直說通畧	30		南康府志	170
				南康縣志	171
4012$_7$	墉			南府志	163

	大丹鉛汞論	319	
80	大金國志	108	
	大谷集	399	
86	大智禪師碑	550	

太

00	太康縣志	180
10	太平府志	168
	太平兩同書	263
	太平經國書	208
	太平御覽	282
	太平御覽經史圖書綱目	218
	太平縣志	173(2)
	太平金鏡策	44
17	太乙十精風雨賦	49
	太乙專征賦	46
	太乙成書	46
21	太上靈寶女丹經	309
	太上虛皇天尊四十九章經	309
	太上洞房內經註	335
	太上洞神玄妙白猨真經	309
	太上通玄靈應經	309
	太上大通經	335
	太上太清天童護命妙經	309
	太上赤文洞古經	335
	太上老子道德經	311

	太上老君玄妙枕中內德神咒經	335
	太上老君說常清靜經	314
	太上老君玄道真經註解	314
	太上老君大存思圖註訣	335
	太上黃庭外景玉經	310
	太上肘後玉經方	334
	太上除三尸九蟲保生經	309
	太虛心淵篇	334
	太師徽國公文公年譜	134
22	太僕寺志	202
	太嶽奈何將軍碑	556
23	太傅呂文安公葬錄	139
26	太白山人漫稿	407
	太白樓集	43
	太白陰經	46
	太保李良臣碑	554
	太和正音譜	49
30	太室石闕銘	591
	太宗賜少林寺教	546
35	太清玄極至妙神珠玉顆經	309
	太清玉碑子	335
	太清經斷穀法	334
	太清金液神丹經	317

	大唐三藏聖教序并記		44	大藏音	307
		547		大藏一覽集	303
	大唐傳載	30	46	大觀五禮記	564
	大唐中興頌	552		大相國寺聖旨碑	573
	大唐創業起居注	101		大相國寺碑	557、571
	大六壬無惑鈴	49、253	50	大事紀	29
02	大證禪師碑銘	552		大事紀續編	29
04	大誥武臣	118(2)		大事紀解題	102
	大誥續編	118	67	大明新定九廟頌	210
10	大元首測衝錯攤瑩注			大明一統賦	162
		333		大明一統輿圖	162
16	大理司直郭思訓墓			大明集禮	33
	志銘	593		大明律	215(2)
	大理寺志	201		大明律比例	215
17	大司徒邠國公棟公			大明律例	215
	禪師塔銘	584		大明律直引	215
21	大儒奏議	132		大明官制	204
25	大佛頂首楞嚴經	302		大明實錄	110
27	大名郡志	164		大明通寶義	40
	大名僧錄慶公功行碑			大明令	215
		581	77	大風歌	590
28	大復集	378		大同府志	186
30	大瀛海道院記	581		大用菴銘	566
	大家文選	492		大學衍義	84、85(2)
	大定新編	47		大學衍義補	85(2)
	大定易數	47		大學增修聲律資用	
35	大禮集議	33		萬卷菁華前集	286
36	大還丹照鑑	333		大丹記	335
43	大埔縣志	188		大丹靈源元易篇	324
	大獄錄	115		大丹直指	323

77 啓母石闕銘 591

3912₀ 沙
62 沙縣志 175

3912₇ 消
77 消閑錄 29

3940₄ 娑
60 娑羅樹碑 549

4

4000₀ 十
10 十二論 36
　　十二家唐詩 466
21 十處士傳 48
23 十代風水地理 47
24 十先生奧論前集、後集、續集 42
32 十洲記 296
40 十七史詳節 155
80 十八方加減 50
　　十八史畧 48
　　十善業道經要略 557

4001₁ 左
25 左傳事類本末 81
　　左傳附註 28
58 左拾遺竇叔向神道碑 595

90 左光祿大夫姚辨墓誌銘 546

4001₇ 九
10 九霞山人集 495
21 九經韻覽 93
23 九代樂章 48
26 九鯉湖集 194
30 九宮譜 258
31 九江府志 170
36 九邊圖 191
39 九沙草堂雜言 272
40 九真太守谷府君碑 544
44 九華山志 192
47 九朝談纂 31
53 九成宮醴泉銘 546
55 九轉流珠神仙九丹經 309

丸
21 丸經 333

4003₀ 大
00 大方廣佛華嚴經一藏要解 301
　　大方廣佛華嚴經合論 301
　　大方廣圓覺修多羅了義經 303

3830₆ 道	
10 道一編	233
22 道山集	420
24 道德玄經原旨、發揮	314
道德經	310(2)
道德經講義	312
道德經解	313
道德經輯解	313
道德經附註	312
道德真經	313
道德真經廣聖義	310
道德真經註	312(2)、313
道德真經註疏	313
道德真經玄德纂疏	310
道德真經新註	313
道德真經三解	312
道德真經疏義	313
道德真經取善集	311
道德真經集註	312
道德真經集註釋文、集註雜説	312
道德真經集解	314
道德真經集義	313
道德真經集義、大旨	312
道德真經衍義手鈔	313
道德真經傳	311、313
道德真經解	313
道德真經次	314
道德真經真解	313
道德真經藏室纂微開題科文疏	311
道德真經藏室纂微篇	311
道德真經指歸	310
道德真經四子古道集解	311
道德真經全解	313
道德真經義解	313
道德會元	323
道德性命後集	314
道德性命前集	313
30 道安禪師碑	593
34 道法宗旨圖衍義	332
40 道南三先生遺書	29
道南書院録	142
道在編	233
41 道樞	323
44 道藏經	334
道藏目録	334
道藏銘	579
60 道因法師碑	547、593
80 道命録	135

3850₇ 肇	
08 肇論中吳集解	303

3860₄ 啓	
40 啓真集	333
44 啓蒙金璧	290

3815₇ 海

01	海語	48
17	海瓊摘稿	321
21	海上占侯	46
23	海岱集	371
30	海寧州志	185
	海寧縣志	171
	海客論	333
32	海州志	166
37	海涵萬象錄	41
	海運誌	33
	海運詳考	33
38	海道經	35
40	海內奇觀	41
	海右唱和集	366
	海樵律詩	370
44	海藏抽奇	244
60	海昌會語	235
70	海防疏	190
	海防圖論	35
74	海陵三仙傳	322
77	海門志	163
	海叟集	373、498
80	海倉議	211
87	海錄碎事	282

3816₇ 滄

32	滄洲詩集	364
	滄洲集	371
33	滄浪先生吟卷	470
	滄浪櫂歌	43
	滄浪嚴先生詩談	510
37	滄溟先生集	398
38	滄海遺珠集	43
56	滄螺集	480

3819₄ 滁

| 32 | 滁州志 | 34 |

3825₁ 祥

| 12 | 祥刑要覽 | 237 |
| 60 | 祥異賦 | 46 |

3826₈ 裕

| 32 | 裕州志 | 183 |
| 80 | 裕公禪師碑 | 579 |

3830₄ 遊

00	遊襄陽名山詩	399
22	遊嵩集	383
	遊戎集	51
27	遊名山錄	526
33	遊梁集	371
40	遊圭峯草堂寺詩	597
44	遊燕集	498
60	遊蜀吟稿	376

遵

| 38 | 遵道錄 | 231 |

80	迎公大師墓誌	570

3730₄ 運
17	運司志	204
70	運甓漫稿	364

3730₇ 追
44	追封衛郡公慕公神道題字	583

3730₈ 選
04	選詩	474
	選詩外編	474
	選詩續編	471
	選詩補註	38、471
	選詩補遺	471
	選詩拾遺	477

3750₆ 軍
18	軍政	214
	軍政條例	202
	軍政事例	202
21	軍占雜事	46
77	軍門節制	203
80	軍令	214

3752₇ 鄆
32	鄆州州學新田記	561

3772₇ 郎
40	郎士元詩集	352
50	郎中鄭固碑	542

3780₆ 資
31	資福禪寺鐘銘	574
33	資治通鑑音註	101
	資治通鑑外紀、目錄	102
	資治通鑑綱目	101(2)
	資治通鑑綱目發明	103
	資治通鑑綱目集覽	103
	資治通鑑考異	101
	資治通鑑節要	103
	資治通鑑節要續編	103
67	資暇集	265

3812₇ 汾
76	汾陽王廟記	572
78	汾陰公薛收碑	541

3813₃ 淤
37	淤泥禪寺心經	593

3814₀ 澝
67	澝墅關志	212

3814₇ 游
30	游定夫詩四幅	566
37	游溟詩歷	198
80	游年定宅書	249

3718₂ 次
06 次韻周元翁游青原寺
　　詩　　　　　　　　563

3719₄ 深
10 深雪偶談　　　　　　37

3721₀ 祖
12 祖孫臺諫奏疏　　　 129
16 祖聖手植檜詩　　　 559

3721₄ 冠
60 冠圖　　　　　　　　39
62 冠縣志　　　　　　 185

3721₇ 祀
50 祀中嶽記　　　 575、583
　　祀中岳記　　　　　579

3722₀ 初
00 初唐詩　　　　　　 467
31 初潭集　　　　　　 500
53 初盛中晚唐集　　　 469
77 初學辨體　　　　　 494
　　初學記　　　　　　281

3723₂ 禄
67 禄嗣奇談　　　　　 330

3730₁ 逸
01 逸語　　　　　　　　29
30 逸窩詩集　　　　　 414
44 逸老堂記　　　　　 569
　　逸老堂淨稿　　　　444

3730₂ 過
00 過庭詩話　　　　　　38
　　過庭錄　　　　　　293

通
00 通玄真經　　　　　 315
　　通玄真經纘義　　　315
08 通許縣志　　　　　 179
10 通元五星論　　　　　47
21 通占大象曆星經　　　45
32 通州志　　　　　　 166
　　通州志畧　　　　　166
40 通志略　　　　　　 107
50 通書捷徑　　　　　　46
88 通鑑、舉要　　　　 102
　　通鑑集要　　　　　155
　　通鑑總類　　　 154、155
　　通鑑紀事本末　　　105
　　通鑑綱目前編、外
　　　紀、舉要　　　　102
　　通鑑博論　　　　　221
　　通鑑品藻　　　　　222
92 通判鄆州劉概詩　　 561

迎

汜
12 汜水縣志　　　　　180

3712₀ 潮
32 潮州府志　　　　　188

洞
10 洞靈真經　　　　　316
　　洞元記傳　　　　　336
　　洞天福地嶽瀆名山記
　　　　　　　　　　　336
　　洞天清錄集　　　　271
22 洞仙傳　　　　　　323
41 洞極真經　　　　　310
67 洞明子詩　　　　　574

湖
00 湖廣鄉試錄　　　　153
　　湖廣通志　　　　　177
21 湖上篇　　　　　　453
22 湖山倡和　　　　　418
32 湖州府志　　　　　172
36 湖湘初集　　　　　408

澗
33 澗濱先生文集　　　449
80 澗谷精選陸放翁詩集
　　　　　　　　　　　358

潤
32 潤州先賢事實錄　　142

3712₇ 湧
40 湧幢小品　　　　　271

鴻
71 鴻臚少卿張敬詵墓
　　志銘　　　　　　　595

3713₆ 漁
40 漁樵閑話　　　　　299
72 漁隱叢話　　　　　265

3715₆ 渾
31 渾源州志　　　　　186

3715₇ 凈
67 凈明忠孝全書　　　326

3716₁ 沿
38 沿海經畧總要　　　190

3716₄ 潞
12 潞水客談　　　　　190
32 潞州志　　　　　　186

洛
76 洛陽縉紳舊聞記　　291
　　洛陽伽藍記　　　　193
　　洛陽縣志　　　　　182

44	泊菴詩集	381	00	漫唐文集	440
	泊菴集	495	38	漫遊稿	451
			77	漫叟拾遺	36
	泗		90	漫堂隨筆	300
32	泗州禪院新建泗州殿				
	記	569	3621₀	祝	
	泗州志	168	17	祝子罪知	264
40	泗志備遺	168	72	祝氏集畧	480
3611₁	混		3625₆	禪	
28	混俗頤生錄	332	30	禪家六籍	306
				禪宗正脈	306
3611₇	溫		44	禪林寶訓	306
26	溫泉詩、高嶢十二景		60	禪國山碑	544
	詩	418			
32	溫州府志	174(2)	3630₂	邊	
80	溫公徽言	36	18	邊政考	190
			44	邊華泉集	365、373
3612₇	渭				
31	渭涯疏要	125	3630₃	還	
40	渭南文集	430	22	還山詩	409
	渭南縣志	186		還山春事	301
			77	還丹發祕二卷附錄	326
	湯		80	還金術	331
78	湯臨川問棘堂郵草	444			
			3711₄	濯	
3614₁	澤		26	濯纓亭筆記	271
20	澤秀集	375			
			3711₇	澠	
3614₇	漫		12	澠水燕談	292

3516₆ 漕

18	漕政舉要	33
27	漕船志	211(2)
31	漕河志	48
	漕河奏議	33
	漕河撮稿	189
37	漕運議單	212(2)
	漕運通志	33
58	漕撫奏疏	212

3519₆ 涑

12	涑水紀聞	292

3520₆ 神

00	神應經	49
06	神課金口訣	253
22	神仙傳	318
	神仙感遇傳	319
	神仙服食靈草菖蒲丸方	334
28	神僧傳	305
40	神奇秘譜	257
41	神樞鬼藏	50
55	神農本草經疏	241
60	神異經	296
72	神隱	529

3521₈ 禮

07	禮記	76
	禮記註疏	75
	禮記集說	76(4)
	禮記大全	76
	禮記擬題解	76
	禮記纂言	76
	禮部韻畧	92
	禮部尚書黃公詩	563
22	禮制集要	209
24	禮緯含文嘉	528
28	禮儀定式	208、209
50	禮書	76
77	禮賢錄	102

3526₀ 袖

18	袖珍方	244
	袖珍小兒方	47

3530₈ 遺

00	遺言纂要	231
22	遺山樂府	522
	遺山先生詩	581
	遺山先生詩集	363
	遺山解註唐詩鼓吹	467
50	遺事	154

3610₀ 湘

22	湘山事狀	307
	湘山野錄	38

泊

30	泊宅編	293

滇

40	滇臺行稿	213
43	滇載記	197

3426₀ 褚

72	褚氏遺書	47、318

3430₄ 達

00	達磨大師碑	586
	達磨大師來往寶蹟記	586

3430₆ 造

31	造福祕訣	252
51	造甑圖説	50

3430₉ 遼

40	遼志	30
50	遼史	100
	遼東志	197
90	遼小史	157

3510₆ 冲

10	冲一迂談	322
21	冲虛至德真經解	315
	冲虛至德真經四解	315
	冲虛至德真經義解	315

3512₇ 沛

62	沛縣志	166

清

00	清庵瑩蟾子語錄	323
	清夜錄	294
	清音閣集	398
12	清引亭稿	420
21	清虛元規	332
22	清樂園集	476
26	清泉小志	195
	清和真人北游語錄	331
30	清流縣志	176
31	清江二家詩	45
	清江二家詩選	385
	清河郡伯張公神道碑	578
	清河郡公張思忠神道碑	598
	清河縣志	164
	清河公思忠墓銘	584
32	清溪弄兵錄	30
44	清苑縣志	163
57	清静經四註	314
60	清異錄	299
64	清時行樂	417
77	清風亭稿	398

3513₀ 決

24	決科截江網	283

漣

34	漣漪亭稿	408

30	法家裒集	40		汝州郟縣記	577	
31	法源粹旨	254	41	汝帖	566	
44	法藏碎金録	322				
	法華經	303	**3414₇**	**凌**		
			32	凌溪先生集	481	

3413₄ 漢

00	漢唐秘史	30、112
07	漢記	101
10	漢天師世家	138
13	漢武帝內外傳	296
17	漢丞相諸葛忠武侯傳	134
20	漢雋	155
21	漢上周易集傳	55
22	漢循吏故聞熹長韓仁銘	592
23	漢代品藻	222
26	漢魏詩集	460
	漢魏詩紀	460
	漢魏叢書	288
44	漢孝子蔡順墓表	587
50	漢中府志	186
	漢書評林	98
	漢書雋	156
76	漢陽府志	177

3414₀ 汝

10	汝震詩集	402
30	汝寧府上蔡縣志	183
32	汝州香山大悲菩薩傳	566
	汝州志	184

3416₀ 渚

22	渚山堂詩話	40
	渚山堂詞話	40

3416₁ 浩

23	浩然詩	348

3418₁ 洪

13	洪武正韻	90
	洪武聖政記	111
	洪武禮制	208
30	洪濟威惠王廟記	576
70	洪雅縣志	187
77	洪興祖補註楚辭	340
88	洪範圖解	73

淇

32	淇州文廟碑	575
	淇州達魯花赤黑公清德碑	588
	淇州創建周府君祠碑	575
62	淇縣志	182

42 治猺近論	115	
44 治世龜鑑	48	
治世餘聞錄	31	
80 治父星朗和尚廣錄	306	

冶
43 冶城客語	40

3318₆ 演
80 演禽心法	46
演禽通纂	47
演禽青囊	252
演禽圖訣	45

3320₀ 祕
44 祕藏通玄變化六陰洞微遁甲真經	310

3322₇ 補
24 補侍兒小名錄	285
41 補妒記	48
88 補筆談	268

3330₉ 述
16 述聖頌	550
50 述書賦	255
60 述異補遺	298

3390₄ 梁
28 梁儉菴疏義	128
50 梁書	99
67 梁昭明文選	457
80 梁公房玄齡碑	546

3400₀ 斗
40 斗南詩集	44
斗南老人詩集	362

3411₁ 洗
37 洗冤錄	237

湛
44 湛甘泉先生同門錄	151

3411₂ 池
32 池州府志	167
池州刺史馮公碑	549

沈
04 沈詩粹選	379
10 沈下賢文集	427
沈石田詩稿	406
沈雲卿	454
72 沈丘縣志	180

3412₇ 滿
00 滿庭芳詞	596

3413₁ 法
17 法司近題事例	217

22	淄川縣志	184			心經集註	303
				50	心書	331
3216₄	活			63	心賦	304
24	活幼便覽	245		77	心學錄	29
80	活人心法	242		80	心鏡註	334
	活人指掌	240		95	心性書	50
3224₀	衹			3310₀	沁	
27	衹役紀畧	217		40	沁南稿	367
3230₁	逃				泌	
21	逃虛子詩集	44		76	泌陽縣志	183
36	逃禪詞	518				
				3311₁	浣	
3230₂	近			44	浣花集	427
22	近峯聞畧	295				
60	近思錄	228		3312₇	浦	
61	近題事例	217		31	浦江縣志	173
75	近體詩鈔	480		43	浦城縣志	175
				76	浦陽人物志	34
3230₆	遁					
60	遁甲吉方直指	46		3314₇	浚	
	遁甲奇書	253		22	浚川奏議	127
	遁甲日用涓吉奇門					
	五總龜	253		3316₀	治	
				00	治療癉症	244
					治齋奏議	127
3300₀	心			31	治河總考	33、189
00	心齋稿	495			治河通考	189
21	心經	303、594			治河全書	189
	心經註解	303				

3130₆ 迨		00 漸齋詩草	402
08 迨旃璵言	270	80 漸公大師記錄	571
3133₂ 憑		3212₇ 沂	
77 憑几集、續集	389	50 沂東樂府	523
3190₄ 渠		3213₂ 派	
76 渠陽讀書雜鈔	229	28 派徵稅糧則例	212
3210₀ 測		3213₄ 溪	
60 測圓海鏡	45	22 溪蠻叢笑	199
		40 溪南游詩	384
3211₈ 澧		60 溪園集	361
32 澧州志	178	90 溪堂麗宿集	41
澄		3214₇ 汲	
35 澄清集	148	40 汲臺集	445
90 澄懷錄	274		
		叢	
3212₁ 浙		50 叢書集要	288
10 浙元三會錄	50		
31 浙江鄉試錄	152	浮	
浙江通志	171	27 浮物	41
浙江海防兵糧疏	211	33 浮梁縣志	169
浙江戊子科同年錄	151	36 浮湘稿	402
		48 浮槎稿	412
沂		72 浮丘四賦	198、504
32 沂州府志	184	77 浮邱公靈泉記	564
漸		3216₃ 淄	

河南郡志		182
河南鄉試錄		152
河南派糧告示		212
河南通志		179
河南路瑞麥頌		586
河南路重修宣聖廟記		582
河南舉人錄		153
河南管河道事宜		190
50 河東鹽地錄		213
60 河圖金丹祕訣		330
77 河間府志		164

汀

10 汀西詩集		414
32 汀州郡志		175

3112₁ 涉
50 涉史隨筆		220
62 涉縣志		182

3112₇ 馮
50 馮本殘碑		549

汭
76 汭陽縣志		177

3113₂ 涿
32 涿州志		163

3116₁ 潛
21 潛虛		247
潛虛發微論		247
32 潛州唱和集		534

3116₈ 濬
62 濬縣志		182

3119₄ 溧
76 溧陽長潘乾校官碑		543

3126₆ 福
15 福建廉訪使甘棠碑		582
福建鄉試錄		152
30 福寧州志		177
32 福州府志		174(2)
福州資福禪寺藏經碑銘		597
40 福壽全書		277

3128₆ 顧
40 顧太僕寺奏議		130
50 顧東橋息園存稿		386

3130₃ 遜
44 遜菴樂府		523
遜世遺音		361

3130₄ 迕
50 迕書		272

77	宋學士集	417
	宋學士夾漈先生六經奧論	83
	宋學士全集	498

3092₇ 竊
94	竊憤録	111

3094₇ 寂
67	寂照和上碑銘	595

3111₀ 江
10	江西鄉試録	152
	江西巡撫奏議	122
	江西通志	169
	江西大志	169
	江西奏議	122
	江西省大志	169
26	江皐集、遺稿	388
30	江淮異人録	297
	江寧府句容縣志	165
33	江浦孫老□	499
40	江南華蓋山志	192
	江南春詞	50
	江南野史	158
	江右督撫奏議	129
50	江東聖濟廟靈蹟碑	194
77	江門別言	421
78	江陰縣志	165
97	江鄰幾雜志	294

3111₁ 涇
62	涇縣志	167
67	涇野子	233

瀧
77	瀧岡阡表	560

3111₄ 汪
26	汪白泉先生選稿	496

3111₆ 洹
07	洹詞	497

3112₀ 河
10	河西闕志	197
22	河嶽英靈集	462
23	河岱集	479
37	河洛真數	29
38	河汾諸老詩集	471
	河汾集	377
40	河内縣重修先聖廟記	562
	河内縣柏山村三清院記	570
	河南府行省增修堂廡記	585
	河南府白馬寺舍利塔記	570
	河南議處課糧稿	212
	河南尹盧貞等題名	554

3080₁ 定			3090₄ 案		
00	定齋先生詩集	387	42	案垢錄	301
22	定變錄	48			
32	定州志	164		宋	
38	定海縣志	172	00	宋高僧傳	305
51	定軒集	399		宋廣平碑側記	552
				宋廣平神道碑	552
	寔		04	宋詩正體	470
30	寔賓錄	42	08	宋論	36
			10	宋元通鑑	104
				宋元史發微	36
3080₆ 寶			27	宋名臣言行錄	140
00	寶應縣志畧	166		宋名臣奏議	130
	寶慶府志	166、179		宋紀受終考	30
40	寶幢鮑王行祠碑記	569	28	宋徽宗道德真經解	311
				宋徽宗道德真經解義	
	竇				311
72	竇氏聯珠集	353	30	宋之問集	426
77	竇居士神道碑	551		宋寶祐四年登科錄	151
			40	宋真宗闕銘	576
	賓		47	宋朝名畫錄	38
37	賓退錄	265	50	宋史	100
				宋史新編	108
3090₁ 宗				宋史紀事本末	106
00	宗玄先生文集	319		宋史畧	156
16	宗聖觀記	593		宋史筆斷	222
17	宗子相文集	449		宋書	99
34	宗法	211	60	宋景德傳燈錄	305
44	宗藩議	203	72	宋氏傳芳錄	149
	宗藩條例	203	75	宋陳少陽先生盡忠錄	138
80	宗鏡錄撮要	304			

3040₇ 字
27 字彙 92
77 字學新書摘鈔 48

3042₇ 寓
45 寓樓七言絕句一百首 421
60 寓圃雜記 40、294
88 寓簡 269

3043₂ 宏
86 宏智禪師妙光塔銘 567

3051₆ 窺
27 窺豹集 392

3060₁ 謇
00 謇齋瑣綴錄 39、294

3060₄ 客
43 客越志 446

3060₆ 宮
07 宮詞 517

3060₈ 容
32 容州都督元結碑 553

3060₉ 審
87 審錄廣東書冊 217

審錄疏稿 130
審錄疏罢 216
審錄編 216
審錄河南題稿 217

3071₄ 宅
21 宅經 249
宅經龍首玉衡玄女三矯等經 308

3071₇ 宦
58 宦轍聯句 476

3073₂ 良
86 良知同然錄 231

寰
30 寰宇通志 161

3077₂ 密
32 密州常山雩泉記 596
62 密縣重修文廟記 578
密縣修德觀問道碑 570
密縣超化寺帖 560

3077₇ 官
13 官職會通 204
60 官品令 204
88 官箴 204

門記	558	

3026₁ 宿
| 31 | 宿遷縣志 | 167 |
| 32 | 宿州志 | 168 |

寤
| 90 | 寤憶 | 533 |

3027₇ 戶
07	戶部集議揭帖	211
	戶部志	200
	戶部奏疏	122

3030₁ 進
| 12 | 進延壽赤書表 | 335 |

3030₂ 適
10	適晉稿	446
40	適志集	447
95	適情錄	47

3030₃ 寒
| 22 | 寒山子詩集 | 307 |

3030₄ 避
12	避水集驗要方	49
60	避暑集	372
	避暑錄話	269

3030₇ 之
| 47 | 之桐紀事 | 271 |

3033₆ 憲
00	憲章錄	105
17	憲司幕官題名記	584
27	憲綱	203
	憲綱事類	200、203

3034₂ 守
32	守溪長語	42
40	守內侍渤海高府君墓志銘	594
43	守城事宜	50、214
45	守株子詩稿	371
56	守揚疏議	128
80	守令懿範	206

3040₄ 安
00	安慶府志	167(2)
24	安化縣志	189
30	安寧溫泉詩	530
32	安溪縣志	174
36	安邊疏要	124、190
40	安南奏議	128
	安吉州志	172(2)
	安喜公李使君碑	545
44	安楚錄	115
74	安陸府沔陽縣志	177

10 漳平縣志	177	
32 漳州府志	176	
33 漳浦縣志	176	

3014₇ 淳

10 淳于長夏承碑	543
30 淳安縣志	174

3019₆ 凉

60 凉國長公主碑	549
凉國公契苾府君碑	593

3020₁ 寧

10 寧夏府寧夏縣新志	187
寧夏縣新志	187
24 寧德縣志	177
32 寧州志	169
34 寧波府志	172
60 寧國府志	167
寧國縣志	167

3021₁ 完

05 完訣	242

3021₂ 宛

74 宛陵集	356

3021₄ 寇

50 寇忠愍公詩集	355
寇忠愍公書	566

3023₂ 宸

00 宸章集録	113
宸章録	113
40 宸奎閣碑	561
48 宸翰録	113

家

00 家廟碑	553
30 家宰文集	44
77 家居集	448
家居醫録	241

永

00 永康縣志	173
10 永平州志	163
22 永豐縣志	171
永樂聖政記	111
永樂征番兵令	112
30 永寧縣志	171
永安縣淨惠羅漢院記	558
永安縣會聖宮碑	558
永定縣志	176
32 永州府新志	179
永州府志	179
40 永嘉八面鋒	283
43 永城縣志	181
50 永春縣志	175
60 永昌二芳記	48
77 永興軍文宣王廟大	

46	空相院主海公塔銘	563	71	淮厓集	495
77	空同詩選	402			
	空同子	264		注	
	空同集	417	44	注坡詞	518
	空同精華集	417			
			3011$_7$	瀛	
3010$_4$	塞		40	瀛奎律髓	470
01	塞語	35		瀛奎律髓增選	470
			48	瀛槎談苑	41
3010$_6$	宣				
00	宣府鎮志	163	3012$_3$	濟	
26	宣和博古圖	259	32	濟州重修廟學記	583
	宣和畫譜	256	40	濟南府章丘縣志	184
30	宣宗章皇帝御製官箴				
		205	3013$_0$	汴	
	宣宗聖政紀	111	00	汴京勾異記	298
				汴京遺蹟志	193
3010$_7$	宜				
00	宜齋野乘	37	3013$_2$	濠	
44	宜黃縣志	170	33	濠梁集	368
60	宜昌府歸州志	178			
			3013$_6$	蜜	
3011$_3$	流		22	蜜岩廟碑	569
24	流憩集	400			
			3013$_7$	濂	
3011$_4$	淮		32	濂溪集	429
30	淮安府志	166(2)		濂溪先生拙賦	567
34	淮漢爐餘稿	454	37	濂洛風雅	141
	淮瀆祝詞	582			
40	淮南鴻烈解	262	3014$_6$	漳	

2824₀ 徵
10 徵吾録　　　　　　　272

徽
32 徽州府志　　　　167(2)

2824₁ 併
00 併音連聲字學集要　　93

2824₇ 復
00 復齋日記　　　　40、294
37 復初山人和陶詩　　407
40 復古議　　　　　　211
60 復唯識院記　　　　559
70 復辟録　　　　　　113

2825₃ 儀
22 儀制總集　　　　　209
28 儀徵縣志　　　　　166
35 儀禮註疏　　　　　75
　　儀禮集説　　　　　75
　　儀禮經傳通解、續解　75
　　儀禮戴記附註、外記　76
44 儀封縣志　　　　　180

2826₆ 僧
57 僧靜已書偈語碑　　558

2826₈ 俗
01 俗語　　　　　　　41

2829₄ 徐
22 徐仙真録　　　　　325
　　徐仙翰藻　　　　　42
24 徐侍郎集　　　　　469
27 徐勿箴先生省身録　234
28 徐徐集　　　　　　499
32 徐州府志　　　　　166
35 徐迪功集　　　　　451
44 徐蘇傳　　　　　　149
90 徐少湖先生集　　　450

2835₁ 鮮
10 鮮于侁留題靈巖寺詩
　　　　　　　　　　560

2846₈ 谿
22 谿山聯句　　　　　475

2854₀ 牧
77 牧民心鑑　　　　　205
　　牧民忠告　　　　　36
88 牧鑑　　　　　　　206

2998₀ 秋
21 秋仙遺譜　　　　　258
60 秋日宴石淙序　　　549
77 秋閑詞　　　　　　519

3

3010₁ 空

2772₇ 島		
50 島夷志畧	35	

2780₆ 負		
63 負暄野録	37	

2790₁ 祭		
12 祭孔子廟碑	588	
24 祭先聖文	557	
37 祭祀莊田記	589	

2791₇ 紀		
14 紀功頌	547	
38 紀遊稿	526	
紀遊草	198	
50 紀事文華	299	
紀事珠	289	
紀泰山銘	550	
60 紀恩詩集	416	
80 紀善録	39、146	
87 紀録類編	328	
88 紀纂淵海	37	

絶		
27 絶句博選	476	

2792₀ 約		
00 約言	231、232	

2792₀ 綱		
44 綱菴易詠	67	

綱		
60 綱目集覽正誤	103	
綱目愚管	30	
綱目前編	104	
88 綱鑑正史約	105	
綱鑑會纂	105	

2792₇ 移		
74 移駁稿	216	

2793₂ 緑		
10 緑雪亭雜言	270	
30 緑窗新語	52	
88 緑筠軒吟帙	364	

2796₂ 紹		
77 紹興府志	172	
紹興名宦鄉賢讚	147	

2822₇ 倫		
16 倫理至言	234	

傷		
30 傷寒症治明條	243	
傷寒五法	246	
傷寒微旨	239	
傷寒直格方	240	
傷寒明理續論	243	
60 傷暑全書	243	

2748₁ 疑
22	疑仙傳	322
43	疑獄集	36
	疑獄錄	237

2752₀ 物
71	物原	287
91	物類相感志	272

2760₀ 名
22	名山百詠	195
30	名家詩法	512
	名家表選	506
46	名相贊	36
50	名畫評	256
71	名臣言行錄	140
	名臣列傳	144
	名臣碑傳琬琰集	140
	名臣邊疆題要	132
77	名賢彙語	278
	名賢叢話詩林廣記	510
80	名公新編翰苑啓劄雲錦	286
88	名筆私鈔	41

2760₃ 魯
00	魯齋書疑	28
	魯府招	216
04	魯詩世學、序傳	71
17	魯郡太守張猛龍碑	545
22	魯山縣志	184(2)
46	魯相謁孔子廟殘碑	542
	魯相乙瑛置百石卒史碑	542
	魯相韓勑造孔廟禮器碑	542

2760₄ 督
08	督議邊儲條件	211
58	督撫江西奏議	127、129
	督撫河西奏議	124
	督撫奏議	127、129
	督撫奏疏	128
	督撫奏稿	128
77	督學存稿	454

2762₀ 句
30	句容縣志	165
88	句餘八景	195

2771₂ 包
44	包孝肅奏議	120

2772₀ 岣
25	岣嶁碑	591
	岣嶁書堂集	495

2772₀ 勾
37	勾漏集	44

2723_2 象		2729_4 條	
22 象山縣志	172	22 條例便覽	216
象山年譜	30		
象巢雜著	49	2730_3 冬	
24 象緯彙編	45	28 冬溪外集	499
40 象臺首末	49	38 冬遊記	39

2723_2 衆		2731_2 鮑	
22 衆樂亭詩	596	23 鮑參軍集	49
		33 鮑溶詩集	353

2723_4 侯			
25 侯鯖錄	37、292	2732_7 鄆	
30 侯官縣丞湯君墓誌	555	60 鄆國長公主碑	551、594

候

50 候蟲鳴	410	2733_7 急	
		03 急就篇	91
		48 急救仙方	240
2724_0 將		急救易方	243
22 將樂縣志	175		
44 將苑	46	2742_7 鄒	
77 將門秘法陰符經	46	10 鄒平縣志	184
		62 鄒縣志	184

2724_7 殷		2744_7 般	
40 殷太師忠烈公碑	579	44 般若會善知識詞記	567

2725_2 解		2746_1 船	
71 解頤新語	300	18 船政	212
		船政買木事宜	212

2725_7 伊

37 伊洛淵源續錄　　140

32	黎州野乘	40	奏議	128
76	黎陽王太傅詩選	387	御史臺精舍碑	549
			61 御題寺重建唐德宗	
2713₆ 蠡			詩碑記	570
62	蠡縣志	164		
			2722₂ 修	
2720₇ 多			00 修方涓吉符	249
21	多能鄙事	273	修唐太宗廟碑	556
30	多寶塔感應碑	551	修文宣王廟記	556
			11 修北嶽安天王廟碑	557
2721₀ 徂			12 修孔廟碑	546、555
24	徂徠文集	435	修孔子廟詔表	548
			修孔子廟碑	549
2721₇ 倪			20 修辭鑑衡	289
10	倪雲林先生詩	363	修集止觀坐禪法要	304
21	倪處士墓表	598	22 修嵩山中天王廟碑	557
			34 修漢光武廟碑	556
2722₀ 勿			40 修真元章	333
00	勿齋文集	439	修真祕錄	330
			修真十書	335
御			修真捷徑	335
22	御制駐蹕鄭州詩	548	77 修閩忠懿王廟碑	557
	御製文集	436	80 修養雜鈔	321
	御製夏日游石淙詩并序		修養要覽	327
		548	修養輯要	331
	御製大誥	118		
	御製孝慈錄	208	**2722₇ 角**	
44	御著大狩龍飛錄	111	47 角力記	258
50	御史大夫思質王公			

2690₀	和		72	釋氏源流	306
00	和唐詩	393		釋氏古詩	307、422
	和唐詩正音	411	77	釋門古詩	307
32	和州志	169	80	釋奠演義	210
40	和李杜詩	374			
47	和聲集	473	2710₇	盤	
80	和谷子	320	22	盤山棲雲王真人語錄	331
				盤山棲雲大師語錄	335
2691₄	程				
00	程齋醫鈔撮要	242	2711₇	龜	
08	程論玉穀	506	22	龜山先生集	429
26	程伯子	234		龜巢摘藁	363
60	程墨表選	507	43	龜城寓稿	384
72	程氏續演繁露	83			
80	程公表墓碣	582		艷	
88	程篁墩文粹	445	60	艷異編	299
2692₂	穆		2712₇	歸	
10	穆天子傳	296(2)	10	歸元直指	306
			24	歸德府鹿邑縣志	181
2693₀	總			歸德志	163
22	總制奏議	123	32	歸州志	178
			35	歸潛志	30
2694₀	稗		60	歸田詩話	510
38	稗海大觀	288		歸田錄	292
			77	歸閒述夢	39
2694₁	釋				
27	釋名	91	2713₂	黎	
36	釋迦如來成道記	304	22	黎嶽集	49
44	釋藻集	307			

80	鬼谷子	261(2)	10	吳霽環文稿	454
			17	吳郡圖經續記	162

2623₂ 泉
00	泉亭存稿	495
	泉齋勿藥集	445
01	泉評茶辨	259
32	泉州府惠安縣志	174

2629₄ 保
10	保平軍節度使魏公神道碑	558
24	保幼大全	244
25	保生管見	191
26	保和冠服圖説	39
27	保身節錄	326
30	保定府志	163
40	保赤全書	244
60	保甲條約	213

2633₀ 息
32	息州重修廟學記	577
62	息縣志	184

2641₃ 魏
33	魏必復蘇門山詩	578
50	魏書	99
87	魏鄭公諫錄	134

2643₀ 吳
00	吳文端公集	499

20	吳季子墓碑	591
	吳維右奏議	122
30	吳憲施財米疏	566
43	吳越遊稿	50
	吳越史	156
	吳越春秋傳	158
44	吳地記	193
48	吳梅坡醫經會元	242
50	吳中龍興寺次韻唐蓉母潯留題詩	598
	吳中二集	376
	吳中往哲記	145
	吳中金石新編	41
62	吳縣志	165
72	吳氏墨記	39
	吳兵部集	379、452
77	吳興詩選	472
	吳興絶唱、續集	416
	吳興掌故集	163
80	吳全節中岳投龍簡詩	578
88	吳筠四子贊	576

2671₀ 峴
26	峴泉集	481

2674₁ 嶧
22	嶧山碑	541

41	皇極經世外篇衍義	247		皇明政要録	113
	皇極經世祝氏鈐	248		皇明經濟文録	131
	皇極經世書卦數玄			皇明制書	119
	玄集	247		皇明獻實	147
	皇極經世節要	29		皇明傳信録	31
47	皇朝平吳録	113		皇明名臣言行録新編	
	皇朝功臣封爵考	32			145
	皇朝制誥	33		皇明名臣經濟録	131(2)
	皇朝名臣言行通録			皇明名臣録圖	48
		143、144		皇明紀畧	31
	皇朝名臣言行録	143(2)		皇明實録	109
	皇朝名臣琬琰録	144		皇明江西詩選	474
	皇朝名臣録贊	143		皇明鴻猷録	106
	皇朝中州列女傳	142		皇明祖訓	50
	皇朝書刻	49		皇明通紀	109
	皇朝典章	33		皇明啓運録	109
53	皇甫府君碑	546		皇明九邊考	115
	皇甫司勳慶曆稿	449		皇明大紀	109
	皇甫司勳集	449		皇明太學志	202
67	皇明帝后紀畧	110		皇明古虞詩集	474
	皇明文衡	488		皇明蕭山□□	477
	皇明文範	489		皇明本紀	114
	皇明詩選	474		皇明書畫史	40
	皇明詩鈔	474、477		皇明恩命録	119
	皇明詔赦	119	77	皇興考	161
	皇明詔勅	118(2)、119			
	皇明詔令	119	2620_0	伯	
	皇明兩朝疏鈔	43	25	伯生詩續編	363
	皇明珠玉	43			
	皇明政要	113	2621_3	鬼	

24 朱射坡詩選	402	
37 朱淑真詩集	359	
76 朱陽仲詩選	374	

2590₆　种
40 种太尉傳	48、135

2591₇　純
44 純孝編	145
76 純陽帝君書跡	584
純陽先生敲爻歌一章	319
純陽真人沁園春丹詞註解	335
純陽真人吕巖洞濱集	335

2599₀　秫
74 秫陵遊稿	529

2600₀　白
00 白鹿洞學規	568
白鹿書院志	195
白齋先生詩集	420
01 白龍殿記	560
10 白雪樓詩集	406
白石詩稿	414
白石山人詩選	402
白石神君碑并陰	543
白雲樵唱詩	44
22 白嶽遊藁	373
24 白先生玉隆集	335
32 白洲詩集	405
39 白沙詩教解	376
白沙先生詩集	404
44 白猿經風雨占候說	46
白華樓續稿	444
白華樓藏稿	444
47 白獺髓	289
71 白馬寺中書門下牒	558
72 白氏長慶集	353
白氏策林	507
77 白門稿畧	500

自
06 自課堂文集、詩集	421
23 自然集	334
26 自泉元諭詩	379
30 自適詩集	399
48 自警編	37、230

2610₄　皇
00 皇帝敕諭禮部	200
10 皇王大紀	29
皇元風雅	42
12 皇孫二太子降香記	575
30 皇宋事實類苑	206
40 皇太后遣使祀中嶽記	580
皇太后拈香記	578

2498₆ 續

00	續高僧傳	305
	續高士傳編	142
	續文章正宗	486
	續文獻通考	207
	續文選	459
	續玄怪錄	37
10	續元經	101
22	續仙傳	318
23	續編年月集要	160
	續編錦囊詩對故事	286
26	續吳先賢贊	142
37	續資治通鑑	104
	續資治通鑑綱目	103
	續資治通鑑綱目廣義	104
44	續藏書	108
50	續畫品	254

2520₆ 使

00	使交錄	35
10	使琉球錄	32
	使西日記	32
50	使秦吟罢	533
	使東日錄	49
80	使金陵稿	392

仲

22	仲山詩選	400
60	仲景大法	238

2520₇ 律

10	律疏附例	215
27	律解辨疑	215
	律解附例	215
	律條疏議	215

2522₇ 佛

11	佛頂尊勝陀羅尼經	595
37	佛祖通載	304
60	佛果老人法語	565
67	佛照禪師添穀度僧公據	567

2524₃ 傳

27	傳響集	368
92	傳燈要語	306

2590₀ 朱

00	朱文公書邵堯夫詩	567
	朱文公書易有太極帖	567
	朱文公小學	526
11	朱張倡酬詩	354
17	朱子語類大全	228
	朱子綱目	101
	朱子實紀	135
	朱子遺書	228
	朱子大學或問	84
	朱子大全私鈔	229
22	朱仙鎮岳廟集	137

00 勉齋文集　　　　　　431

2421₇ 仇
34 仇池筆記　　　　　　268

2422₇ 備
35 備遺錄　　　　　　　 31
36 備邊議　　　　　　　191

2423₁ 德
24 德化縣志　　　　170(2)
30 德安府志　　　　　　177
　 德安縣志　　　　　　170
35 德清縣志　　　　　　172

2424₁ 待
77 待問集四書疑節　　　 86

2426₀ 佑
16 佑聖觀玄武殿碑　　　581
　 佑聖觀重建玄武殿碑
　　　　　　　　　　　597
　 佑聖觀捐施題名記　　579

　　　儲
31 儲潭廟祈雨感應頌　　552

2429₀ 休
30 休寧縣志　　　　　　167

2440₀ 升
10 升元觀尚書省勑　　　565
44 升菴詩話　　　　　　511
　 升菴南中集　　　　　418
　 升菴長短句續集、
　　 玲瓏倡和　　　　　507

2451₀ 牡
77 牡丹樂府　　　　　　523

2474₇ 岐
22 岐山縣復祀周公廟記
　　　　　　　　　　　579
　 岐山縣周公廟碑　　　554

2490₀ 科
46 科場漫筆　　　　　　299

2491₇ 紈
24 紈綺集　　　　　　　399

　　　秋
44 秋林伐山　　　　　　300

2495₆ 緯
60 緯署類編　　　　　　 41

2497₀ 紺
15 紺珠集　　　　　　　 38

參同契五相類祕要 316	44 編茗集 447
2321₀ 允	**2393₂ 稼**
00 允產全書 245	51 稼軒長短句 507
44 允菴先生詩集 370	
	2396₁ 稽
2323₄ 伏	40 稽古定制 209
77 伏闕稿 130	稽古錄 101
2324₀ 代	**2397₂ 嵇**
37 代祀中嶽記 573、582(2)	50 嵇中散文集 424
2324₂ 傅	**2420₀ 什**
22 傅山人集 44	21 什伍法 236
77 傅與礪詩集 360	
90 傅尚書傳 136	**2420₀ 射**
	44 射林 39
2360₀ 台	
32 台州府臨海縣志 173	**2421₀ 化**
	50 化書 320
2371₁ 崆	
27 崆峒集 403	**壯**
崆峒山廣成宮碑 574	88 壯節亭記 567
2390₀ 祕	**2421₁ 先**
25 祕傳經驗痘疹治法 245	10 先天玄妙玉女太上
	聖母資傳仙道 309
2392₇ 編	16 先聖廟記 563
20 編集檢擇家傳祕訣 254	
37 編選四家宮詞 519	**2421₂ 勉**

	集、外集	354	35 樂清縣志 174
	山谷題跋、詞牘	505	50 樂書 89
	山谷別集	439	
90	山堂瑣語	40	欒
			43 欒城集、後集、三集 434
	幽		
77	幽居錄	38	巢
			65 巢睫集 388
2277₂	出		72 巢氏諸病源候總論 239
25	出使禮儀定式	49	
	出使錄	31	2291₃ 繼
			22 繼世紀聞 31
2279₁	嵊		
62	嵊縣志	173	2291₄ 種
			44 種蓮歲稿六卷文畧 479
2290₁	崇		種芝草法 335
00	崇文總目	218	
21	崇仁寺陀羅民石幢	551	2296₃ 緇
30	崇安縣志	35	77 緇門警訓 306
40	崇古文訣	486	
44	崇孝錄	140	2320₀ 外
67	崇明寺大佛殿功德記		00 外方錄 391
		563	24 外科發揮 241
80	崇義縣志	171	外科集驗 244
			外科精要 244
2290₄	樂		外科精義 241
00	樂府新編陽春白雪	523	53 外戚事鑒 32
	樂府詩集	521	
	樂府古題要解	521	2320₂ 參
	樂章音註	89	77 參同契 317

2223₄	嶽		40	嶺南客對	32
44	嶽麓寺碑	550	2271₁	崑	
	嶽麓書院禹碑	194	10	崑玉騰輝	290
	嶽麓書院禹碑集	194	22	崑崙山長真譚先生題白骨詩	597
	嶽麓書院志	194		崑崙集	369
2224₇	後			崑山縣志	165
22	後山叢談	292			
34	後漢記	101	2277₀	幽	
	後漢書	98(3)	32	幽州昭仁寺碑	546
37	後湖志	190			
44	後村詩話	509		山	
	後村居士詩餘	515	00	山齋吟稿	413
77	後周書	99	10	山西鄉試録	152
				山西通志	185(2)
2224₈	巖			山西按功奏議	122
10	巖下放言	37	38	山海經	191
				山海經釋義	191
2226₄	循			山海關志	195
30	循良彙編	147		山海等關地形圖	51
			40	山樵暇語	42
2227₀	仙		44	山藏集	412
30	仙家四書	335	50	山中集	389
38	仙遊縣志	176		山東鄉試録	152
44	仙苑編珠	319		山東通志	184
47	仙鶴觀記	559		山東萊郡海神廟集	194
	仙都志	336	64	山曉和尚嘯堂集	423
			78	山陰縣志	172
2238₆	嶺		80	山谷黃先生詩集内	
38	嶺海興圖	48			

2191₀ 紅
26 紅泉選草　　　　　491

經
16 經理三關奏記　　　122
17 經子法語　　　　　274
24 經緯選擇全書　　　252
30 經濟文衡　　　　　229
　　經濟文鈔　　　　　289
　　經濟類編　　　286、287
44 經世要畧　　　　　529
50 經史證類本草　　　240
　　經史通譜　　　　　528
　　經史海編直音　　　 93
60 經畧疏稿　　　　　126
77 經學理窟　　　　　527
78 經驗良方　　　　　 47
80 經義模範　　　　　 84
87 經鉏堂雜志　　　　263
88 經籍考　　　　　　 83

2196₁ 縉
25 縉紳贈言　　　　　475

2210₈ 豐
10 豐干拾得詩　　　　307
22 豐樂亭記　　　　　562
34 豐對樓詩選　　　　417
35 豐清敏公遺書　　　 30
43 豐城縣志　　　　　169

2220₀ 劇
09 劇談錄　　　　　　297

2220₇ 岑
40 岑嘉州詩　　　　　349

2221₄ 崔
08 崔敦禮碑　　　　　547
26 崔伯淵少林寺詩　　585
35 崔清獻公要記　　　569
80 崔公去思碑　　　　576
　　崔公八藥鏡註解　　330

任
23 任狀元遺稿　　　　364

崔
20 崔舫詩　　　　　　421

2222₇ 嵩
22 嵩山崇福宮王邹等題名
　　　　　　　　　　597
　　嵩山道安禪師碑　　550
　　嵩山會善寺戒壇勅牒
　　　　　　　　　　552
　　嵩嶽中天王廟記　　554
　　嵩嶽少林寺碑　　　594
25 嵩使君碑　　　　　577
76 嵩陽觀碑　　　　　551

2124_7 優		2160_0 占	
40 優古堂詩話	38	27 占候祕訣	249
		占候書	46

2125_3 歲		2160_2 皆	
30 歲寒居答問	29	22 皆山堂稿	128
44 歲華紀麗	159		
64 歲時廣記	159	2171_0 比	
歲時節氣集解	160	07 比部招議	215、216
		比部招議類鈔	216

2128_1 徙		21 比紅兒詩集	357
24 徙倚軒詩集	423	72 比丘尼法琬法師碑	593

2128_6 穎		2172_7 師	
32 穎州志	168(2)	17 師子林天如和尚淨	
44 穎考叔廟碑	579	土或問	306
穎考叔祠堂記	578		

2131_7 虢		2180_6 貞	
32 虢州龍興觀牒	555	46 貞觀政要	110(2)
62 虢縣開國子姚公神		77 貞居詞	518
道碑	593	78 貞愍錄	150

2133_1 熊		2190_3 紫	
17 熊豫章家集	439	00 紫府奇元金丹正宗	331
40 熊士選集	384	紫庭内祕訣修行法	335
		21 紫虛元君廣惠碑	584

2143_0 衡		28 紫微斗數	247
22 衡嶽志	191	76 紫陽文公年譜	134
32 衡州府志	179	紫陽觀元靜先生碑	594

2121₇ 虎
26 虎泉詩選 412
72 虎丘山志 193
88 虎鈐經 236

盧
22 盧山太平興國宮采訪真君事實 322
67 盧照鄰集 342
72 盧氏縣尹張公德政記 583
盧氏縣志 183

虛
00 虛庵奉使錄 113
22 虛巖山集 385
27 虛舟集 394

2122₀ 何
12 何水部詩集 341
何水部集 424
25 何仲默集 387
44 何燕泉詩集 370
72 何氏集 382、495

2122₁ 行
36 行邊紀聞 106
77 行周文集 428

2122₇ 衛
32 衛州刺史郭公屏盜碑 556
74 衛尉卿衡方碑 542
80 衛公李靖碑 547
97 衛輝府志 182

儒
44 儒林公議 292

2123₄ 虞
20 虞集書襲常齋銘 586
26 虞伯生詩續 44
37 虞初志 39、298
43 虞城縣志 181
虞城縣古蹟叙 562
80 虞公温彦博碑 546

2124₀ 虔
32 虔州重修儲潭廟記 560
40 虔臺續志 34
虔臺志 34

2124₁ 處
00 處庵集 454
32 處州府志 174
44 處苗近事 33

2124₆ 便
77 便民圖纂 273

00	集唐音	469	
20	集千家註杜工部詩集、文集	346	
	集千家註批點杜工部詩集	343	
22	集仙資福宮碑	573	
40	集古文英	493	

2090₇ 秉
96	秉燭堂詩選	415	

2091₄ 稚
22	稚川真人校證術	318	

維
56	維揚志	34、162	

2108₆ 順
00	順慶府蓬州志	187	
10	順天府通州志	163	
	順天集	127	
	順天鄉試錄	152	
24	順德府龍興院記	575	

2110₀ 止
00	止齋先生文集	436	

上
08	上諭解義	218	
10	上天至寶	331	
35	上清靈寶濟渡大成全書	329	
	上清經真丹祕訣	334	
	上清宮鐘樓銘	581	
	上清宮尚書省牒	568	
	上清九真中經內訣	335	
	上清真人許長史舊館壇碑	544	
	上清握中訣	334	
37	上洞心丹經訣	309	
38	上海縣志	165	
44	上蔡縣志	183	

2121₀ 仁
24	仁化縣志	188	
30	仁宗賜曾公亮詩	559	

2121₁ 征
22	征蠻紀畧	32	
40	征南錄	48、111	

2121₄ 偃
21	偃師棘蒲侯後人墓志銘	594	
	偃師縣重修宣聖廟記	598	
	偃師縣志	182	

衢
32	衢州府志	174	

71	舜原和唐七老詩	378

2026₁ 信

76	信陽州田土記	589

2033₁ 焦

72	焦氏筆乘續集	271

2040₀ 千

30	千家姓	288
	千字文	556
	千字文序	556
31	千福寺楚金禪師碑	553
40	千古功名鏡	37
60	千里面談	422
80	千金堤志	35
	千金口訣	250

2040₇ 孚

00	孚應通利王廟碑	574

受

36	受禪碑	543

雙

32	雙溪雜記	31、294
	雙溪詩集	374
46	雙槐歲鈔	294
50	雙忠錄	145

2041₄ 雞

74	雞肋集	355、494

2042₇ 禹

10	禹貢註	72
	禹貢訓釋、簡備	72
	禹貢說	72
	禹貢論、後論	72
	禹貢詳畧	28

2050₀ 手

80	手鏡摘覽	289

2060₉ 番

17	番君廟碑	580

香

08	香譜	38
22	香山縣志	187
26	香泉志	193
40	香臺集	500

2071₄ 毛

04	毛詩疏	73
	毛詩名物解	74
	毛詩名物鈔	74
	毛詩大全	74
50	毛東塘安南疏稿	130

2090₄ 集

15	重建風后八陣圖碑	575	重修延平府志	175
23	重編誠意伯文集	450	重修漳州府志	176
	重編誠意伯文成劉公文集翊運録	451	重修四川總志	187
			重修毘陵志	162
	重編有宋簪纓四六	505	38 重遊南岳紀行録	526
	重編趙清獻公文集	431	50 重書孝女曹娥碑	562
27	重修兗州文宣王廟碑銘	596	77 重興文憲王廟碑	572

壬

重修唐太宗廟碑	570	
重修説經臺記	574	80 壬午功臣爵賞録 205
重修至聖文宣王廟碑	597	壬午功賞別録 205

2021_4 住

重修靈泉觀碑 582	80 住慈明晦 306
重修北嶽廟記 559、564	
重修嵩嶽廟記 570	
重修伏犧廟碑 582	2022_7 爲
重修太初宮碑 576	18 爲政準則 205
重修太公廟記 562	80 爲善陰隲 274
重修萬壽宮碑 573	
重修郟縣公廨記 587	秀
重修中嶽廟記	12 秀水縣志 172
556、571、572	22 秀巖楚遊集 447
重修中嶽廟碑 570	秀峯石公奏議 128
重修東嶽廟記 586	44 秀林亭詩 418
重修威惠王廟記 574	
重修昇仙太子大殿碑記 596	2024_1 辭
	77 辭學指南 284
重修周公廟記 576	
重修令武廟記 576	2025_2 舜
重修令武廟碣 556	36 舜澤江西詩 400

司馬光投壺圖	586

1762₇ 郡
00 郡齋倡和錄	474

邵
00 邵康節加一倍法	45
13 邵武府志	176(2)
72 邵氏聞見前錄、後錄	293

1768₂ 歌
02 歌謠諺語	533

1771₀ 乙
35 乙速孤行儼碑	550
50 乙未私志	32

1771₇ 己
50 己未新咏	421

1777₂ 函
50 函史	108

1780₁ 翼
43 翼城縣志	186

1814₀ 政
00 政府奏議	120
02 政訓	36
26 政和五禮新儀	33
政和縣志	175
78 政監	221

致
27 致身錄	139
致祭闕里題名記	583

1840₄ 婺
31 婺源縣志	167
32 婺州雙林寺善慧大士錄	304

1863₂ 磁
32 磁州志	164(2)

1874₀ 改
10 改三寶爲家寶	301

2

2010₄ 重
00 重慶府銅梁縣志	187
02 重刻選詩	471
重刻大字蘭亭序	573
重刻古文精粹	493
重刻校正唐荆川文集	444
重刻蓬萊集	194
重刻槎翁文集	452
重刻松雨軒集	387
12 重刊韻補	92

1723$_2$	豫		1750$_1$	羣	
00	豫章古今記	34	15	羣珠摘粹	289
	豫章既白詩稿	402	22	羣仙要語	324
			50	羣忠録	146
	承			羣書備考	288
10	承天大誌	106		羣書考索前集、續集、別集	284
				羣書類考	288
	聚		80	羣公四六續集	42
22	聚樂堂甲辰集	454		羣公小簡	42
1732$_7$	鄢		1750$_6$	鞏	
74	鄢陵縣志	179	62	鞏縣文廟記	581
				鞏縣尹張公神道碑	582
1734$_6$	尋			鞏縣大力山寶月大師碑銘	597
22	尋樂詩文贈輗	399		鞏縣志	182
27	尋甸縣志	189			
			1750$_7$	尹	
1740$_7$	子		00	尹文子	261
27	子彙	275	30	尹宙碑	543
44	子華子	260	32	尹澄江集	453
53	子威先生淡思集	408			
			1760$_2$	習	
1740$_8$	翠		77	習醫鈐法	243
21	翠虛篇	333			
31	翠渠續稿	495	1762$_0$	司	
77	翠屏筆談	37	45	司隸校尉魯峻碑	543
			71	司馬文正公祠堂記	568
1742$_7$	邢			司馬氏書儀	227
24	邢侑詩	565			

1660₁	碧		32	鄧州重修宣聖廟碑 585
20	碧雞漫志	294		鄧州宣聖廟碑 572
22	碧山樂府	523		鄧州志 183(2)
32	碧溪賦	503	42	鄧析子 237
44	碧落碑	548	74	鄧尉山志 35
	碧落碑釋文	555		
60	碧里雜存	295		琅
	碧里鳴存	499	17	琅琊郡王王審知德政碑 555
1661₀	硯			邛
22	硯山雅社集	476		
88	硯箋	259	32	邛州志 167
1664₀	碑		1714₇	瓊
78	碑陰記	570	12	瓊璣五星 247
				瓊瑶神書 49
1710₇	盈		13	瓊琯白玉蟾上清集 321、335
22	盈川集	341	16	瓊瑰錄 378
			40	瓊臺志 197
	孟		44	瓊芳集 477
17	孟子註疏	84		
	孟子解	85	1722₇	鬻
	孟子思問錄	88	17	鬻子 260
34	孟浩然集	347、348		
50	孟東野詩集	351		甬
	孟東野集	350	21	甬上耆舊詩 482
72	孟氏家傳祖圖始末記 571			甬上耆舊集 148
			50	甬東雜詠 384
1712₇	鄧			甬東山人稿 45

武當勝記　　　　330

1315₀ 職
30 職官分紀　　　　200

1364₇ 酸
50 酸棗縣建福寺界場記
　　　　　　　　　554
　　酸棗令劉熊碑　　542

1411₄ 珪
36 珪禪師影堂記　　571

1461₄ 確
22 確山縣志　　　　183

1510₆ 翀
22 翀峯奏議　　　　126

1519₀ 珠
10 珠玉詞　　　　　517
22 珠川摘稿　　　　447

1529₀ 殊
43 殊域周咨錄　　　199

1540₀ 建
00 建文遜國之際月表　112
10 建平縣志　　　　169
30 建寧府志　　　　175

　　建寧縣志　　　　176
　　建寧人物傳　　　147
　　建安七子全集　　461
60 建昌府志　　　　170
76 建陽縣志　　　175(2)
90 建炎維揚錄　　　　30
　　建炎以來朝野雜記　207
　　建炎時政紀　　　　30

1561₈ 醴
26 醴泉縣志　　　　186

1610₄ 聖
14 聖功圖　　　　　233
18 聖政紀　　　　　102
21 聖旨碑　　　　　573
30 聖宋名賢五百家播
　　芳大全文粹　　　486
　　聖宋名賢四六叢珠　286
46 聖駕臨雍錄　　29、210
77 聖學心法　　　　231
　　聖學大成　　　　　29
　　聖學入門書　　　234

1611₄ 理
77 理學辨　　　　50、235
　　理學類編綱目　　　230

1613₂ 環
03 環詠亭种明逸詩題跋 560

25	延生至寶	328		12	孫孤雲先生碑	587
35	延津縣志	182		17	孫子集註	235
	延津縣館驛記	577		22	孫山甫督學集	481
				40	孫内翰北里志	291
					孫真人千金要方	239
1241₀ 孔				50	孫忠烈公傳	138
00	孔廟中書門下劄子	559		72	孫氏家乘	150
	孔文禮碑	592		80	孫公談圃	292
17	孔孟聖蹟圖	133			孫公道行碑	583
	孔子廟碑	545				
	孔子廟堂碑	546				
	孔子集語	230		1260₀ 副		
	孔子編年	29		60	副墨	494
	孔子遺語	29				
	孔子通記	133		1314₀ 武		
	孔君碑	592		00	武康縣志	172(2)
20	孔舜亮留題靈巖寺詩			10	武平縣志	175
		560		21	武經七書	236(2)
30	孔宏殘碑	592		24	武德元年封孔子後	
32	孔叢子	225			褒聖侯詔	593
72	孔氏談苑綱目	292		30	武寧縣志	169
					武安縣志	182
1243₀ 癸					武定侯招	216
00	癸辛雜識	293			武定州志	184
				37	武選條例	202
孤				44	武林舊事	197
44	孤樹裒談	295(2)			武林會語	235
88	孤竹賓談	271		50	武夷山志	192
					武夷遊詠	50
1249₃ 孫				77	武舉錄	153
07	孫毅菴奏議	44		90	武當福地總真集	324

1180₁ 冀

32 冀州從事張表碑 542
　　冀州志 164
　　冀州刺史王純碑 542
43 冀越集 294
　　冀越雜記 39

1210₈ 登

10 登雲書經集註 70
32 登州府志 185
44 登封縣免抛科朝旨碑 564
　　登封縣志 182

1212₇ 瑞

10 瑞石山紫陽道院集 43
32 瑞州府志 171
47 瑞鶴堂近稿 367
60 瑞昌縣志 170
80 瑞金縣志 171

1217₂ 聯

02 聯新事備詩學大成 289、475
27 聯句錄 475

1220₀ 列

17 列子 315
22 列仙傳 316

引

36 引邊政考 190

1223₀ 弘

20 弘秀集 465
67 弘明集 303

弧

80 弧矢算術 46

水

07 水調歌頭詞 586
　　水調歌頭唱和詞 587
10 水西集 499
21 水經 189
　　水經註碑目 40
　　水經藥法 308
50 水東日記 295

1240₀ 刑

07 刑部事宜 201
　　刑部纂集事例 217
20 刑統 215

1240₁ 延

00 延慶寺重建大殿碑 587
　　延慶寺法智大師行業碑 580
10 延平府志 175
24 延休堂漫錄 38

60 玩易意見	67	
玩易堂詩	372	

1111₄ 班
17 班孟堅集	423

1111₇ 甄
10 甄正論	304

1112₁ 珩
14 珩璜新論	270

1120₇ 琴
50 琴史	38
77 琴學心聲	528

1121₁ 麗
36 麗澤錄	383
62 麗則遺音	43

1123₂ 張
00 張文博招	216
07 張詞臣詩集	482
10 張平子集	423
張平叔真人歌	566
張平叔悟真篇集註	335
16 張碧溪詩集	365
17 張子遺書	228
張子野詞	519
張子小言	264
20 張乖崖文集	430
張乖崖事文錄	40
24 張伎陵集	45
25 張仲荀抄高僧傳序	557
40 張太微詩集十二卷後集	405
張真人碑	582
張真人留孫碑	580
43 張栻書合江亭詩	568
46 張旭肚痛帖	555
55 張曲江燕公合集	463
58 張蛻菴詩	363
59 張揆留題詩	559
60 張禹山戊己吟	370
71 張阿難碑	547
72 張氏至寶集	149
張氏官原墓表	580
張氏世義錄	150
77 張賢田奏稿	124
88 張笙翁貴耳集	269

1164₀ 研
77 研岡集	448

1168₆ 碩
53 碩輔寶鑑要覽	146

1173₂ 裴
17 裴子言醫	242

00	雲麾將軍李秀碑	551
	雲麾將軍李思訓碑	549
10	雲石先生詩集	397
22	雲巖史	193
	雲仙雜記	291
	雲峯文集易義	56
30	雲宮法語	321
32	雲溪友議	290
40	雲臺編	352
	雲南志	189
44	雲麓漫鈔	269
	雲林詩集	359
	雲林石譜	259
48	雲松詩㗊	400
50	雲中紀變	32
	雲中撫平奏疏稿	130
76	雲陽山壽聖寺記	573
	雲陽縣志	187
88	雲笈七籤	321
96	雲烟過眼錄	271

1080_6 貢

12	貢副寺長生供記	584

賈

27	賈將軍墓碑	571
33	賈浪仙集	350
40	賈太傅新書	225
72	賈氏談錄	291

1090_4 栗

40	栗太行山居集	44

1111_0 北

00	北齊書	99
	北京八景圖詩	195
07	北郭集	498
10	北平錄	31
21	北征事蹟	31
22	北嶽安天元聖帝碑	558
	北嶽祠碑	550
	北嶽壇廟碑	555
	北山小集	439
30	北窗炙輠錄	293
	北窗瑣語	40
31	北潭稿	495
32	北溪先生文集	437
	北溪先生字義	229
38	北海相景君碑并陰	542
50	北史	99
72	北岳編	191
	北兵集	127
77	北屏詩稿	413、422
	北關新志	212
90	北堂書鈔	281

1111_1 玩

00	玩鹿亭稿	419
44	玩芳堂摘稿	448
48	玩梅亭集	498

	西山紀遊	473	60	西昇經集註	314
26	西吳里語	295		西署集	409
30	西安府三原縣志	186		西園汪康範詩集	358
31	西江詩法	512	77	西關志	197
32	西溪叢話	265		西關圖蹟	197
	西溪易說	56			
	西巡稿	389		酉	
	西巡紀行稿	198	76	酉陽雜俎續集	36
	西巡類稿	44			
34	西漢文類	484	1060_1	晉	
	西漢文類目	218	00	晉文歸	484
	西漢書疏	119		晉文春秋	494
35	西清詩話	513	10	晉干寶搜神記	296
	西清閣詩草	419		晉平西將軍忠義集	138
37	西湖百詠	356	32	晉溪敷奏	123
	西湖游覽志	193	37	晉祠銘	546
	西湖游覽志餘	193	40	晉真人語錄	331
	西湖遊咏	417	50	晉書	99
	西湖八社詩	43			
	西湖竹枝詞	363	1060_3	雷	
38	西洋國志	50	32	雷州府志	188
40	西臺奏議	123	72	雷氏白雪樓詩集	374
	西樵志	192			
	西樵野紀	40	1060_9	否	
44	西菴詩集	405	50	否泰錄	31、112
	西菴集	379			
	西村省己錄	40	1064_8	醉	
	西楂集	409	80	醉翁亭記	596
47	西都雜例	217			
48	西槎彙粹草	45	1073_1	雲	

1044₇	再			石鼓文音訓	598
15	再建圓覺大師塔銘	555		石鼓書院志	35
				石林亭詩	559
1052₇	霸			石林燕語	268
32	霸州志	163	60	石田詩選	392
				石田隨筆	529
1060₀	百		70	石壁寺甘露義壇碑	553
26	百泉子緒論	39、264	76	石陽山人病詩	410
	百泉書院志	194		石陽山人建州集	499
30	百家唐詩	467		石陽山人蠡海	492
	百家詩話總龜後集	513	77	石屋存稿	449
	百家類纂	275		石屏詩集	355
	百官箴	204		石屏詞	518
53	百感錄	40	80	石鐘山集	43、193
77	百段錦	42	90	石堂歌	568

	面			西	
70	面壁庵記	572	00	西方子明堂灸經	47
				西玄詩集	415
	石			西京雜記	290(3)
22	石川芝田遺稿	50		西京白馬寺碑	565
25	石佛六碣	592		西京永安縣新修淨	
26	石囪先生遺藁	495		惠羅漢院碑	596
31	石潭存稿	496	10	西平郡王李晟碑	554
37	石湖文集	431	21	西征集	410
	石湖志畧、文略	35	22	西川青羊宮碑銘	334
	石湖居士吳船錄	148		西嶽灝靈門碑	571
	石洞紀遊詩	199		西嶽華山碑	542
40	石臺孝經	551		西嶽華山志	191
44	石鼓文	39、541		西山羣仙會真記	319

	平吳凱旋錄	32
	平和縣志	177
30	平涼府固原州志	187
	平字碑	569
	平定交南錄	32
	平定兩金川戰圖	26
	平定回部得勝圖	24
37	平湖縣志	172
60	平蜀記	31
68	平黔三記	31
76	平陽府曲沃縣志	186
	平陽縣志	174

10410 无
21 无能子　　　　　42

10430 天
00 天童宏智老人像并贊　　569
　天文主管　　　　45
　天文諸占　　　　45
　天文祕苑占　　　249
　天文地理集　　　252
　天文分野之書　　246
　天文會元　　　　246
　天文精義賦　　　45
　天章寺別山智禪師塔銘　　568
10 天一池記　　　　586
　天一閣集　　　　533

	天元玉曆祥異賦	45、249
	天元曆理	247
12	天發神讖碑	544
23	天台集	43
	天台山志	336
	天台勝蹟	192
30	天寧寺虛照禪師塔銘	580
	天寶宮明真廣德大師道行碑	573
	天寶宮創建祖師記	581
	天寶還丹了訣圖	334
33	天心復要	38
34	天池山人小稿	496
	天漢全占	45
	天潢玉牒	114
37	天祿閣外史	107
38	天游別集	272
42	天機子	262
44	天枝旌孝編	114
46	天如禪師語錄	306
60	天目山齋歲編	412
71	天原發微辨正	248
	天長縣志	168
72	天隱子	318
	天后御製詩并序	548
77	天門銘	573
	天問天對解	37
	天關精舍志	195

兩浙海防類考	190	
兩浙南關志	212	72 弦所李先生語畧　234
兩溪詩集	410	
34 兩漢文鑑	484	1024₇　霞
兩漢詔令	116	23 霞外雜俎　45、273
兩漢博聞	154	38 霞海篇　49
兩漢書疏	119	
兩漢筆記	30	1024₇　夏
44 兩蘇經解	84	35 夏津縣志　185
兩蘇先生祠中書禮		50 夏忠靖公遺事　32、137
部符	582	夏忠臣關公祠堂記　577
71 兩厓先生文集	450	60 夏邑縣志　181(2)
77 兩同書	262	90 夏小正　77
		97 夏恤刑審錄廣東案稿
雨		217
51 雨軒外集	392	
		1040₀　于
1023₀　下		50 于肅愍公集　442
60 下邑縣尹商君去思碑		
	574	耳
下邑縣尹薛公去思碑		89 耳鈔秘錄　48
	586	
下邑縣移漢慎令碑記		1040₄　要
	562	50 要書　231
76 下陴紀談	35	
		1040₉　平
1023₂　震		10 平夏錄　116
36 震澤記聞	301	20 平番始末　32、114
震澤長語	270	22 平倭四疏　48
		26 平粵錄　116

30 雪竇寺志	194	
33 雪心賦	503	
雪浪齋圖銘	596	
60 雪園易義、補	68	

1020₀ 丁

47 丁鶴年集	439	

1020₇ 雩

47 雩都縣志	171	

1021₀ 兀

31 兀涯西漢書議	36	

1021₁ 元

00 元文類	487	
元音	42	
04 元詩	472	
元詩正體	471	
元詩體要	471	
20 元統起信閣施造千佛因緣記	584	
21 元經薛氏傳	101	
26 元和郡縣圖志	161	
27 元名臣事畧	141	
元包經傳	66	
元包數總義	66	
30 元宮詞	271	
34 元祐黨籍碑	563	
35 元神幾釋義	330	

37 元湖春詠集	407	
38 元遺稿	453	
43 元始説先天道德經註解	309	
48 元教宗傳碑	586	
50 元史	100	
元史續編	104	
元史畧	157	
元史節要	157	
元書杜陵詩律	344	
76 元陽子五假論	332	
80 元公年譜	30	

1022₇ 丙

10 丙丁龜鑑	220	

爾

70 爾雅	90	
爾雅註疏	90	
爾雅翼	91	

兩

00 兩廣平蠻錄	116	
兩京賦	162	
22 兩山墨談	271	
26 兩程故里志	134	
31 兩河經畧	33、189	
兩河管見	33	
32 兩浙名賢錄	147、526	
兩浙齾志	213	

90	王尚絅題名	566		五陰山房集	472
91	王炳登百門山題名	587	92	五燈會元	305
97	王惲碑	589			

至

				亞	
38	至游子	322	16	亞聖廟新造記	584
	至道玄微	323	1010_8	豆	
80	至命篇	321	21	豆盧恩碑	545

1010_7 五

				靈	
00	五言律祖	477	22	靈巖寺十二景詩	563
	五音類聚	93	30	靈寶畢法	320
17	五子書	260、261		靈寶縣志	183
21	五行類事	46	40	靈臺祕苑	249
23	五代名畫補遺	37	44	靈草歌	335
	五代史	100(2)		靈棋經	45、252
	五代史補	110	66	靈嚴長明燈記	5801
	五代史闕文	110	87	靈劍子	329
24	五先生政跡	30		靈劍子引道子午記	329
27	五色線集	298			
28	五倫書	209(2)	1011_1	霏	
40	五木經	258	10	霏雪錄	272
47	五朝名臣言行錄	140			
50	五車韻瑞	93	1014_1	聶	
60	五星要錄	49	26	聶泉崖詩鈔稿	369
	五星考	50			
	五國故事	51	1017_7	雪	
67	五曜源流	50	00	雪庭西舍記	572
71	五臣音註法言	226		雪夜墓歸記	139
77	五鳳二年刻石	541	27	雪舟詩集	372

60	正易心法	66	22	王制考	76
	正思齋雜記	39		王巖潭詩集	408
75	正體類要	241	23	王狀元標目唐文類	493
76	正陽真人碑	572	25	王仲通題夷齊墓詩	571
77	正學編	29	27	王盤游靈源詩	574
				王仍超化寺題名	565
1010_3 玉			30	王憲奏定襲替功次例	
26	玉泉詩集	526			204
	玉泉子聞見真録	291	38	王遵巖文粹	448
38	玉海	284	40	王南郭詩集	415
40	玉壺氷	277		王右丞集	43、349
	玉壺清話	38、292	41	王柘湖遺蘽	478
42	玉機微義	47、242	42	王彭衙詩稿	422
44	玉芝樓稿	386		王彭衙集	379
62	玉唾壺	40	43	王博文登單父琴臺詩	
67	玉照新志	293			575
71	玉厓詩集	480	44	王恭毅公駁稿	237
74	玉髓經	322		王黄州小畜集	431
	玉髓真經	322	57	王抑菴文集	451
	玉髓真經前集、後集	34	60	王昌謁靈源詩	577
88	玉笥山人詞	518	67	王晙題名	565
			72	王氏談録	38
1010_4 王				王氏談録綱目	267
00	王摩詰集	348、349		王氏家乘	150
	王廣陵文集	437		王氏家藏集	442
	王文安公詩集、文集	410		王氏脈經	239
	王文成全書	531	76	王陽明先生別録	445
17	王子文題名	561		王陽明保甲鄉約法	213
	王子安集	341	80	王介塘文罢	44
	王子年拾遺記	296	87	王欽若天門石壁詩	558

04	三謝詩集	462		三藏不空和尚碑	553
10	三元參贊延壽書	324		三藏聖教序	593
	三天易髓	323		三藏目錄	307
12	三瑞記	534		三蘇文	487
	三水小牘	291		三蘇先生像贊	597
17	三子口義	316		三蘇先生祠堂記	587
22	三仙洞詩	573		三楚新錄	159
	三山集	414	47	三朝北盟會編	106
24	三先生詩	482		三朝聖諭	112
25	三傳辨疑	81	48	三場文海	286
26	三皇玉訣、心法	308		三教歷代會編要畧	264
30	三家世典	32、146		三教同聲	257
	三寶征彝集	114	51	三軒詩集	404
31	三源縣廟學記	589	53	三輔黃圖	161
	三遷志	29	60	三國雜事	30
32	三州集	368		三國紀年	30
	三巡集	446		三國志	98、99
35	三禮攷註	76		三國志文類	42
37	三洞珠囊	319		三畧直解	46
	三洞羣仙錄	321	71	三原縣志	186
	三洞樞機雜説	333	77	三賢集	42
40	三十六峯賦	563	84	三鎮并守議	191
	三士錄	145	88	三餘贅筆	39
	三才廣志	286			
	三才一貫地理真機	252		正	
	三才考	32	20	正統北狩事蹟	112
	三難軒集	50		正統臨戎錄	31
44	三墳	68	33	正心詩集	359
	三茅山崇禧萬壽宮碑		46	正楊	266
		581	50	正書道德經	589

說文解字篆韻譜	91
44 說苑	226

0861₇ 謚
34 謚法	207
44 謚苑	33

0862₁ 諭
27 諭解州署	213

0862₇ 論
01 論語大全	87
21 論衡	266

0864₀ 許
27 許魯齋全書	441
32 許州天寶宮聖旨碑	581
許州重建孔廟碑	571
許州重修孔子廟記	576
許州儒學田記	582
許州志	180(2)
許州舊志	180
許州呂侯去思銘	583
許州劉公民愛碑	578
許州知州齊侯碑	588
37 許洛仁碑	547
50 許忠節公錄	138

0925₉ 麟
32 麟溪集	488

0968₉ 談
01 談諧	299
44 談藝錄	299、451

1

1000₀ 一
20 一統程途	198
22 一峯審錄	217
26 一得卮言	300

1010₀ 工
07 工部類處財用	211

二
26 二皇甫詩集	351
二程世家年表	134
二程全書	227
35 二神方	244
40 二十六家唐詩選	466
43 二戴小簡	44
44 二麓政議	49
二蘇先生墓所記	576
二老堂雜志	294
49 二妙集	43、440
50 二忠傳	145
60 二園集	482

1010₁ 三
00 三高祠記	567

0742₇	郊	
00	郊廟賦	210
08	郊議錄	210
23	郊外農談	39
37	郊祀奏議	123

	郭	
40	郭有道碑	592
72	郭氏聯珠集	499
	郭氏山水訓纂	37
	郭氏家廟記	551

0748₆	贛	
27	贛侯新詠	532
32	贛州府志	171

0761₇	記	
21	記師口訣節文	254
40	記古滇說原集	197
88	記纂淵海	282

0762₀	讕	
00	讕言長語	270

	詞	
06	詞韻	520
22	詞樂荃蹄	520
44	詞林萬選	520
	詞林摘艷	289

	調	
80	調氣經	333

0766₂	韶	
00	韶音洞記	567
32	韶州府志	187

0821₂	施	
15	施璉川詩集	407
25	施生臺佛名	569

0821₄	旌	
14	旌功錄	139
44	旌孝編	148
76	旌陽石函記	329

0822₁	旂	
27	旂峰詩	404

0824₀	放	
80	放翁律詩鈔	358

0844₀	效	
21	效顰集	40

	敦	
96	敦煌長史武斑碑	542

0861₆	說	
00	說文解字韻譜	40

	諸司職掌	201
21	諸儒文要	231
	諸儒講議	231
	諸儒箋解古文真寶	493
	諸經品節	325
30	諸家老杜詩評	508
36	諸邊考議	115
37	諸祖歌頌	305
40	諸真元奧	45
44	諸葛忠武侯新廟碑	553
50	諸史品節	156
	諸史會編	105
77	諸賢歌訣	249

0468₆ 讀

25	讀律瑣言	216
44	讀杜詩愚得	345
50	讀史歌	157
	讀史備忘	36、108
	讀史漫稿	222、397
	讀書記	29
	讀書漫筆	38
	讀書日記	277
	讀書日程	229
	讀書剳記	232
	讀素問鈔	238
68	讀晦菴四書衍義	88

0512₇ 靖

00	靖康新雕緗素雜記	265

	靖康紀聞	110
	靖康蒙塵錄	30
31	靖江王招	216
40	靖難功臣錄	32

0562₇ 請

03	請就公長老住持少林寺疏	580

0564₇ 講

77	講學	29
88	講筵恭紀	210

0569₆ 諫

41	諫垣奏議	124

0662₇ 謁

60	謁昇仙太子廟詩	595

0668₆ 韻

00	韻府羣玉	284
01	韻語陽秋	508
10	韻要	94(2)
33	韻補	92

0710₄ 望

10	望雲集	359、377

0712₀ 翊

37	翊運錄	135

0363₄	讞		25	詩傳集義	74
43	讞獄記	216		詩傳會通	28
	讞獄稿	216	26	詩緝	74
			27	詩歸	480
0364₀	試			詩紀前集、正集、外集、別集	476
50	試秦詩紀	533	30	詩家一指	512
				詩家直說	512
0365₀	誠		31	詩源撮要	512
00	誠齋牡丹譜	260	33	詩心珠會	480
	誠意伯文集	450		詩演義	28
				詩補傳	28
0460₀	謝		34	詩對押韻	289
10	謝靈運詩集	340		詩法	512
12	謝孔昭詩集	377		詩法源流	512
17	謝子象詩	366		詩法拾英	513
30	謝宣城集	340	44	詩林廣記前集、後集	532
60	謝恩疏	130	50	詩史前編	157
			77	詩學權輿	512
0464₁	詩			詩學梯航	511
02	詩話	38、509、513	80	詩人玉屑	510
	詩話總龜、後集	509		詩義斷法	28
	詩話補遺	39	88	詩餘圖譜	517
06	詩韻釋義	93			
	詩韻輯略	94(2)	0466₀	諸	
08	詩說解頤	74	00	諸症辨疑	243
21	詩經	73		諸病源候論	239
	詩經註疏	73	10	諸天傳	304
	詩經註疏大全合纂	74	17	諸子彙函	274
	詩經集註	74		諸子纂要大全	275
	詩經疑問、附編	74			

0212₇ 端		新編姓氏遙華韻	286
77 端居集	384	新編翰墨新書前集、	
		後集、別集、續集	285
0242₂ 彰		新編翰墨大全	285
24 彰德府舊志	181	新編書林摘秀	288
彰德府志	181	新編四六寶苑	505
		新編省解擬題大成	
0260₀ 訓		論會	531
44 訓蒙大意	234	24 新化縣志	179
		27 新鄉縣文宣王廟碑	583
0261₈ 證		新鄉縣孔廟碑	570
38 證道詞	45	新鄉縣志	182
		新鄉縣學記	561
0266₄ 話		新修東陽縣志	173
77 話腴甲乙集	48	30 新注般若心經	560
		新安文獻志	147
0292₁ 新		新安洞真觀碑	578
00 新序	226	31 新河初議	44
新唐書	100	新河成疏	33
新唐書畧	155	新濬海鹽内河圖説	33
01 新語	225(2)	43 新城縣志	170
02 新刻古杭雜記詩集	423	48 新增格古要論	273
06 新譯聖教序記	557	50 新書	225
12 新刊千金風水殺法		53 新撚王佛殿記	584
妙訣	250	60 新昌縣志	173(3)
新刊賢已集	386	80 新會縣志	187
新刊監本大字册府			
元龜	283	**0363₂ 詠**	
15 新建伯從祀覆議	210	50 詠史集解	51
23 新編待問集四書疑節	86	詠春同德詩	113

	六祖大師法寶壇經贊			龍虎山志	191
		303		龍虎山真風殿記	580
41	六帖補	284		龍虎山長生庫記	585
44	六藝綱目	38		龍虎山尚書省牒	568
47	六朝詩乘	461		龍虎還丹訣頌	331
	六朝詩集	460	22	龍川別志	35
	六朝詩彙	460		龍巖州志	177
	六朝聲偶集	42、460	31	龍江夢餘錄	301
50	六書統	91		龍憑紀畧	32
71	六臣注郭氏江賦	189	32	龍州道人集	470
73	六駿圖	561		龍溪縣志	176
80	六合縣志	165	40	龍木論	301
			43	龍城石	595
0090₆	京		44	龍藏寺碑	545
30	京寓稿	384	60	龍田漫稿	371
32	京兆府學移石經記	561	77	龍門志	35
60	京口三山續志	50		龍門銘	596
	京口三山志	35、192	87	龍舒净土文	306
72	京氏易傳	66			
			0128₆	顏	
0091₄	雜		17	顏子	133
03	雜誡	39	27	顏魯公文集	428
44	雜著指玄	335		顏魯公西嶽題名	551
50	雜書	278		顏魯公祠堂碑陰記	561
0121₁	龍		0148₆	贛	
10	龍石詩集、文集	419	32	贛州嘉濟廟記	569
	龍石集	447			
12	龍飛紀畧	104、111	0164₆	譚	
21	龍虎山靈星門銘	584	44	譚苑醍醐	266

0062₇	訪			玄	
40	訪古録	257	00	玄帝問道一條	320
			10	玄靈備要	332
0071₄	亳			玄元過關圖	576
32	亳州知州慕公墓題字			玄元十子圖	323
		586	15	玄珠歌	334
				玄珠心鏡註	332
	雍			玄珠録	332
40	雍大記	162	23	玄秘塔碑	554
77	雍熙樂府	523	44	玄英先生集	43
87	雍録	193	77	玄門脈訣内照圖	317
				玄門八道資糧	333
0073₂	褒			玄學正宗	321
22	褒崇祖廟記	572	78	玄覽	334
77	褒賢集	138		玄覽堂詩鈔	421
80	褒公段志玄碑	546			
			0080₀	六	
	哀		00	六言絶句	474
99	哀榮録	494	07	六部條例	202
				六部事例	202
	襄		17	六子彙編	275
43	襄城縣廟學記	576	20	六壬五變中黄經	49
	襄城縣重修賢廡碑記			六壬行軍指南	46
		583		六壬軍帳賦	46
	襄城縣志	181		六壬觀月經	47
	襄城縣學廡記	578		六壬畢法賦	49
	襄城學記	581	21	六經奥論	83
76	襄陽府志	177		六經圖	84、569
	襄陽外篇	50	24	六科仕籍	154
	襄陽守城録	207	37	六祖大師法寶壇經	303

23	文獻通考	207		0040_1	辛	
24	文化集	453	23	辛稼軒詞		517
30	文房圖贊集	259				
	文宣王廟新門記	553		0040_6	章	
	文宣王廟講堂記	559	42	章樸菴狀志銘傳		139
	文宣王讚	562	44	章恭毅公進思錄		127
	文憲王讚	558		章恭毅公奏議		130
32	文溪詞	518		章恭毅公年譜		136
33	文心雕龍	507(2)	50	章申公九事		37
37	文選	457(3)	72	章丘縣志		184
	文選六臣註	457		章氏三堂集錄		497
	文選雙字類要	285				
	文選補遺	457		0040_8	交	
	文選增訂	460	22	交山迂論		232
	文選增定	460	27	交黎勦平事略		115
	文選刪註	458	50	交泰錄		114
	文選纂註	457	80	交谷漁嬉稿		422(2)
	文選類林	42				
43	文始經	315		0041_4	離	
	文始真經	315(2)	77	離騷草木疏補		40
	文始真經言外旨	315				
44	文苑英華	484		0043_0	奕	
	文苑英華纂要	484	80	奕會吟		258
	文苑春秋	531	91	奕悟		258
	文華盛記	210				
48	文翰類選大成	42、488		0044_3	弈	
60	文昌雜錄	268	44	弈世增光集		44
74	文髓	513				
80	文公感興詩	358		0061_4	註	
			27	註解傷寒論		238

	唐太宗昭陵圖	562	30 廣寒殿記	44
	唐圭峯定慧禪師傳		32 廣州府香山縣志	187
	法碑	595	廣州人物傳	34、146
42	唐荊川文集	444(2)	36 廣澤廟顯慶侯新像記	
47	唐朝名畫錄	37		568
48	唐翰林李白詩類編	347	50 廣中五先生詩集	477
50	唐摭言	291	廣東鄉試錄	153
	唐忠臣錄	141	廣東通志	187
70	唐雅	467	53 廣成子解	308
74	唐陸宣公制誥	118	廣成集	319
77	唐闕史	297	67 廣嗣全訣	242
80	唐會元精選批點唐		74 廣陵聯句集	472
	宋名賢策論文粹	506	廣陵先生過唐論	565
88	唐鑑	220	77 廣興記	161(2)
	唐餘紀傳、別傳	159		
	唐策	506	0029₄ 麻	
90	唐小說	301	44 麻姑集	327

0028₆ 廣

00	廣文選	458、459	0033₆ 意	
10	廣靈王廟記	567	44 意林	23、36、274
	廣平府志	164		
	廣西鄉試錄	153	0040₀ 文	
	廣西通志	188	00 文彥博宿少林寺詩	559
	廣西志畧	197	文章正論	491
12	廣弘明集	304	文章正宗	486
20	廣信郡志	169	文章軌範	486
21	廣仁品	277	02 文端集	454
22	廣川書跋	256	08 文譜	514
24	廣德州志	169	13 文武敕劄	204
			22 文斷	514

	慶元路鄞縣廟學記	579	唐詩紀事所載詩三首	
88	慶符堂理學就正言	234		428
			唐詩絕句精選	467
	夜		唐詩選	468
21	夜行燭書	232	唐詩選玄集	462
92	夜燈管測	39	唐詩極玄集	462
			唐詩始音、正音、遺響	
0026₄	**麈**			463
61	麈題備覽	83	唐詩批點正音	469
			唐詩品彙	464
0026₇	**唐**		唐詩品彙七言律詩	468
00	唐文鑑	484	唐詩又玄集	462
	唐文粹	485	唐詩類鈔	464
	唐音	463(2)	10 唐三武詩	462
	唐音百絕	467	唐三體詩	463
	唐音大成	468	唐天后御製詩	593
	唐玄宗御製道德真		唐西州存詩	381
	經疏	310	17 唐丞相曲江張先生	
	唐玄宗御製道德真		文集	426
	經疏摘錄	310	唐子西集	355、431
	唐六典	199	25 唐律類鈔	468
04	唐詩韻鈔	466	27 唐絕增奇	468
	唐詩二選正聲	465	30 唐宋諸賢絕妙詞選	519
	唐詩正音	465、468	唐宋元名表	505
	唐詩正體	468	唐宋名賢百家詞	517
	唐詩正聲	464	唐宋名賢歷代確論	220
	唐詩五言絕句精選	469	37 唐漁石集	497
	唐詩集句	468	40 唐十子詩	462
	唐詩律選五言	467	唐大詔令	33
	唐詩紀事	464	唐太宗文皇帝集	341

40	高士傳	140
	高太史大全集	419
90	高常侍集	426

商

00	商文毅公疏稿畧	44
	商文毅公遺行集	32、136
17	商子	237
43	商城縣志	184
60	商畧	34
90	商少師碑	563

庸

10	庸玉錄	498

席

21	席上腐談	321

育

00	育齋先生詩集	397
66	育嬰編	245

0023₀ 卞

37	卞郎中詩集	380

0023₁ 應

22	應山縣志	177
44	應菴任意錄	39
	應菴和尚送傑侍者還鄉頌	566
50	應奉翰林文字贈濟州刺史公李公碑	572

0023₂ 康

30	康濟譜	208
34	康對山集	447
60	康旻集	450

0023₇ 廉

32	廉州府志	188

庚

50	庚申外史	51

庚

77	庚開府集	424

0024₇ 慶

00	慶唐觀金籙齋頌	551
10	慶元路重建學記	575
	慶元路重修儒學記	588
	慶元路儒學新修廟學記	585
	慶元路儒學重修靈星門記	587
	慶元路儒學興修記	588
	慶元路總管王侯去思碑	586
	慶元路鄉飲酒記	587
	慶元路塗田記	583

龐

- 77 龐居士詩　　　　　307
- 80 龐公練兵條約　　　214
- 　　龐公欽依捕盗格例　214

0021₃ 兗

- 32 兗州府志　　　　　184
- 80 兗公之頌　　　　　550

0021₄ 塵

- 09 塵談錄　　　　　　299
- 50 塵史　　　　　　　268

0021₇ 廬

- 22 廬山天池寺集　　　194
- 　　廬山紀事　　　192(2)
- 　　廬山寶鑑　　　　　306
- 32 廬州府無爲州志　　168
- 74 廬陵歐陽先生文集　433
- 76 廬陽荒政錄　　213、218

亢

- 80 亢倉子　　　　　　316

0022₂ 序

- 04 序讚文　　　　　　307

0022₃ 齊

- 10 齊雲山志　　　　　192
- 20 齊乘　　　　　　　34
- 50 齊東野語　　　　　269
- 77 齊民要術　　　　　238
- 　　齊民要書　　　　　40

0022₇ 帝

- 00 帝京景物署　　　　197
- 10 帝王紀年　　　　　102
- 20 帝舜廟碑　　　　　588
- 88 帝鑑圖説　　　　　36

方

- 00 方文襄公遺稿　　　452
- 20 方信孺等題名　　　568
- 　　方信孺等糖多令詞　568
- 29 方秋崖小簡　　　　43
- 43 方城縣黄石山仙公
- 　　觀大殿記　　　　　564
- 60 方是閑居士小藁　　357

高

- 00 高齋集　　　　　　368
- 　　高唐郡王釋奠題名記
- 　　　　　　　　　　575
- 　　高唐縣志　　　　　185
- 26 高皇后傳　　　　　31
- 28 高僧傳　　　　　　305
- 30 高淳縣志　　　　　165
- 　　高宗御書禮部韻略　567
- 32 高州府志　　　　　188
- 36 高漫士木天清氣集　496

《天一閣書目》、《天一閣碑目》書名、碑名索引

0

0010₄ 主
88 主簿孔公遺愛碑　582

童
00 童童南谷詩　578
32 童溪易傳　56
44 童蒙須知　234

0010₆ 亶
20 亶爰子詩集　370

0010₈ 立
00 立齋閑錄　41

0011₁ 瘧
00 瘧痢神治方　244

0011₄ 瘞
47 瘞鶴銘　544

痊
71 痊驥通元論　47

0011₈ 痘
00 痘疹方論　245
　 痘疹全書　245

0012₇ 瘍
00 瘍瘍機要　244

瘍
24 瘍科選粹　244

病
37 病逸漫記　40

0015₆ 癉
10 癉惡續錄　217

0018₉ 痰
90 痰火點雪　244

0021₁ 鹿
60 鹿邑縣尹吳侯遺愛碑　585
　 鹿邑縣志　181
71 鹿原集　453

《天一閣書目》、《天一閣碑目》綜合索引

本索引按四角號碼檢字法的順序排列，每條字頭單獨標出，注明四角號碼和附角；同號碼字頭除首見一字注明號碼外，其下從略。每條第二字取一、二兩角號碼。

本索引依據《天一閣書目》、《天一閣碑目》中的書名、人名和撰校序跋刊者分別編製"書名、碑名索引"和"撰校序跋刊者人名索引"。